オフィスワークの
効率化・活性化・創造化
BOOKS

新版
マニュアルの
つくり方・使い方

業務の改善と遂行能力アップのための
作成と活用のノウハウ

中産連　福山穣・三木素直・本多貴治・梶川達也 [著]

MANUAL

実務教育出版

はじめに

　数多くのマニュアルがわれわれの周りに存在するが、残念ながら十分に活かしきれていないのが実情だ。作成したマニュアル自体に問題があったり、マニュアルを活用する教育が行なわれていないために、仕事で困っても周りの人に聞く前にマニュアルを見るという習慣が根付かず、結果的にマニュアルどおりに業務が遂行されない。
　また、「マニュアルとは何か」という基本的なことも、きちんと理解されていない場合も多い。たとえば、事務担当者の急な退職で、引継ぎの業務マニュアルが作成されることがあるが、これはわれわれが考える「マニュアル」とは異質のものだ。
　「マニュアルは人を活かすために存在する」というのがわれわれの基本的な考え方だ。マニュアルを作成し活用することで、社員の能力を引き出し、新たな能力開発を促進し、人材を育成（人材を人財に！）する。社員はマニュアルを活用することによって、イキイキと楽しく仕事をすることができるし、効率的で創造的に仕事を進めることができる。そして、ムダ・ムラ・ムラを排除した余力を、新たな事業の創造や業務革新にまでつなげることも可能だ。
　本書では、こうした人を活かすためのマニュアルづくりを提唱したい。マニュアルの作成には時間を要する。しかし、時間をかけてでも、マニュアルを作成する必要がある。その作成の過程で業務に対する理解が深まり、結果として現実の業務遂行レベルが格段に高まるからである。
　もちろん、マニュアルに寄りかかりすぎるのは禁物だ。マニュアルは、あくまで現時点で業務を「完璧」に遂行するための最低限の目安にすぎない。業務は日々刻々と変化し、求められる対応も多様化していく。それにともない、業務の遂行方法をよく検討して改善していかなければならない。マニュアルは、そのための出発点であり、目安となる。

また、マニュアルは作成したら終わりではなく、業務が実際に期待するレベルで遂行されつづけられるために、維持管理が必要だ。そして、マニュアルどおりに業務が遂行されるように、社員を教育・訓練し、つねに業務を見直しレベルアップを図る。このような一連のとりくみがあってこそ、マニュアルは業務遂行に欠かせないツールとして重要性をおび、参照されつづけることになる。

　本書では、こうした状況を考慮して、マニュアルの定義、必要性からマニュアル化のすすめ方、マニュアル作成の具体的事例までをとりあげる。そのなかで、作成したマニュアルをどう使い、維持・改訂していくかにも焦点をあわせた。作成方法については、業務の体系を明らかにし、複数メンバーで1時間会合を繰り返して作成するプロセスについて具体的に述べた。また、サービスマニュアル、5Sマニュアル、人事考課マニュアルについては、その背景や作成前の基本的な考え方から詳しく紹介した。

　本書は1995年に刊行後、多くの読者から好評をいただき、版を重ねた。本書の提唱するマニュアルの活用が、多くの企業や組織ですすんでいると思われる。今回、内容に手を入れ、新版を発刊することになったが、マニュアルの再認識がいっそう高いレベルの業務遂行と人材活用へのとりくみの一助になれば幸いである。

　出版にあたっては、実務教育出版編集部1課長の島田哲司氏、同元主任（現・制作管理課長）瀬崎浩志氏の新旧両編集者にたいへんお世話になった。執筆者一同、厚くお礼を申しあげる次第である。

　　2002年4月

社団法人　中部産業連盟
主席コンサルタント
福山　穰

[新版] マニュアルのつくり方・使い方——目　次

	はじめに	i
	本書の読み方	xii

1　マニュアルの役割とは
　　——オフィスワークの効率化、活性化、創造化のために

0101	人を活かすためのマニュアル	2
	・あらゆる業務遂行の基本	
0102	効・活・創とマニュアル	4
	・より高度化するマニュアルの役割	
0103	マニュアルに対する誤解	6
	・良いマニュアルの要件	
0104	マニュアルを定義すると	8
	・適正化された業務手順書	
0105	業務の品質が問われる時代	10
	・高品質で均一な仕事を実現するマニュアル	
0106	企業の基本を伝えることが土台	12
	・基本方針がすみずみまで行き渡ったマニュアルを	
0107	高度なマニュアルが求められている	14
	・変化に対応できるか？	
0108	教育の手段としてのマニュアル	16
	・OJTとの連動を図る	
0109	作成は必要十分条件ではない	18
	・業務の変化に対応して改訂する	
0110	マニュアルを診断する	20
	・どの業務レベルまでをカバーしているか	

2　業務の適正化と標準化
　　——マニュアル化への準備(1)

0201	業務手順とポイント・コツを明確にする	24
	・「何」を「どのようにするか」で構成する	

0202	まず業務を目に見えるようにする	26
	・初級者向け、定型業務からマニュアル化を	
0203	すべてに先行する業務の適正化	28
	・業務のあるべきレベルを決める	
0204	適正化のすすめ方	30
	・5W2Hで考える	
0205	標準・標準化とは	32
	・最適解を選び共有する	
0206	「うまくいっていること」を標準化する	34
	・PDCAサイクルでチェックする	
0207	マニュアルを層別する	36
	・層別の目的・効果	
0208	対象者別、業務別に作成する	38
	・すべて1冊でまかなうのはムリ	
0209	業務調査を実施して業務体系を明確にする	40
	・実態をつかみあるべき姿を描く	
0210	朝の準備を棚卸ししてみると	42
	・体系化のためのヒント	

3 業務の体系化
──マニュアル化への準備(2)

0301	マニュアルづくりは業務の体系化から	46
	・何が必要かを見きわめるために	
0302	業務の体系化とマニュアル	48
	・仕事の棚卸しからはじめる	
0303	必要な経営機能を分類・細分化する	50
	・体系化の手順	
0304	演繹的、帰納的アプローチの併用	52
	・あるべき姿を描き、現状とすり合わせる	
0305	大機能─中機能─小機能までの分類	54
	・演繹的に10進分類する	
0306	小機能から単位業務一覧表をつくる	56
	・現状の業務を抽出しながらあるべき姿を描く	

0307	まとまり仕事一覧表をつくる	58
	・これができればマニュアルは60％完成	
0308	単位作業―単位動作―微動作までの分析	60
	・個々のマニュアルづくりのために	
0309	単位作業の4区分	62
	・マニュアル化しやすいのは事務作業	
0310	重要業務の強化と不要業務の削減をめざす	64
	・体系化すれば改革すべき点が見えてくる	

4 マニュアル作成のすすめ方
―― 推進体制のあり方から内容表現の工夫まで

0401	マニュアル作成の体制づくり	68
	・全社的とりくみと部門・部署別のとりくみ	
0402	作成のステップ	70
	・構想から試用までが「作成」	
0403	作成に入る前に、まず教育する	72
	・問題意識の醸成	
0404	マニュアルの使用者を層別する	74
	・誰が使うのかをはっきりさせる	
0405	マニュアル体系を作成する	76
	・全体像を明らかにする	
0406	マニュアル化の優位順位は？	78
	・基本は業務の頻度	
0407	マニュアルの形態・様式を統一する	80
	・使いやすさへの配慮	
0408	グループ討論方式で作成する	82
	・つくることも教育の一環	
0409	マニュアル作成会合の開き方	84
	・1時間会合を積み重ねていく	
0410	条件区分をまず行なう	86
	・マニュアルにおける記述のしかた	

0411	手順、ポイント・コツ、レベルを書く	88
	・具体的にわかりやすく	
0412	用字・用語を統一し、定義する	90
	・共通理解のために	
0413	図表・フローチャート・イラストを入れる	92
	・わかりやすさの工夫	
0414	簡易マニュアルですます法	94
	・まとまり仕事一覧表から作成する	
0415	マニュアル台帳の作成と管理	96
	・原本は集中してコード管理する	

5　チェックリストの作成と活用
――「マニュアルどおり」に業務をすすめるツール

0501	仕事を確認するためのチェックリスト	100
	・チェックリストはマニュアルの補佐役	
0502	使えるチェックリストのつくり方	102
	・適正化をきちんと踏まえて作成する	
0503	チェックリストはマトリックスで	104
	・モレのないリストづくりのコツ	
0504	チェックリストにおける評価法	106
	・3種類の評価法を使い分ける	
0505	チェックリストの目的は仕事の管理	108
	・PDCAでレベルアップを図る	
0506	良いチェックリストの条件	110
	・チェックリストのチェックポイント	
0507	社内研修チェックリストの事例	112
	・効果的でスムーズな運営のために	
0508	5Sチェックリストの事例	114
	・5S＝整理＋整頓＋清掃＋清潔＋躾	
0509	5Sチェックリストにおける評価のしかた	116
	・レベルと推進状況をチェックする	
0510	ISO9001審査チェックリスト	118
	・チェックリストづくりの参考にしよう	

| 0511 | ISO9001審査チェックリストの利点 | 120 |

・モレなく短時間ですませる工夫

6 事務業務マニュアルのつくり方
――多種多様な業務をどう体系化するか

| 0601 | 事務マニュアルづくりの背景と方向性 | 124 |

・事務業務の特色をつかむ

| 0602 | 事務業務におけるマニュアルの重要性 | 126 |

・効率化・活性化・創造化への足がかり

| 0603 | 事務業務マニュアルの3点セット | 128 |

・手順書×帳票フォームブック×用語集

| 0604 | 業務フローチャートによる手順書の作成 | 130 |

・まとまり仕事の流れ、ポイント・コツを示す

| 0605 | 事務工程分析フローチャートの作成 | 132 |

・単位作業レベルまで仕事の流れを示す

| 0606 | 帳票フォームブック（帳票一覧）の作成 | 134 |

・すべての帳票を1冊に集める

| 0607 | 帳票記入マニュアルのつくり方 | 136 |

・記入例を添付する

| 0608 | 事務業務マニュアルを活用した教育・訓練 | 138 |

・スキルマップの作成と活用

| 0609 | コンピュータ関連マニュアルの作成 | 140 |

・操作手順書づくりのコツ

| 0610 | ゴルフ場マニュアル化プロジェクト事例 | 142 |

・現状把握→標準化→統一化による改善

7 サービスマニュアルのつくり方
――多様化・高度化するニーズに対応するために――

| 0701 | サービス・接客マニュアルの高度化 | 146 |

・多様化するニーズにどう応えるか

| 0702 | サービス品質の維持向上をシステム化する | 148 |

・マニュアル×トレーニング×評価

0703	接客サービスマニュアルの基本構成	150
	・何が書かれていなければならないか	
0704	接客サービスの基本を明記する	152
	・企業理念を土台に方針を明確化して	
0705	具体的会話を入れて動作はイラストで示す	154
	・イラスト、VTRの活用	
0706	マニュアル徹底のためのトレーニング	156
	・トレーニングの3段階	
0707	サービス水準の維持	158
	・的確な評価と指摘でチェックとフィードバック	
0708	顧客情報の収集でレベルアップを図る	160
	・マニュアルは完璧ではない	
0709	苦情対処マニュアルとシステムづくり	162
	・きめ細かい対処と改善に活かす体制を	
0710	ゴルフ場キャディマニュアル事例	164
	・ハンディであることも大切	

8 工場内作業5S推進マニュアル
―― すべての作業の基本5Sの徹底を図るために

0801	すべての作業の基本は5S	168
	・全社でも徹底したい5S	
0802	なぜ、5Sが大切か	170
	・ムダをなくし、付加価値を生むために	
0803	5Sは現場のリエンジニアリング	172
	・目的と意味を理解しよう	
0804	5Sの効果は明白	174
	・ムダのない安全な職場づくり	
0805	整理のポイントとすすめ方	176
	・どんどん捨てる	
0806	整頓のポイントとすすめ方	178
	・何がどこにあるかがすぐわかる	
0807	清掃のポイントとすすめ方	180
	・きれいにすれば不具合がすぐわかる	

0808	清潔のポイントとすすめ方	182
	・整理、整頓、清掃の維持、徹底	
0809	躾のポイントとすすめ方	184
	・よい習慣づけのために	
0810	対象別5S実践マニュアルのつくり方	186
	・目的・決まり・ポイントの3項目を示す	

9 人事考課マニュアルの作成
―― オリジナルのマニュアルをどうつくるか

0901	人事考課マニュアルは借りものではダメ	190
	・自社独自のマニュアルづくりのステップ	
0902	人事諸制度全体の整備	192
	・ステップ1、2――もうけるしくみと人材観の明確化	
0903	人事考課のしくみの整備	194
	・ステップ2、3――ポジションごとの考課内容・処遇を決める	
0904	人事考課の仕事の整理	196
	・ステップ4――マニュアル化への基礎	
0905	人事考課の仕事をスケジュール化する	198
	・ステップ5――作業の流れをフローチャートにする	
0906	人事考課用紙記入マニュアルの作成(1)	200
	・ステップ6――当事者別、要素別に作成する	
0907	人事考課用紙記入マニュアルの作成(2)	202
	・ステップ6――小ステップまで分解し、ポイント・コツを示す	
0908	人事考課用紙記入マニュアルの作成(3)	204
	・ステップ6――ポイント・コツを正確に伝える	
0909	納得のいく勤務行動考課の基準づくり	206
	・ステップ6――対象となる仕事の範囲をマニュアルに明示しておく	
0910	具体的で考課しやすい能力考課のためには	208
	・ステップ6――対象となる能力を職能基準書に示す	

10 マニュアルの教育と維持管理
——徹底と業務のレベルアップのために

1001	マニュアルを使って教育する	212
	・読む→実践する→チェックする	
1002	能力を把握しながら教える	214
	・基本からはじめる	
1003	BMPの5原則をマニュアルに活かす	216
	・問題解決面談マニュアルの活用	
1004	能力開発のしくみにマニュアルを組み込む	218
	・職能基準書に対応したマニュアルを	
1005	職能基準書とマニュアル	220
	・業務遂行に必要な能力と手順の明示	
1006	承認、登録、更新のステップ	222
	・作成から試用・改訂までのサイクル	
1007	マニュアルの維持と管理	224
	・業務改善のためには改訂は必須	
1008	ボトムアップ型のマニュアル改訂	226
	・提案を吸い上げる体制づくりを	
1009	トップダウン型の業務管理システム改善	228
	・5W2Hの視点	
1010	文書化はISO9001における要(かなめ)	230
	・品質マニュアルから文書まで	
1011	ISO9001における文書の承認および発行	232
	・重要度に応じたルールづくり	
1012	ISO9001における文書の変更	234
	・改訂に即応できる体制づくり	
1013	明日からのマニュアルづくりのために	236
	・人がイキイキ仕事をするためのマニュアル	
索引		238
参考・参照文献リスト		240

装幀－兵頭デザイン事務所
本文図版作成－㈲レウム・ノビレ
本文イラスト－川崎ゆう子

本書の読み方

1. 第１章から通読するのが最もよい

2. 自社の状況を優先した３通りの読み方

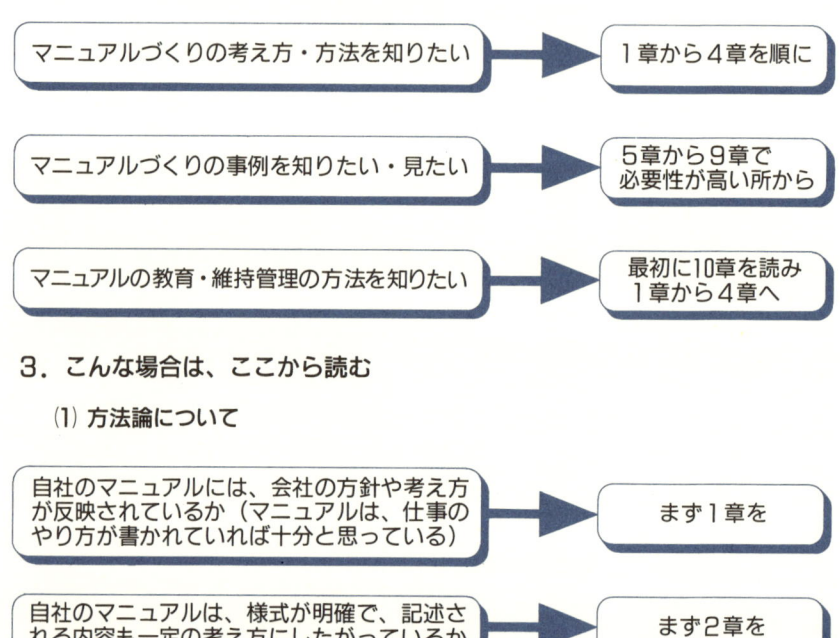

3. こんな場合は、ここから読む

   (1) 方法論について

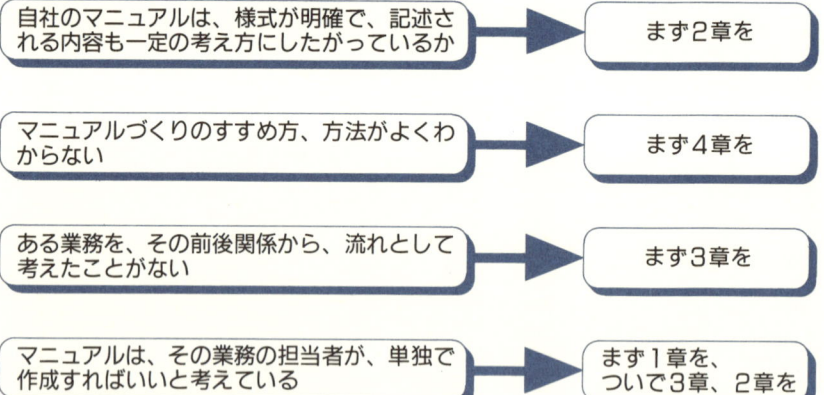

本書の読み方

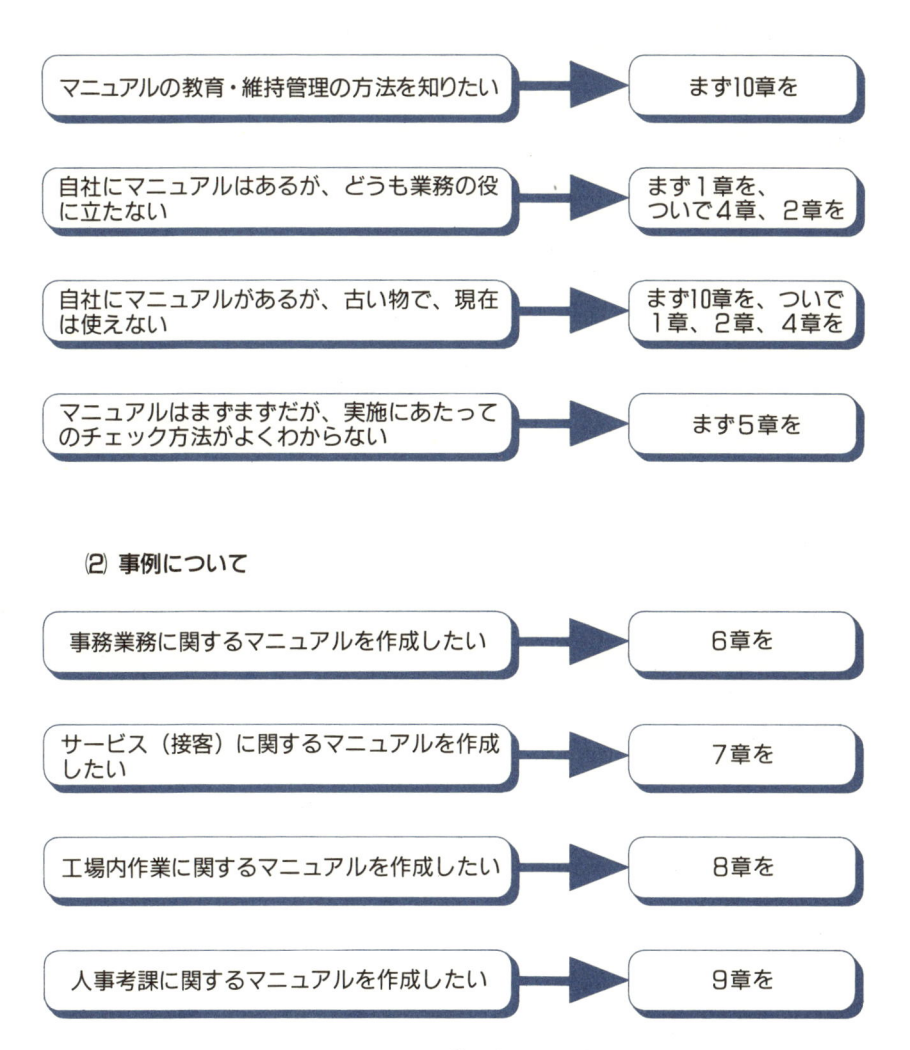

マニュアルの教育・維持管理の方法を知りたい	まず10章を
自社にマニュアルはあるが、どうも業務の役に立たない	まず1章を、ついで4章、2章を
自社にマニュアルがあるが、古い物で、現在は使えない	まず10章を、ついで1章、2章、4章を
マニュアルはまずまずだが、実施にあたってのチェック方法がよくわからない	まず5章を

(2) 事例について

事務業務に関するマニュアルを作成したい	6章を
サービス（接客）に関するマニュアルを作成したい	7章を
工場内作業に関するマニュアルを作成したい	8章を
人事考課に関するマニュアルを作成したい	9章を

〔注〕 事例編から読みはじめた場合、必ず1章から4章の作成方法を読んで、作成に関する方法を学んでから、作成にとりかかってください。

マニュアルの役割とは
●オフィスワークの効率化・活性化・創造化のために●

> マニュアルということばが定着しつつある反面、その定義はあいまいである。「マニュアル人間」などと、否定的な意味で使われることもある。しかし、マニュアルは人を活かすために存在する。期待する水準で業務が遂行されるためだけではなく、マニュアルには、企業の価値観や考え方が明確にされているべきである。しかも、より高い業務水準が問われる時代に即応できるようなレベルまで、高度なものになっていなければならない。

人を活かすためのマニュアル
あらゆる業務遂行の基本

人がマニュアルを磨き、マニュアルが人を活かす

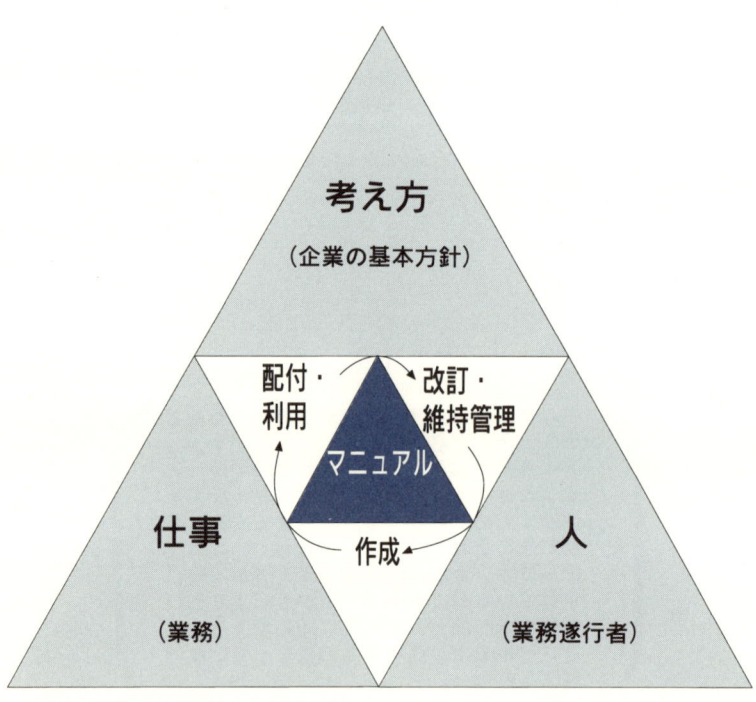

マニュアルは人を活かすために存在する。マニュアルを見れば、その業務を実施する手順や勘どころが飲み込め、業務遂行者は、周りの人に聞くのではなく、マニュアルを基本にして業務を遂行することができる。周りは自分がなすべき業務に集中して、効果的に自分の担当する業務の遂行にあたることができる。

企業は、自社の基本方針や考え方を、マニュアルをとおして業務レベルまで徹底することができる。企業の根幹となる考え方は、たんなるお題目ではない。実際に、第一線の業務担当者まで浸透して、日々の細々とした末端業務の遂行にあたって、方針が徹底される必要がある。**マニュアルは企業方針と第一線の末端業務を結ぶ太い糸でなければならない**。企業の明確な方針を展開して、仕事をとおして多くの従業者(ワーカー)を活かすためにマニュアルは存在する。

マニュアルが作成され、配付されたら徹底的に読む。そしてマニュアルどおり業務を実施して、問題点がないかを調べる。担当者だけではなく、上長はじめ、多くの同僚、関連する人びとによって徹底的に内容が吟味され、マニュアルとして承認され、登録されなければならない。疑問が生ずる都度、マニュアルを参照する。現状とのズレがあれば、あるべき姿と比較検討して改訂されなければならない。

マニュアルが厚いものであろうとなかろうと、そのマニュアルに記述された情報は、業務の遂行にあたって、最新で最も適切なものに維持されていなければならない。定期的な異動で、担当者がかわっても、マニュアルを参照すれば、その業務のやり方を理解することができる。また、業務を担当する社員の急な退社にもあわてることはないのである。したがって、マニュアルは、作成すればことたりるわけではなく、維持管理をよくする必要がある。

企業における、**あらゆる業務遂行の基本は文書主義である**。人だけに依存してはならない。担当者は最適な方法で業務遂行しつつ、マニュアルを最新かつ最適な活きたマニュアルに維持していく必要がある。人がマニュアルを磨き、マニュアルは人を活かすのである。

効・活・創とマニュアル

●●●●●●●●●より高度化するマニュアルの役割●●●●●●●●●

マニュアルが効率化・活性化・創造化につながる

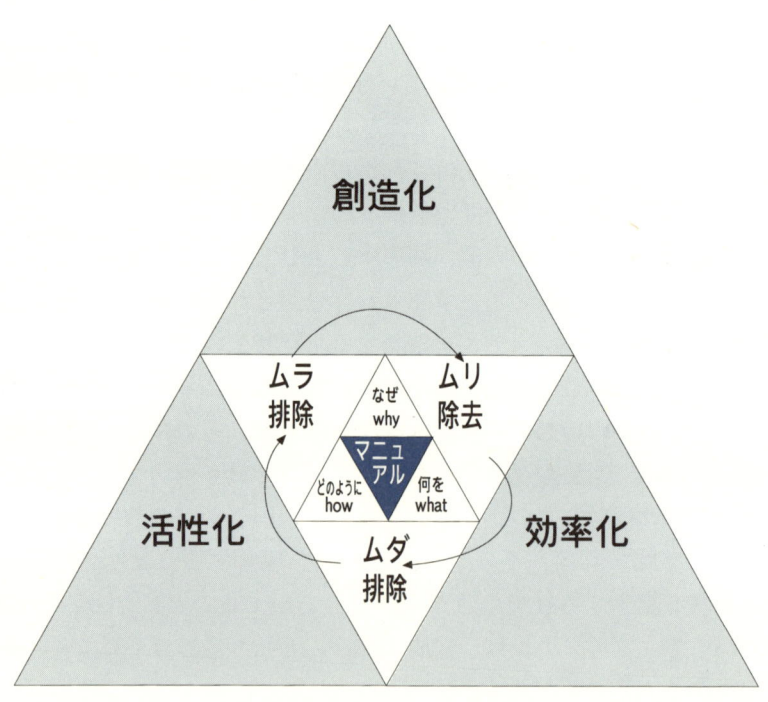

業務の遂行にあたっては、**効率化**と**活性化**と**創造化**の3側面から、多面的に考えられなければならない。効率化とは、ムダなく業務を遂行することである。活性化とは、イキイキと業務をすすめることである。創造化とは新しいやり方でその業務を実施したり、新たな業務や事業を生みだすことである。どの観点も等しく大切であり、効率化だけで仕事を考えるべきではない。21世紀を展望すると、むしろ活性化や創造化の視点をより重視する必要がある。

　マニュアルの作成は、業務の効率化に間違いなく格段の前進をもたらす。担当者、場所や時間などで業務遂行にばらつきが発生して、ムリやムダが生じる事態を回避することができる。この点は誰しも理解できるし、実際にこの観点からのマニュアル作成が、多くの企業にとって主たる目的である。しかし、マニュアルの作成は、効率化の側面だけで考えられてはならない。

　確かに、手順を中心としたマニュアルであれば、効率化だけに寄与すると考えられないこともない。しかし、最近のマニュアルは高度化しつつあり、なぜその業務をしなければならないか、という背景にも対応できるようになっている。人は「何のために」を理解したとき、格段にやる気を高める。この業務は、なぜこのようにするべきか、という業務の背景や関連事項を理解することで、担当者はイキイキとして業務をすすめることができる。最近のマニュアルには、このレベルが想定されている。つまり、マニュアルは活性化を実現するための手段でもある。

　さらに、現行業務をイキイキと効率よく遂行することで生みだされた余力をうまく使うことで、新規の事業や業務、現在の業務の新しいやり方などを創造することにつなげることができる。効率化と活性化は創造化まで高めることができる。企業は、創造化なくして新しい時代を迎えることはできない。マニュアルはこのように、効率化・活性化・創造化実現のための手段、道具たりうる。同時に、マニュアルの作成、改訂・維持、教育をとおして、現在の事業や業務そのものを再確認し、共有化することができるのはいうまでもない。

マニュアルに対する誤解

●●●●●●●●●● 良いマニュアルの要件 ●●●●●●●●●●

マニュアルとは何か？　が理解されていない

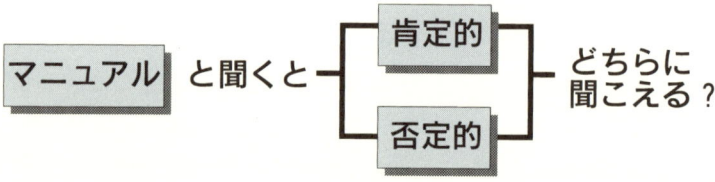

本来のマニュアルは

| 企業は何を「是」とするか（価値観・思想＝最終的な目的） |

・マニュアルで明記する

| 実務的には、何をするか（業務） |

・まとまり仕事一覧表
・マニュアルの具体的な実施事項

| 具体的に、どのように行なうか（方法） |

・マニュアルのポイント・コツ、レベルなど

（仕事のやり方を共有化）

人を活かすためにマニュアルを作成する、と述べた。マニュアルづくりは効率化・活性化・創造化に寄与するとも述べた。だが、実際に「マニュアル」がどのように理解されているかというと、残念ながら負の面が強調されることが多いのである。いわく、「マニュアルどおり」・「マニュアル的」（書かれたように、決まりきったことしかできない）、「マニュアル人間」（気がきかず、人情味や融通性に欠け思慮の浅い人）のように否定的な意味でよく使われる。

　しかし、よく考えてみると、「マニュアルどおり」決まりきったことを、きちんとできる「マニュアル人間」は少なく、会社が期待するように正確で迅速に業務を遂行できないマニュアル人間未満の人が多いのではないか。事務業務など、部下にまかせているとして、実際に伝票類を作成することもできない、また必要な書類がどこに保管されているのかも知らない管理職が多いのが現実であろう。**「マニュアルどおり」の基本的なことさえ理解し実行できないのに、変化が多くきびしい現実に適切な対応ができるとは思えない**のである。

　このように「マニュアル」というと、融通無碍で否定的な見方が世間に存在するのは事実である。しかしながら多くの場合、「マニュアルとは何か」が理解されていなかったり、マニュアルの内容までよく検討されずに指摘された中傷であることが多いのである。**マニュアルには、企業が何を「是」として、具体的に何をなすべきかが記載されるべきである**。ところが、仕事に対して、何をどの程度（レベル）まで期待するのか、がはっきり記述されていないマニュアルとはいいがたいものを、マニュアルと思い込むと誤解が生じるのである。

　マニュアルを作成するまでの過程で、業務の遂行基準、つまり**どの程度まで会社は期待して、どのようにその業務を遂行すればよいのか担当部署の全員が理解すること**が、マニュアルづくりの本質的な目的である。ただ作成すれば終わりではなく、マニュアルづくりをとおした業務の見直しが、業務の効率化をさらにすすめ、職場の活性化・創造化につながることを期待するのである。

マニュアルを定義すると

●●●●●●●●●●●● 適正化された業務手順書 ●●●●●●●●●●●●

マニュアルとは、

> ❶ 経営の基本方針や価値観を明確にして、
>
> ❷ 個々の業務が期待する水準で遂行されるように、具体的な実施事項、手順、要求水準（期待レベル）、ポイント・コツを記述して、
>
> ❸ 業務遂行者が独自に学習したり、上長がOJT（計画的な職場内教育）をするときの基本となりうる業務手順書である。

このために、

> ❶ 業務とマニュアルの体系が明確になっている、
>
> ❷ 遂行にあたって、業務ごとの最低水準が明確にされ、
>
> ❸ 能力や経験などから業務遂行者を区別してとらえ、段階的・階層別に記述され、
>
> ❹ 様式が統一され、
>
> ❺ バインダー方式・小冊子方式など形態が統一され、
>
> ❻ 図表やイラストなどを用いて、わかりやすく具体的に記述され、
>
> ❼ 担当者の上長はじめ何人かに承認をうけて登録されたもの

であると要約できる。

マニュアルは、たんなる手引書や業務案内書ではない。われわれの考える「マニュアル」とは以下のような条件を満たすものである。世間でいわれる「マニュアル本」などは案内・手引・参考書的なものであり、本書でいうマニュアルとは、まったく趣旨を異にするのである。

マニュアルとは、企業をはじめとする組織体が、①経営の基本方針や価値観を明確にして、その考え方にそって業務を遂行させるため、②個々の業務が期待する水準で遂行されるように、具体的な実施事項と手順から要求水準（期待レベル）や業務を完遂するためのポイント・コツまで記述して、③業務遂行者が独自に学習したり、上長がOJT（計画的な職場内教育）をするときの基本となりうる業務手順書である。

このため、①業務とマニュアルの体系が明確になっている、②遂行にあたり、業務ごとの最低水準が明確にされ、③能力や経験などから業務遂行者を区分してとらえ、段階的・階層別に記述されて、④様式が統一され、⑤バインダー方式・小冊子方式など形態が統一され、⑥図表やイラストなどを用いて、わかりやすく具体的に記述され、かつ⑦担当者の上長はじめ何人かに承認をうけ登録されたものであると要約できる。

マニュアルが、マニュアルたりうる根本は、**企業経営の基本方針や価値観を背景に、その考え方にしたがって個々の業務が手順を中心に記述されていること**にある。ただ業務手順を記述するのでなく、なぜその業務を、このように実施するかを理解させるために、企業の存在基盤・思想からハッキリと業務遂行者に理解させておく必要があるのである。そのうえで、個々の業務について細分化された実施事項と手順および方法を具体的に記述する。

個々の業務の遂行については、各担当者ごとにちがいが存在する場合が多い。どのやり方を企業が最適と考え、採用するのかをハッキリ明示する必要がある。この段階を**業務の適正化**というのであるが、こういった過程を踏まずに、業務遂行に対する一定水準や統一された方式に結びつくことは稀である。マニュアルと呼ぶことができるのは、上記のような条件を満たすものだけである。

業務の品質が問われる時代

●●●●●● 高品質で均一な仕事を実現するマニュアル ●●●●●●

マニュアルの役割とは

　マニュアルは、どのような業種・業態の企業にも、どんな部門・部署にも必要である。もちろん、オフィスにも必要である。最近のオフィスをみると、異なる属性の人がいっしょに働いている。大企業でも小規模の企業でも、正社員と派遣社員、フルタイマーとパートタイマーが、ありとあらゆる職種で、定年間近や嘱託といった高齢者から18歳前後の若者までが、祖父母と孫のような年齢差をこえて協働している。外国人すら存在する。おのずと、労働に対する考え方から仕事へのとりくみ姿勢、業務の遂行方法まで、ずいぶん幅が存在する。

　ベルが鳴った電話をとったのが、たまたまパートタイマーであったので受け答えがまずかった、では困るはずである。社外の人には応答者がパートであるか否かは関係がない。誰が電話をとろうとも、会社が決めたように電話に対応できる必要があるし、社外もそれを期待している。つまり、**業務の遂行にあたっては、たった１つのやり方が期待されている**（これをワンベストという）のである。誰が電話をとろうと、自社の定める最も良いやり方が徹底されていなければならない。

　このように、業務の遂行にあたって、事務業務の場においても、接客サービスを提供する場でも、「製造現場」と同じように、仕事の品質が追求される時代となった。伝票を作成し保管するような事務作業でも、社内の会議や得意先との応対などのコミュニケーション作業でも、ものごとを考える思考作業においても、仕事の質が追求されて、さらに質の高さが求められる時代となったのである。

　多種多様のオフィスおよびファクトリーワーカーの出現と仕事に対する高品質と均一性の要求が、マニュアルの必要性をより強調することになった。**誰がやっても、同じように企業が期待するレベルで、業務が遂行される**。これは、「人」が基準では達成しえない。疑問に思った都度、先輩に聞いてみる、では間に合わない。まず、文書で基本を明確に記述して、あらかじめ理解させる（または理解させようとする）。それだけでは不十分な部分は、口頭でやりとりして確実にする。基本を記述し多くのワーカーに理解させる道具が、マニュアルである。

企業の基本を伝えることが土台

●●●●●基本方針がすみずみまで行き渡ったマニュアルを●●●●●

魂のあるマニュアルでなければならない

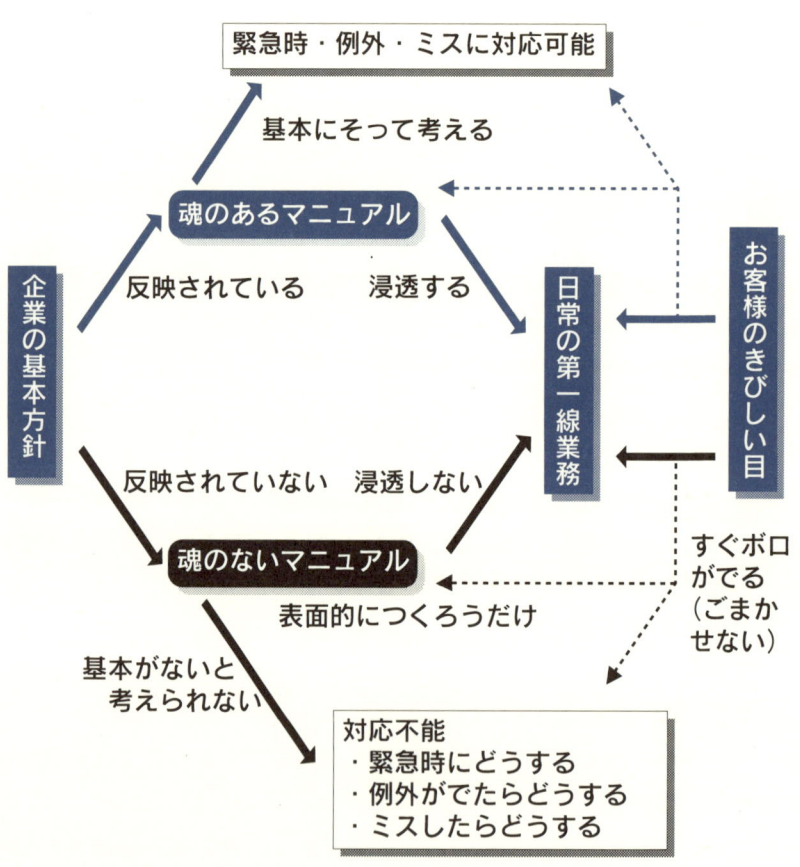

マニュアルはたんなる行動基準や作業手順書ではない。企業の基本方針や価値観を体現、具現化するための手段でなければならない。企業の基本方針は、社是・社訓や基本理念などの形で表現される、たとえば「顧客志向」や「安全第一」のようなものである。これらの基本が、マニュアルの中に表現されている必要があり、マニュアル作成の根底に厳然と存在していなければならない。考え方や価値観の反映されていない手順書の類は、魂の抜けたマニュアルといわざるをえない。

企業が顧客志向、つまり顧客を大切にするということを本心から考えていないとするなら、表面的に接客マニュアルをつくって、うわべだけのサービスを向上させても、どこかでボロがでる。きびしいお客様の目にはゴマカシは通じない。安全第一といっておきながら、作業手順の中に「絶縁ゴム長靴をはく」など安全のためのステップが割愛されるなら、安全第一などという基本を掲げるのはやめにしたい。企業の考え方が、第一線の業務の中に具現化されるためにマニュアルが存在しなければならないのである。

しかし、企業の基本が反映されるだけではマニュアルは存立しえない。ほかの多くの規程・規則、基準・規格・標準、細則・要綱などと整合性が求められる。現実の企業活動は、さまざまな文書によって規定づけられている。他社との契約は、当然、商法にはじまる法律と自社の販売規程、販売に関する細則などの文書によって規定されている部分が大きい。契約担当者が自分の判断だけで決定できる部分は、おのずと限界があるはずである。ところが、決まりではなく、担当者次第になって業務が適正にすすめられない場合が多いのが現実であろう。

このようにマニュアルは、**考え方のレベルで会社の基本方針や価値観と、そして現実の業務遂行レベルで他の決まり・文書類と、うまく共存していかなければならない。**マニュアルの作成にあたっては、まず企業の考え方を尊重し、そのうえで各決まりを十分参照して調整しながら、マニュアルを記述する必要がある。もっとも、文書としての決まりが存在しない場合は、人に聞いて決まりを確かめる必要がある。

高度なマニュアルが求められている

●●●●●●●●●●●●● 変化に対応できるか？ ●●●●●●●●●●●●●

マニュアルも高度化せざるをえない

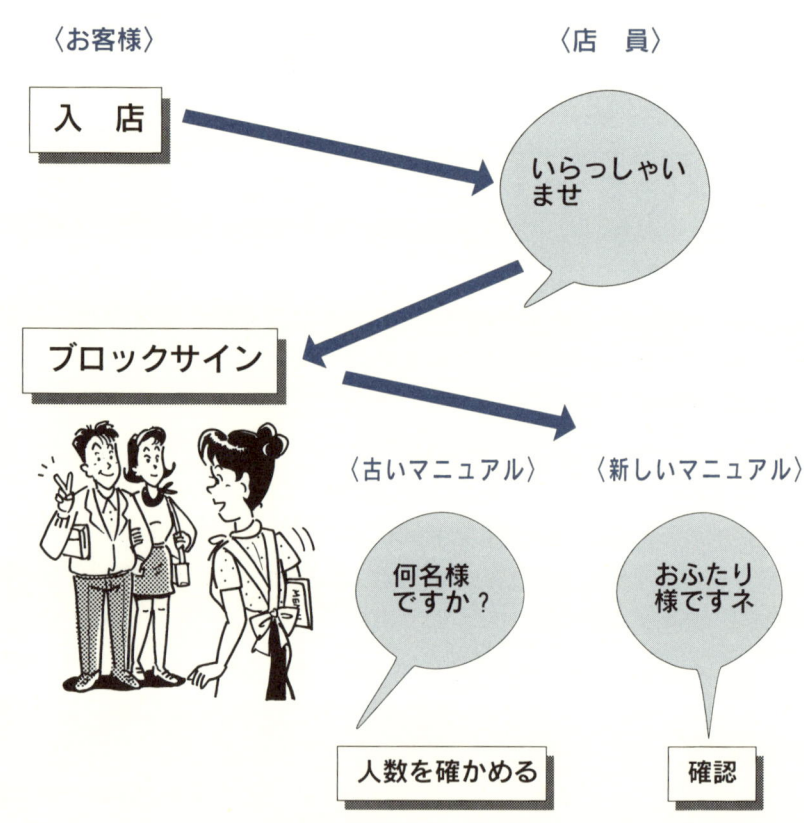

＊昔は「何名様ですか」でよかった。
　マニュアルが、お客様の行動をかえた。
　マニュアルも「人数を確かめる」だけでなく、
　指で人数を示している場合を想定する必要がある。

「マニュアル」を持つ企業の比率は思いのほか高いのが現実である。ある調査によると、シティ・ビジネスホテル関係では80％以上というデータすら存在する。しかし、どの程度のものをマニュアルといっているのか、マニュアルの内容が問われるべきであろう。このデータは業務の手順を覚え書程度に、担当者が簡単にメモしたようなものまでマニュアルといった場合の比率かもしれない。しかし、マニュアルの必要性と所有比率が高まっていることは事実である。

接客関連だけでなく、業務効率化の一環として事務部門でも社員に業務手順を一定の書式で記述させて「マニュアル」としている企業もふえてきた。実際、多くの企業の生産から販売、そして間接部門に至るまで、マニュアルを所有する比率は高まってきている。しかし、マニュアルの質が高まっているとは考えられないことが多い。**ただ簡単に手順を記載したような程度のマニュアルでは、現実の業務遂行には不十分な部分が拡大してきている**のではないだろうか。

ファミリーレストランでの、お客様来店時の対応をケースに考えてみよう。どのレストランもマニュアルを持ち、来店時の業務は標準化されつつある。まず来店に対するあいさつがある。多くの場合、「いらっしゃいませ」が中心となる。その後に、店名などが続く。問題はその後である。あいさつの後、お客様の人数をたずねる常套文句が続く。ところが、いろいろなレストランでの経験から、人数を聞かれる前に、お客様の方が先に指でサインをだしている場合がある。「V」サインであれば、2人である。

そのサインがありながら、「何人様ですか」と人数をたずねるのは能がない。このサインに対しては、「おふたり様ですね」との確認でよい。現在、求められるマニュアルは、この程度のレベルを想定したものでなければならない。来店時には、「あいさつをして、人数を聞く」では、時代遅れのマニュアルといわざるをえない。マニュアルの存在が、お客様の対応をも高度化したのである。それにともない、さらに質の高い業務を提供できるマニュアルが求められているのである。

教育の手段としてのマニュアル

●●●●●●●●●●●● OJTとの連動を図る ●●●●●●●●●●●●

マニュアルをとおした「教育」

まず
- 読む(自習)
  - 読みやすいマニュアルを作成する
  - 読んでおくよう指示をだす
  - 読みたくなる雰囲気をつくる

ついで
- OJT（計画的な職場内教育）
  - ある業務を習得させる計画をつくる
  - （上長）がやってみせる
  - 部下にやらせてみる
  - マニュアルの基本と比較する
  - 間違いがあれば指摘して正す
  - できれば、ほめる
  - 繰り返して、実際にやらせる
  - マニュアルどおりできるか随時調べる
  - 次に習得させるべきものを提示する（だんだんレベルの高いものを）

マニュアルを作成したならば、部下に対して教育を開始する。教育といっても、教室に座って行なうものではない。1つは、個々の業務遂行者が自分でマニュアルを読んで、業務内容を理解する形のものであり、もう1つは、上長が計画を作成して、業務をマニュアルどおり実際にやってみせながら指導するOJT（計画的な職場内教育）である。この両者がうまく併用されることが必要であり、マニュアルをもとにして、これらの教育が展開され、かみ合わせられるとよい。

担当者が自分でマニュアルを読み業務内容を理解するために、マニュアルは、**初級者にもわかりやすい表現**がされていなければならない。イラストや図表が必要なのはこのためである。入社1〜2年の、指示された部分だけしかできない担当者に、この部分は確実にこのように実施するべきであるという基本をマニュアルに記載する。マニュアルを読んで理解することで、確実な業務遂行が可能となる。初級者用のマニュアルは、うっかりすると間違うような点、クレームにつながるような点を含む基本的な事項を、はっきり「何を、どのように行なう」と記述する。

上長は、**部下にマニュアルを読ませる工夫**をしなければならない。たえず、この部分を読んでいるかと声をかける。いつまでに、この部分を読んでおくように指示する。そのうえで原則としては、自分でその業務をやってみせる。そして部下にやらせてみる。やらせてみせて、マニュアルどおりでない部分は、その場で間違いを指摘して、再度マニュアルどおり実行させる。正しく実行できれば、すぐにほめる。大げさである必要はないが、「よし、それでいいんだ！」と。そして、実際に何度もマニュアルどおり繰り返し実施させる。

このような段階をへて、企業が期待するレベルで、つまりマニュアルどおり業務が遂行されることになる。だが、上長はチェックの目をゆるめてはならない。最初はマニュアルどおりでも、すぐ自分のくせで仕事をする人が多い。機会をみて、マニュアルどおり業務がすすめられているかチェック、確認することを忘れてはならない。上長だけでなく、周りが協力して業務が適正な状態で遂行されるのを見守る必要がある。

作成は必要十分条件ではない

業務の変化に対応して改訂する

マニュアルをつくれば終わりではない！

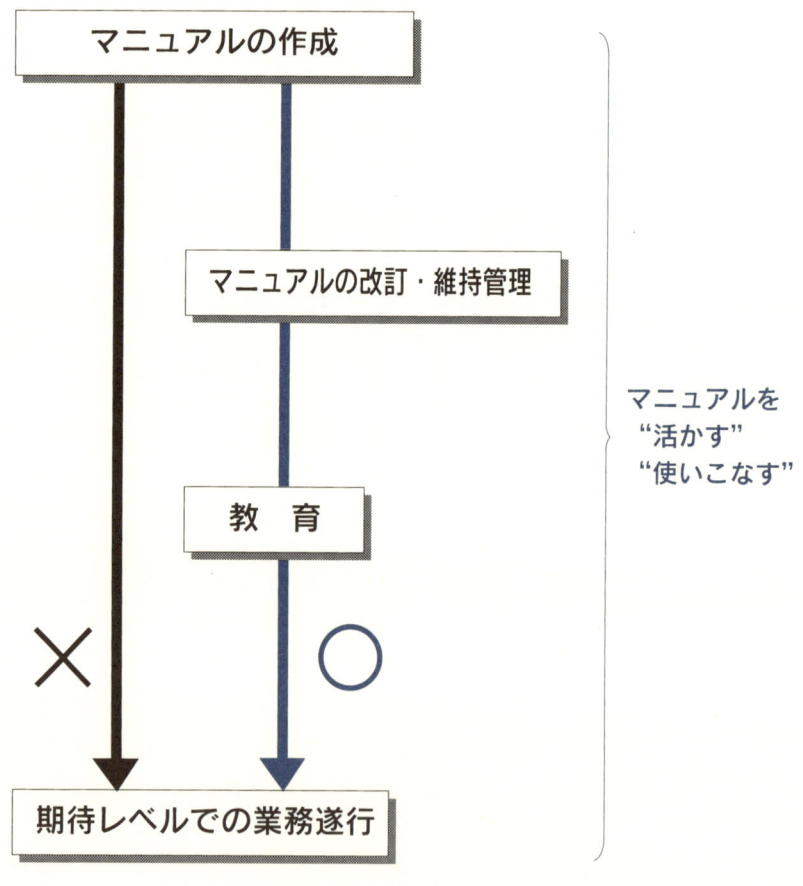

マニュアルは、企業の基本方針や価値観を反映して、第一線業務をあるべき水準で遂行するための道具であると述べた。マニュアルの作成にあたっては、業務の適正化を必要とすることも述べた。しかし、マニュアルを作成すれば、業務を期待レベルで遂行できるのかというと、若干の注意がいる。確かに、期待水準で業務遂行するための有力な道具ではある。マニュアルの存在は、第一線業務が期待どおり遂行されるための必要条件といえる。だが、必要十分条件ではありえないのである。

　では、何が必要十分条件にあたるのか。**マニュアルを作成したうえ、マニュアルを改訂・維持し、そしてマニュアルをもとに自発的な学習やＯＪＴがあってはじめて、企業が期待するように業務が遂行される**。この点を誤解すべきでない。マニュアルを作成したが、思うような成果がでないのではなく、作成したマニュアルをどう使いこなすのかを考えておかなければ、所期の成果は望むべくもない。答えは簡単明瞭ではあるが、なかなか実現されにくい。

　10年前に作成したマニュアルは、マニュアルではない。10年前と現在では業務の遂行方法がちがうはずである。だから、昔のマニュアルは現在のマニュアルたりえない。これは、マニュアルの改訂を怠った例である。いったん作成したらよいのではなく、業務に変化があれば、マニュアルも変更しなければならない。改訂したら、関連部署に配付しなければならない。これが、マニュアルの改訂・維持管理である。時間をかけて作成したマニュアルを活かすことを考える必要がある。

　つまり、マニュアルを使って教育することが必要である。期待水準を明確にしたマニュアルを読ませ、理解させる。理解していない部分は、仕事をさせながら、間違いを正すことが必要である。そこで、マニュアルは個人で学習しやすいものである必要がある。読みやすい図表やイラストのあるビジュアルなものでなければならない。上長は、部下の学習や理解度をつねに頭におく必要がある。理解できていない部分は、それを見た時点で行動を是正して、体得させていく。こういった過程をへて、企業が期待するレベルで業務が遂行されていくのである。

マニュアルを診断する

●●●●●●●どの業務レベルまでをカバーしているか●●●●●●●

自社のマニュアルを診断してみよう！

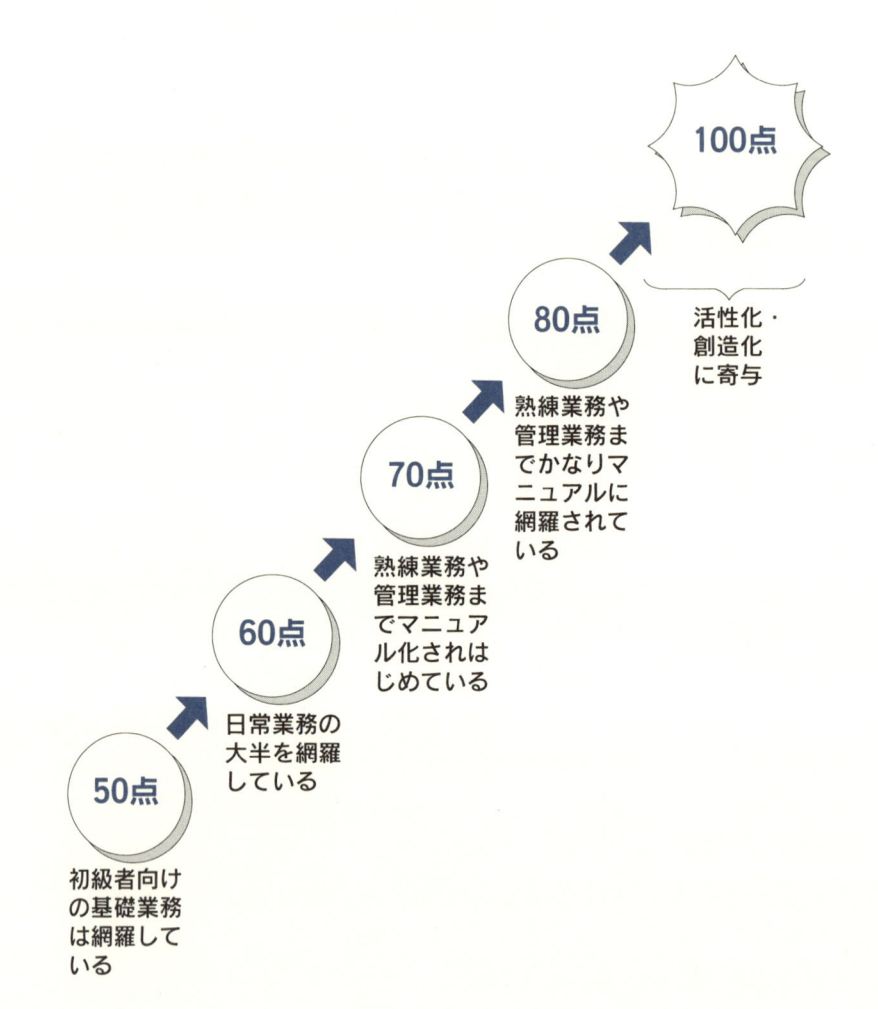

100点 — 活性化・創造化に寄与

80点 熟練業務や管理業務までかなりマニュアルに網羅されている

70点 熟練業務や管理業務までマニュアル化されはじめている

60点 日常業務の大半を網羅している

50点 初級者向けの基礎業務は網羅している

何冊もの厚いマニュアル集があれば、良いマニュアルかというとそうではない。要はマニュアルの内容・中身次第である。まず、効率化・活性化・創造化に寄与しているかである。効率化に視点があてられているだけでなく、読んで楽しくなるような活性化や創造化につながる部分が内包されているのが、良いマニュアルの証である。

　マニュアルがマニュアルたりうる合格最低ライン（50点）は、業務遂行にあたって、**業務の体系およびその業務に関する具体的な実施事項、手順、ポイント・コツ、要求レベルなどが明確に記述されて、業務が効率的に遂行できるように記述されていること**である。少なくとも、初級者が担当するような基礎業務について明確にマニュアルにまとめられていることである。さらに、日・週・月ごと定期的に繰り返される日常業務の多くがマニュアル化されているようであれば、合格ラインを10点ほどクリアでき、これで60点となる。

　しかし、70点をクリアするには、基礎業務や日常業務のマニュアル化だけでなく、かなり高度で判断力を要するような熟練業務や基礎・日常・熟練業務の業務遂行を確認する管理業務面についてのマニュアル化が要求される。これらが大半マニュアル化されているようであれば、80点となる。この80点のバーは、何をどのように実施するかだけの記述だけではこえられない。

　企業方針から業務の背景までを記述して、業務遂行を納得しやすくするような、意欲をかき立てる部分が十分かが問われる。80点以上を獲得するには、業務遂行だけではなく、改善活動をはじめ活性化・創造化につながるような視点、この業務はなぜこのように実施するのかを理解させ、企業方針にそってみずから邁進できるような部分が必要となる。

　「木はその実によって判断しうる」ではないが、マニュアルはマニュアルそのものでなく、実施される業務からマニュアルのレベルを判断することが可能なのではないか。しかし、業務遂行レベルには、マニュアルに加え、業務担当者の教育・訓練レベルが反映する。このため半歩譲って、マニュアルは上記のように評価してみてはいかがであろうか。

2 業務の適正化と標準化

● マニュアル化への準備(1) ●

現在行なっていることを、そのまま記述してもマニュアルにはならない。業務のあるべき姿を、あらかじめ明らかにしておくことが必要である。これを、適正化という。適正化は、その業務の担当者１人でではなく、その業務に関係する何人かで行なう。業務を多角的に検討することで、最適な業務の遂行方法、手順が明確になる。適正化は標準づくりにほかならないが、ある業務に関して、社内に実際、何種類の「標準」が存在するのだろうか？。

業務手順とポイント・コツを明確にする

●●●●●●●「何」を「どのようにするか」で構成する●●●●●●●

マニュアルの構成パーツ

まとまり仕事(レベル)ごとに

何 を ── 具体的な実施事項
　　　　　　　(例：A・B・C)

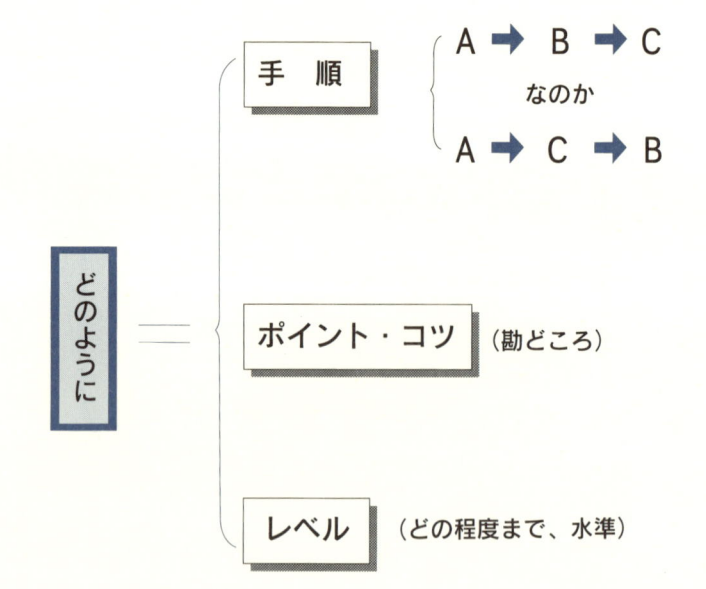

どのように ──┬── **手 順**　　A ➡ B ➡ C
　　　　　　　　　　　　　　　　　　　なのか
　　　　　　　　　　　　　　　　A ➡ C ➡ B
　　　　　　　　├── **ポイント・コツ**　(勘どころ)
　　　　　　　　└── **レベル**　(どの程度まで、水準)

業務の遂行にあたっては、細分化された具体的な実施事項（何を）ごとに手順が存在する。その手順を明確にするのが、マニュアルの基礎である。同一業務でも、得意先などの種類ごとに実施事項や手順が異なることもある。マニュアルは、業務を円滑にすすめるための具体的な業務遂行手順書なのであり、スローガンやガンバローという掛け声ではなく、実務的な対応が記述されていなければならない。

　「手順」とは、ある業務を遂行するにあたって、**どういう順序で何をすればよいか**のことである。してはならないことでなく、すべきことは何かをはっきりさせることに留意したい。「○○はすべきでない」という記述をよく目にするが、○○はすべきでないとしても、「何を、どのようにすればよいのか」が不十分であれば、マニュアルの目的を達することはできない。

　ある業務が、複数の細分化された具体的な実施事項からなるとする。その場合、どちらを先に行なうのかをはっきりさせる必要がある。業務を行なう順序はA→B→Cなのか、それともA→C→Bなのか。まず何をして、そしてその後、どうするのか。それには条件があるのか。条件があれば、その条件分けをはっきりさせる。条件によってちがいがある場合、その場合ごとに、手順が明確にされなければならない。

　業務の手順をしっかりさせることが、業務の遂行をより効率的にすることになる。何を、どのような手順で実施するかを明確にするためには、遂行する順序だけでなく、**用語集**（事務業務であれば、使用する帳票類を含む）・**チェックリスト・教育計画**などが必要である。さらに、手順が明らかになったら、その手順が確実に遂行されるような「成否」のための**ポイント・コツ**（勘どころ）、そして、どの程度までを望むかの**レベル**を明確にする。

　多くの場合、手順が記述されていても、どのようにその部分を実施すれば、うまくいくかのポイント・コツが抜けていることも多い。せっかく、遂行順序を明らかにしたのだから、ついで、それをうまくすすめる勘どころを明らかにすることを忘れては意味がない。

まず業務を目に見えるようにする

●●●●●●● 初級者向け、定型業務からマニュアル化を ●●●●●●●

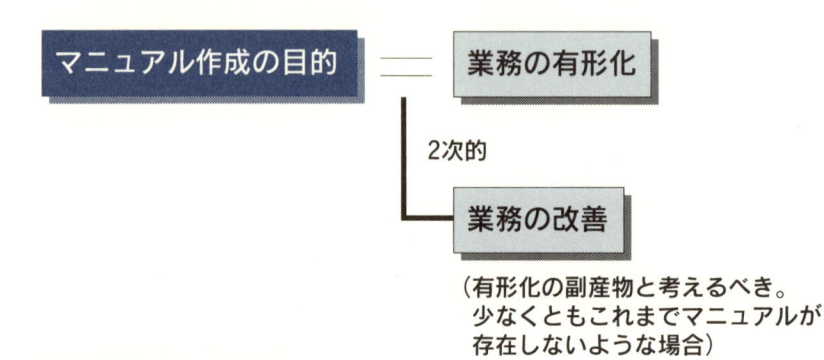

マニュアル作成の目的 ── **業務の有形化**

　　　　　　　　　　　　　　2次的

　　　　　　　　　　　　　業務の改善

　　　　　　　　　　　　　（有形化の副産物と考えるべき。
　　　　　　　　　　　　　　少なくともこれまでマニュアルが
　　　　　　　　　　　　　　存在しないような場合）

マニュアル作成の目的

- **初級者** から利用できる
  - ・新入社員
  - ・パートタイマー、アルバイト

- **定型業務** から
  - ・毎日→毎週→毎月と頻度の高いものから
  - ・そして重要なものに
  - ・さらに非定型業務まで

- **具体的な実施事項** から
  - ・そして実施順序（手順）、ポイント・コツ、レベルへ

マニュアルを作成する場合、高望みは禁物である。マニュアル作成には時間を要する。多くをマニュアルに盛り込もうとして高望みしてはならない。業務遂行にあたって本質的で基本的な部分を、確実にマニュアルとしてまとめることが第一である。**マニュアル作成の目的は業務の有形化である**。個々の業務担当者だけでなく、その業務にかかわる複数の関係者に対して、業務が目に見えるようにすることを「有形化」という。有形化を基礎に、少しずつレベルアップしてゆく。

　マニュアルをつくることで、業務の改善という視点が生まれるのは事実であるが、それは副次的な効果であると、まずは理解しておこう。マニュアルとして記述すべきことは、その業務の遂行にあたる誰しもが、最低限守るべき基準をはっきりさせることである。何を、どのような手順でというような最低なすべき基本をはっきりさせずに、管理はどうすればよいかなど多くを高望みするべきではない。

　ある業務を、新規学卒の新入社員や未熟練のパート・アルバイトが実施する場合を考えてみればよい。彼らにとって、業務をうまく行なうための経験や経験によって得られる勘はないに等しい。そういう場合に、**具体的な実施事項は何で、どの順序で実施すればよいのか**書かれていることが役に立つ。これがマニュアル作成の出発点である。

　業務の種類でいえば、**定型業務からマニュアルを作成する**。例外的なものや、判断をともなうようなむずかしい業務からはじめてはならない。決算や賃上げのような年1回のものより、毎日・毎週・毎月繰り返される頻度の高い業務からはじめる。そのうえで、重要な業務へすすむ。重要度は高いが、頻度が少なく遂行者も限られるような業務や経験豊富な担当者が判断を要するような業務は、後回しとなる。

　毎日、繰り返し実施するような業務に関して、問題なくすすめるために最低必要なことを、つまり業務完遂のための成否からマニュアルに書きとめる。これが、マニュアル作成の第1歩である。定型業務から非定型業務まで、すべてを包含しようとすることは高望みである。マニュアル集は、まず新人や初級者を対象とするものから作成すべきであろう。

すべてに先行する業務の適正化

●●●●●●●● 業務のあるべきレベルを決める ●●●●●●●●

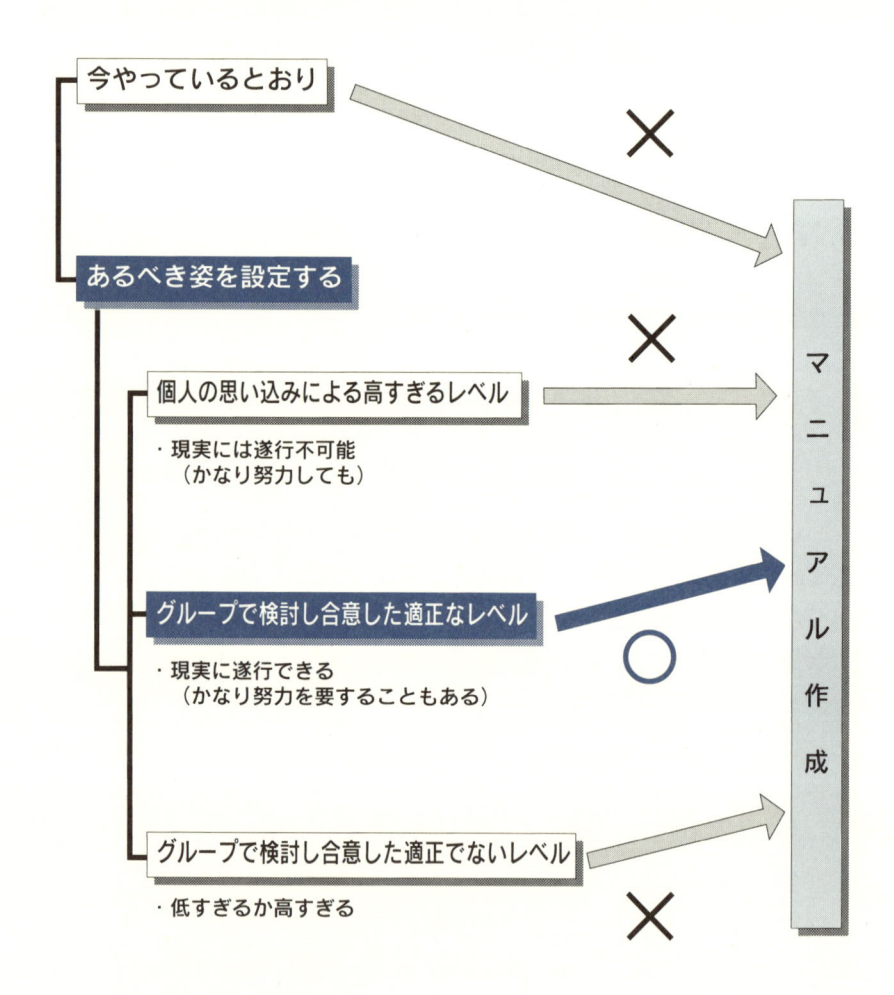

- 今やっているとおり → × マニュアル作成

- あるべき姿を設定する
  - 個人の思い込みによる高すぎるレベル → ×
    - ・現実には遂行不可能
      （かなり努力しても）
  - グループで検討し合意した適正なレベル → ○
    - ・現実に遂行できる
      （かなり努力を要することもある）
  - グループで検討し合意した適正でないレベル → ×
    - ・低すぎるか高すぎる

業務を、これまでやってきたとおりに紙に書いてもマニュアルにはならない。マニュアルには統一された様式が必要である。手順やポイント・コツなどが記載されていなければならない。様式が整っていても、紙に書く前に、その業務があるべき姿になっていること、つまり「適正化」されていることが求められる。今やっているとおりを、紙に書きだしてもマニュアルとはいえない。

　マニュアルとして書きだす前に、自分だけでなく、上長やその業務に携わる何人かの同僚がいっしょに、具体的な実施事項から遂行方法や期待レベルなどについて検討をかさね、合意していることが必要である。業務遂行者が、実施手順を書きとめただけの文書はマニュアルではない。マニュアルとは、誰が読んでも、その業務について理解できて、担当者とほぼ同じレベルで業務を遂行できるものでなければならない。

　現在の業務水準より高く、あるべき姿を模索して設定することを「適正化」という。そのうえで、マニュアルとして記述する。適正化を標準化と表現すると、業務の見直し・改善という観点が弱くなり、「標準」づくりという視点が強くなるので、あえて適正化と表現する。両者の関係を明確にすると、標準化は適正化の一部分であり、適正化は、現在の標準を見直し、さらに高い基準を設定する部分であるといえる。適正化のステップをへて、業務をマニュアルにまとめる必要がある。

　原則的に、適正化のための時間を十分とることが望ましいが、時間的な余裕がない場合もある。このような場合は、何人かの目が通って、承認されていることを条件に、マニュアルとすることが認められる。マニュアルは、良い意味で権威づけられていることが必要で、少なくとも、その業務遂行部署の「ライン長」が承認していることが求められる。

　マニュアルは、その業務を担当する個人のためのものではない。むしろ、その業務を日常、担当していない人が担当者と同一レベルで業務遂行できるための道具である。つまり、関連する数人が業務を共有化するための手段と考えておくべきである。あわてて紙に書くのではなく、適正化というステップをへてはじめてマニュアルたりうるのである。

適正化のすすめ方

• • • • • • • • • • • 5W2Hで考える • • • • • • • • • • •

このように適正化をすすめる

〈5W2H〉

目　的 ……………………………………… **WHY**
　　　　　　　　　　　　　　　　　　　　なぜ？
　↓ ・絞って考える

具体的な実施事項 ………………………… **WHAT**
　　　　　　　　　　　　　　　　　　　　何を？
　↓ ・目的に合っているか確認

順　序 ……………………………………… **WHEN**
　　　　　　　　　　　　　　　　　　　　いつ？
　↓

遂行部署・者 ……………………………… **WHO**
　　　　　　　　　　　　　　　　　　　　誰が？
　↓

方法（ポイント・コツ、レベル）………… **WHERE**
　　　　　　　　　　　　　　　　　　　　どこで？

　　　　　　　　　　　　　　　　　　　　HOW
　　　　　　　　　　　　　　　　　　　　どのように？

　　　　　　　　　　　　　　　　　　　　HOW MUCH
　　　　　　　　　　　　　　　　　　　　いくらで？
　　　　　　　　　　　　　　　　　　　　（費用・コスト）

前項で述べたように、業務のあるべき姿を設定することを適正化という。ある業務に関して、具体的な実施事項をどのような手順で実施して、要求する水準はどの程度なのかを設定することが適正化である。本来、適正化の段階は、マニュアル作成以前の問題である。業務の適正化をへずに、マニュアルを作成しても、企業が期待するレベルで業務が遂行されるはずはない。適正化の段階はマニュアル作成の一貫として、確実に踏む必要がある。

　適正化の第1歩は、業務の体系についてである。最近、事務作業ではOA化の進展のため、コミュニケーション作業では要求内容の高度化などのため、体系つまり業務の流れに、さまざまな変化がおきている。担当ごとの業務見直しではなく、ある業務が処理される一連の関係およびその業務の機能(はたらき)という点から、あるべき姿を明確に設定しなければならない。つまり、**業務を行なう目的から考えて、仕事の流れと具体的な実施事項が適正かどうか、根本から再度、検討する**のである。

　業務についての具体的な実施事項が明確になったら、**どのような順序で実施すればよいかを**、はっきりさせる。順序の入れ替えだけで、大きな投入時間の削減も期待できる。さらに、その業務を実施するのが、**現在の部署の担当者でよいか**を検討する。業務量や担当者の能力との関連で、分散して実施されていることもあり、実施担当部署と要員という両面から、あるべき姿になっているかどうか検討する必要がある。

　このように、業務の目的、具体的実施事項および手順、担当を検討してから、いつ・どこでなどについて検討する。もちろん費用的な面についての十分な検討はいうまでもない。これらをまとめて、この業務について企業は、どの程度までを期待しているのか、またどこが成否にかかわるポイント・コツなのかを「あるべき姿」として設定する。

　適正化の過程は、その業務担当者1人で行なうべきではない。担当者の上長をはじめ、関連する数人で多角的に検討して合意すべきである。そうでないと、担当者独自の特殊な見解が、企業全体の基準となってしまいかねないのである。

標準・標準化とは

最適解を選び共有する

標準化は業務効率化のための必要条件

「標準」、「標準化」の定義（JIS Z8101）

標準：（1）関係する人々の間で利益又は利便が公正に得られるように統一・単純化を図る目的で、物体・性能・能力・配置・状態・動作・手順・方法・手続き・責任・義務・考え方・概念などについて定めた取決め。
（2）測定に普遍性を与えるために定めた基準として用いる量の大きさを表す方法又はもの。
標準化：標準を設定し、これを活用する組織的行為。

◎標準化は、PDCAの管理サイクルを回すことで実施

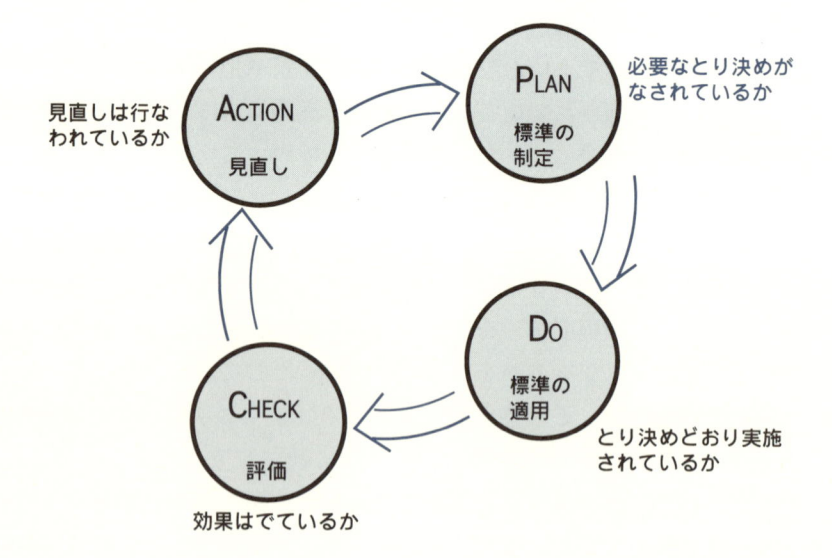

- ACTION 見直し — 見直しは行なわれているか
- PLAN 標準の制定 — 必要なとり決めがなされているか
- DO 標準の適用 — とり決めどおり実施されているか
- CHECK 評価 — 効果はでているか

標準とは、ものや方法、手続きなどに関するとり決めである。もし、標準が定められていなければどういうことになるか。自動車の運転をするにしても、メーカーにより操作方法がちがったり、ガソリンも石油会社ごとにちがったものが供給される。時刻もグリニッジ標準時間を基準に、世界の地域別標準時間が定められているから世界の時の秩序が保たれる。すなわち標準とは、社会のありとあらゆるものや手続きが放任され無秩序化してしまうことをふせぎ、人びとに不便をもたらしたり、人びとを危険な状態から守る役割を果たしている。

　生活するうえで必要なものやルールのとり決めを標準といい、それを意識的に管理・統制して秩序化することを標準化という。このレベルがどの範囲かということで国際標準、国家標準、業界標準、社内標準ということになる。**マニュアルとは、社内のレベルにおいて、標準を定め、標準を組織的に活用し標準化していくためのツール**である。社内標準のとり決めにあたっては、業界の慣行や標準、国家標準としての規格や法律などの上位レベルの規定を盛り込んだうえで作成する。さらに、国際化が進展するなかで、国際標準との整合性を図ることが、ますます必要になってくる。ISO9000シリーズ（品質保証の国際規格）の認証取得などはその例としてあげられる。

　標準化は、標準の制定、実施（適用）、評価、見直しのいわゆる、P（プラン）→D（ドゥ）→C（チェック）→A（アクション）の管理サイクルを回すことで実施される。まず、多数の案の中から最適のものを選び、標準として制定し、マニュアル化する。次に、関係するすべての人にこれを適用するため、組織的に強制力をもたせ実施する。ある期間実施してみて、効果の確認をする。必要に応じて標準の見直しを行ない、マニュアルを改訂する。

　標準化の目的は、最終的には個人または社会生活を効率的に、豊かにすることにある。事務や現場における作業が標準化されれば、コンピュータ化、ロボット化が可能になる。そして、人はより創造的で付加価値の高い仕事にとりくむことができる。

「うまくいっていること」を標準化する

●●●●●●●●PDCAサイクルでチェックする●●●●●●●●

PDCAとマニュアルづくり

```
Check              →    Action
うまくいった(○)    →    標準化
                        (マニュアルづくり)
うまくいかない(×) →    対策をとる
```

```
           A              P
     (Action・処置)   (Plan・計画)

           C              D
     (Check・検討)    (Do・実施)
```

P:
① 紙に書く
② 5W2H
③ 十分に練る

D:
① 計画どおり
② 全員参加
   ‖
   役割分担

C:
① プランを立て、Doした本人がまず
② うまくいったか、いかなかったかに2分する
③ C=P−D
   （計画と実績を比較する）

標準化というのは、標準を設定し、たえず標準どおり仕事がすすむように徹底し、組織で標準を維持していくことである。標準を設定するのは、外部環境と自社の状況を正確に把握しながら、適正な基本・基準を決めて明らかにすることである。標準の徹底は、教育して標準を理解させることである。そして組織的に維持して、はじめて標準化といえる。

では、適正な基本・基準はどのように設定するのか。いうのは簡単で実行するのはむずかしいが、業務の標準づくりの第1歩は、**「うまくいったこと」を適正な標準として紙に書いておく**ことである。仕事のすすめ方には手順がある。まず計画を立てる。そして実施する。さらに検討して、処置をとるという4段階である。つまり、PDCAである。

計画は、紙に書くことからはじまる。頭の中にあることは計画とはいわない。それはアイデア（案）にすぎない。書くのは、5W2Hという点からであり、計画は十分に練られたものでなければならない。

計画ができたら、計画どおり実施する。計画は計画だから、と絵に描いた餅としてはいけない。計画どおり、まずやってみる。しかも、関係者全員がうまく役割を分担して、全員参加で実施する。企業の業務遂行は、複数がかかわるのが原則であり、安易な計画による安直な実施となると、自分はよくても他の共同実施者に迷惑がかかるのである。

実施後すぐに、**実施担当者みずからが結果を検討する**。上長がチェックするのでなく、個々の担当者が自分でまず結果を検討する。検討結果は、うまくいった（○）か、うまくいかなかった（×）かである。けっして「△」としない。△は、ある部分がうまくいき、別の部分がうまくいかないことである。みんなよくがんばったから、△という評価では困る。ここがマズイとはっきり認識することが、改善につながる。

処置は、検討した結果「○」なものについて、紙に書いて次回からも○となるようにすることであり、これを標準化という。検討してみて「×」だったものを紙に書いて標準とすれば、次もまた悪い結果となる。検討結果が×なら、処置は対策をとり、再度計画につなげる。このように、標準化するのは、うまくいった（いっている）ことだけである。

マニュアルを層別する

•••••••••••• 層別の目的・効果 ••••••••••••

層別の方法

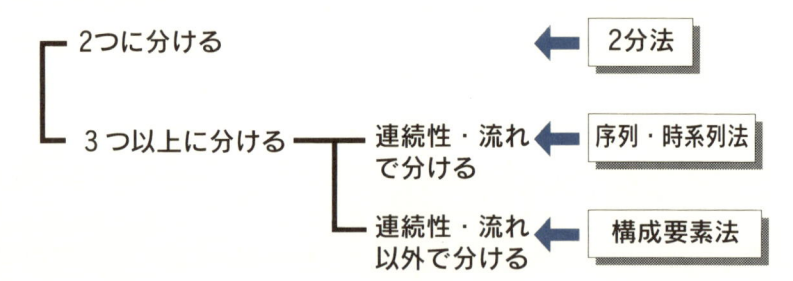

- 2つに分ける ← 2分法
- 3つ以上に分ける
  - 連続性・流れで分ける ← 序列・時系列法
  - 連続性・流れ以外で分ける ← 構成要素法

2分法の概念

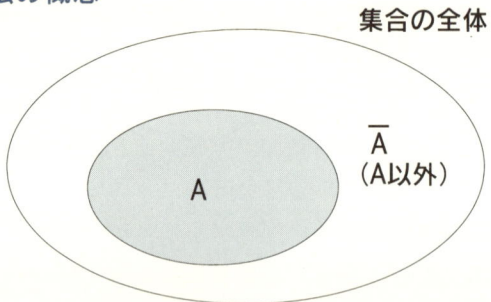

集合の全体

A / $\overline{A}$（A以外）

事　例（血液型の事例で）

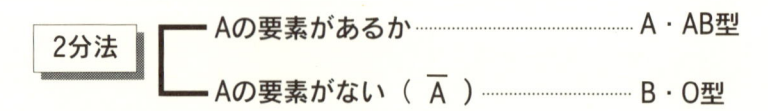

2分法
- Aの要素があるか ……………… A・AB型
- Aの要素がない（$\overline{A}$） ……………… B・O型

序列・時系列法（日本人で多い順）　A⇒O⇒B⇒AB

構成要素法　A、B、O、ABの4種類がある

マニュアルづくりには、層別を徹底して活用する。**層別とは、もれなく分類すること**である。層別のしかたは、**2分法、序列・時系列法、構成要素法**に3分できる。2分法は、集合をAとĀに分けることである。序列・時系列法とは、一定の順序・流れで分けることである。構成要素法とは、集合を構成要素ごとに分けることである。

　マニュアルに関係づけて、2分法を考えてみよう。業務には、正社員だけが実施できることとパート・アルバイト・嘱託も実施してよいことに2分することができる。実施担当者は、正社員と正社員以外（パート・アルバイト・嘱託など）に2分できる。また、チェーン店であれば、直営店とフランチャイズ店に2分できる。さらに、経験年数が1年未満と1年以上というのも2分法である。レジ業務を担当できる者とレジ業務が担当できない者というのも2分法による層別である。

　序列・時系列で層別する例としては、各マニュアルを作成日で分類してみればよい。最も古く作成したのは販売管理マニュアルであり、最も新たに作成したのは購買管理マニュアルなどと。業務の実施順序は序列・時系列で層別すると最も効果的で確実である。まずAを実施して、その後B、さらにCをするというのが、実施事項を実施する順番に並べたものである。マニュアルにも、この順序で記述する。また、業務を投入している時間の多い順に並べるというのも序列・時系列法による層別の例である。

　構成要素で層別する例は、販売が主管するマニュアル、総務課が主管するマニュアル、経理課の主管マニュアルと主管部署ごとに分けることなどである。このように層別を、マニュアルづくりに徹底して利用すると、良いマニュアル集ができる。

　層別の利用は、原則として2分法→序列・時系列法→構成要素法の順である。まず、2分法で考える。そうすると全体像がつかめる。ついで序列・時系列法で考える。一定の順序で考えれば、モレが防止できる。構成要素法は、2分法や序列・時系列法では分類しにくいとき、はじめて構成要素で考えることになるが、3つを利用する順序が大切である。

対象者別、業務別に作成する

•••••••• すべて1冊でまかなうのはムリ ••••••••

マニュアル化の対象を2分法で考える

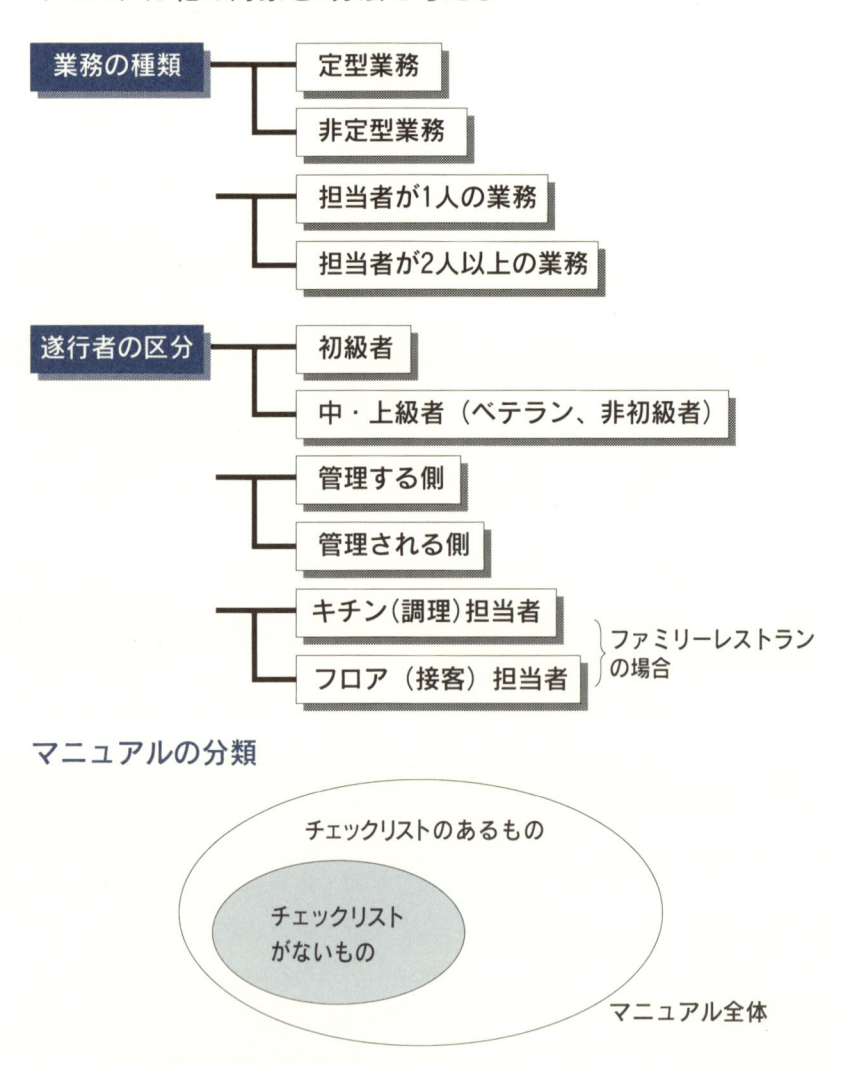

- 業務の種類
  - 定型業務
  - 非定型業務
  - 担当者が1人の業務
  - 担当者が2人以上の業務

- 遂行者の区分
  - 初級者
  - 中・上級者（ベテラン、非初級者）
  - 管理する側
  - 管理される側
  - キチン（調理）担当者 ┐ ファミリーレストラン
  - フロア（接客）担当者 ┘ の場合

マニュアルの分類

（チェックリストのあるもの）の中に（チェックリストがないもの）、全体が「マニュアル全体」

初級者が行なう定型業務以外はマニュアルにできないか、というとそうではない。業務の有形化という視点からすると、**非定型的であり、ほとんど1人の担当者にまかせっきりである業務こそ、むしろマニュアル化すべきである。**マニュアル集という、多くのマニュアル群を想定する場合、そういった非定型的な業務まで、マニュアルとしてまとめておく必要がある。例外については、個々の担当者が能力に応じて判断するのでは困るのである。初級者用のマニュアルにそこまで記述する必要はない。厚いマニュアル集から必要部分だけを読めるようにすべきである。

マニュアルは、段階的でなければならない。つまり、対象者を限定して考えるべきである。対象者の能力によって、記述する中身を段階的にする必要がある。ファミリーレストランでいえば、料理をつくる調理業務担当者と客席での接客業務担当者のマニュアルは別冊で作成されている方が使いやすい。初級担当者から熟練担当者まで、すべてを対象にした1冊のマニュアルなどありえない。**マニュアルは職種、能力などで区分して作成され、分冊になっていることが望ましい**のである。

初級者向けの場合、業務遂行にあたっての基本からマニュアルに記述することが必要である。また、個々の業務を管理する側のマニュアルは、部下によって業務がうまく遂行されているかが、すぐわかる管理ポイントを明らかにしておく必要がある。最低ここまで行なうべき、という部分が明らかになっていれば、最低そこまでうまくいっているかを、たえず確かめる必要も生じるのである。そこで、初級者用のマニュアルと同じく、その業務の管理用に基本的なマニュアルが必要となる。

業務管理用の基本的なマニュアルを作成する余裕がない場合でも、チェックリストだけは作成したい。管理する側だけでなく、業務担当者が自己チェックするのにも役立ち、期待水準に近いレベルで業務が遂行される。時間をかけずに、業務を効果的に行なうために有効なチェックリストは、マニュアルの一部分となりうる。マニュアルは、何をどのように行なうかが明確に記述される必要があるが、チェックリストづくりは、具体的な実施事項や実施する対象をはっきりさせるのである。

業務調査を実施して業務体系を明確にする

●●●●●●●●● 実態をつかみあるべき姿を描く ●●●●●●●●●

仕事の棚卸しのしかた

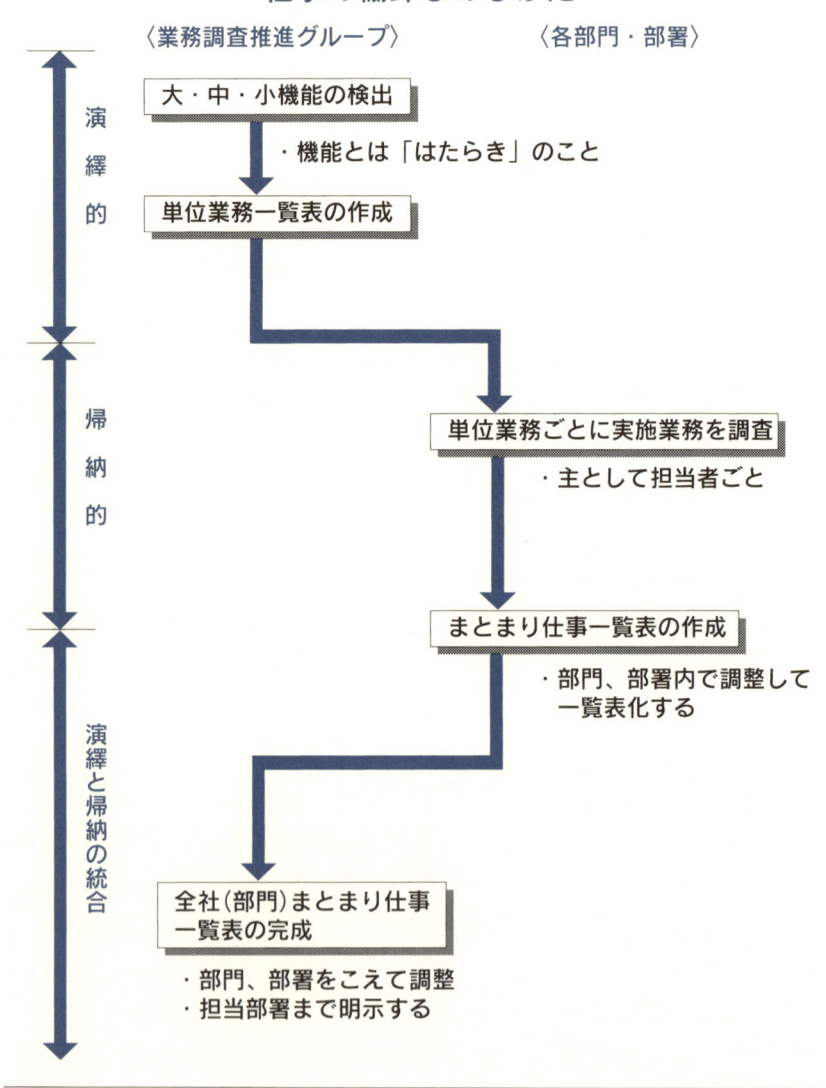

〈業務調査推進グループ〉　　　〈各部門・部署〉

```
┌─────────────────┐
│ 大・中・小機能の検出 │
└─────────────────┘
         │ ・機能とは「はたらき」のこと
         ▼
┌─────────────────┐
│ 単位業務一覧表の作成 │
└─────────────────┘
         │
         ▼
              ┌──────────────────────┐
              │ 単位業務ごとに実施業務を調査 │
              └──────────────────────┘
                       ・主として担当者ごと
                       │
                       ▼
              ┌──────────────────────┐
              │ まとまり仕事一覧表の作成 │
              └──────────────────────┘
                       ・部門、部署内で調整して
                         一覧表化する
                       │
                       ▼
   ┌──────────────────────┐
   │ 全社(部門)まとまり仕事  │
   │ 一覧表の完成             │
   └──────────────────────┘
      ・部門、部署をこえて調整
      ・担当部署まで明示する
```

縦軸：
- 演繹的
- 帰納的
- 演繹と帰納の統合

どのような業務があるか、が担当者にしかわかっておらず、上長はじめ部署内の同僚も知らずにいることがある。仕事は組織で行なうのが企業の本質であるにもかかわらず、実際は担当者まかせになっている面が多い。事務処理に関しては女性社員にまかせきりで、男性社員はまったくわからないという企業もある。また、定例会議がいくつあるのかわからない、などはごく普通の会社でも見られることである。

　マニュアルづくりの前に、このような状況とは訣別する必要がある。まず、**個々の業務を細分化しマニュアルとして書きだす前に、業務の体系をつくる**。仕事を棚卸しする。そして、自分が行なっている業務が、全体の中のどの部分にあたるのか、遂行者がよく把握しておくことである。繰り返すが、自分のやっていることを、紙に書いてもマニュアルにはならない。この出発点を誤っている企業が、あまりにも多い。

　業務調査は、まず、各部門から数人が集まって、自社の業務を「機能（はたらき）」と関連性の視点から、こうあるべきであると演繹的に機能展開を行ない、大・中・小の機能から単位業務までを一覧表にする。ここまでは、机上のグループ作業である。その後、**単位業務一覧表**を各部署に配付して、部署ごとに実際に行なっている業務を分析的に調べ、単位業務ごとにまとまり仕事として記述し、**まとまり仕事一覧表**を作成する。

　業務調査は演繹的な観点と帰納（分析）的な観点とが統合された結果である。この業務はこうあるべきであると考えても、実際そうなっていないものを、あたかも実施されているようにマニュアルに記述するのは困る。しかし、このように業務調査をすることで、実態とあるべき視点との乖離をふせぐことができる。あるべき業務は単位業務として記述されるものの、実際に行なわれていなければ、まとまり仕事が存在しない。このような業務は、適正な姿をよく検討してからマニュアル化する。

　業務調査を終え、まとまり仕事一覧表で業務体系がはっきりしたら、マニュアル体系を考える。簡単でわかりきった業務は、まとまり仕事一覧表にポイント・コツ、レベル、使用帳票などを簡単に書き加えるだけで、詳細な「マニュアル」まで作成する必要がないこともありうる。

朝の準備を棚卸ししてみると

・・・・・・・・・・ 体系化のためのヒント ・・・・・・・・・・

日々の生活を機能分類してみると

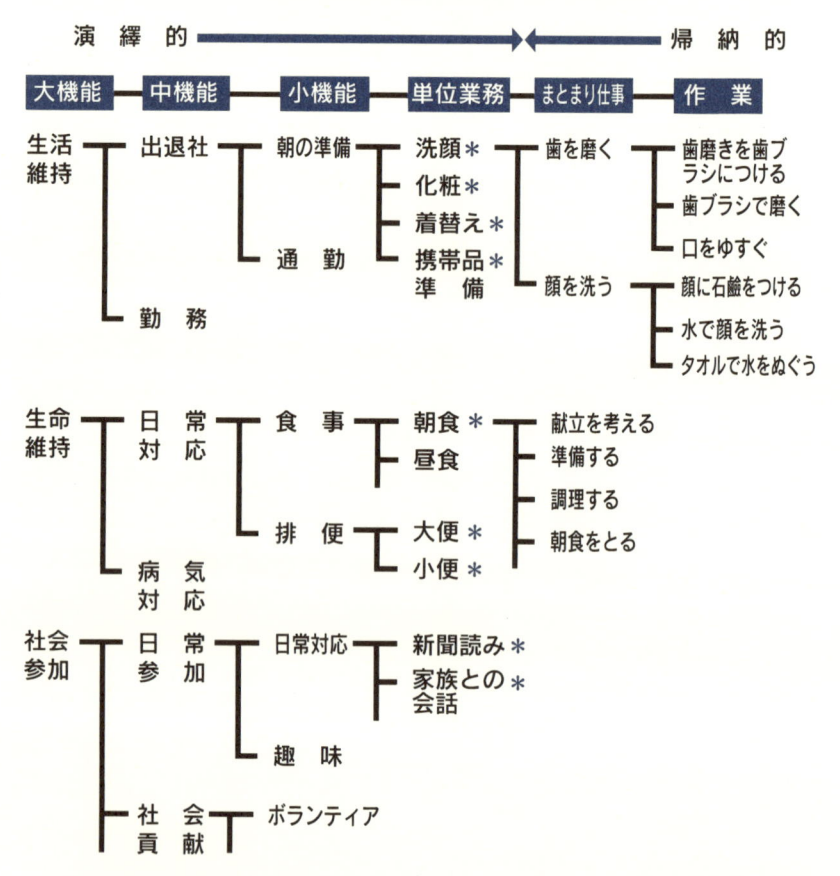

演繹的 ──────────────▶◀────── 帰納的

大機能	中機能	小機能	単位業務	まとまり仕事	作業
生活維持	出退社	朝の準備	洗顔＊ 化粧＊ 着替え＊ 携帯品準備＊	歯を磨く 顔を洗う	歯磨きを歯ブラシにつける 歯ブラシで磨く 口をゆすぐ 顔に石鹸をつける 水で顔を洗う タオルで水をぬぐう
		通勤			
	勤務				
生命維持	日常対応	食事	朝食＊ 昼食	献立を考える 準備する 調理する 朝食をとる	
		排便	大便＊ 小便＊		
	病気対応				
社会参加	日常参加	日常対応	新聞読み＊ 家族との会話＊		
		趣味			
	社会貢献	ボランティア			

注1　朝、出社前に＊印の9業務を行なっているとした場合でも、その機能（はたらき）は異なる。洗顔してから朝食をとるような場合、異なる機能の業務を連続して行なっているのである。

注2　単位業務までは演繹的に、出社前に「なすべき」業務ということで体系化しているのに対し、まとまり仕事以下は実際に行なっている仕事をその順に（帰納的に）記述している。

ためしに毎日の生活を棚卸ししてみよう。この棚卸しは**機能展開による体系化**であり、実際に行なっていることを手順どおりそのまま書いたものではない。企業内の業務を機能展開できるように、私たちの日々の暮しも機能を展開することができる。考え方にちがいはない。

大機能から単位業務までは、演繹的に展開される。「洗顔」や「着替え」という具体的な行動の目的は何か、これらの上位区分である「朝の準備」にはどのような機能（はたらき）が必要かを明らかにする。朝の準備として、「こうあるべきである」という観点から、業務の体系化を図る。「生活維持」という大機能の中に「出退社」という中機能があり、出退社の小機能として朝の準備があり、洗顔は朝の準備という小機能の中の単位業務である。

単位業務までとちがい、まとまり仕事のレベルでは、実際はこうしているという手順にしたがって仕事を羅列する。事例では朝、出社するまでに、洗顔、化粧、着替え、携帯品準備、朝食、大便、小便、新聞読み、家族との対話をすべきであるとしている。これらは手順どおりとはかぎらない。この9種の業務を行なって出社すべきであるということである。しかし、まとまり仕事レベルでは手順どおり記述されることが多く、事例の洗顔という単位業務は、「歯を磨く」と「顔を洗う」の2つのまとまり仕事に分割されている。この場合、まず歯を磨き、ついで顔を洗う手順で洗顔業務を行なっていることになる。

機能展開は、生活の目的を達成するために必要な機能、つまり、はたらきという観点から業務を体系化したものである。どのようなはたらきが必要かを「あるべき」論から展開し、系統的に分類したうえ、それを実際に毎日行なっている仕事と結びつけたものである。機能展開した単位業務までは、あるべき観点から分類されており、多少の状況変化でも変わらない。しかし、まとまり仕事以下の段階では、実際に行なう手順が人によって異なることもある。たとえば、「顔を洗う」作業で、人によっては石鹸を使わないこともあることを考えればよいのである。

このような棚卸しがマニュアルの体系づくりに必要である。

業務の体系化

● マニュアル化への準備(2) ●

> 個別業務のマニュアル作成前に業務の体系化を実施しておく。つまり、仕事を流れとしてとらえておく。このために業務調査をする。体系化の手順としては、まず機能展開をして単位業務までを演繹的に検出する。そして、実際の手順を分析して帰納的に、まとまり仕事一覧表を作成する。仕事の流れを明確にしてから、マニュアルを作成すべき業務対象をはっきりさせる。自分の担当する部分だけのメモ書きは、この点からもマニュアルとはいいがたい。

マニュアルづくりは業務の体系化から

●●●●●●●●● 何が必要かを見きわめるために ●●●●●●●●●

マニュアルづくりは「数打ちゃ当たる」ではダメ。どこに的を当てて打つかが大切

一度、これまでに作成したマニュアルを全部並べてみよう。

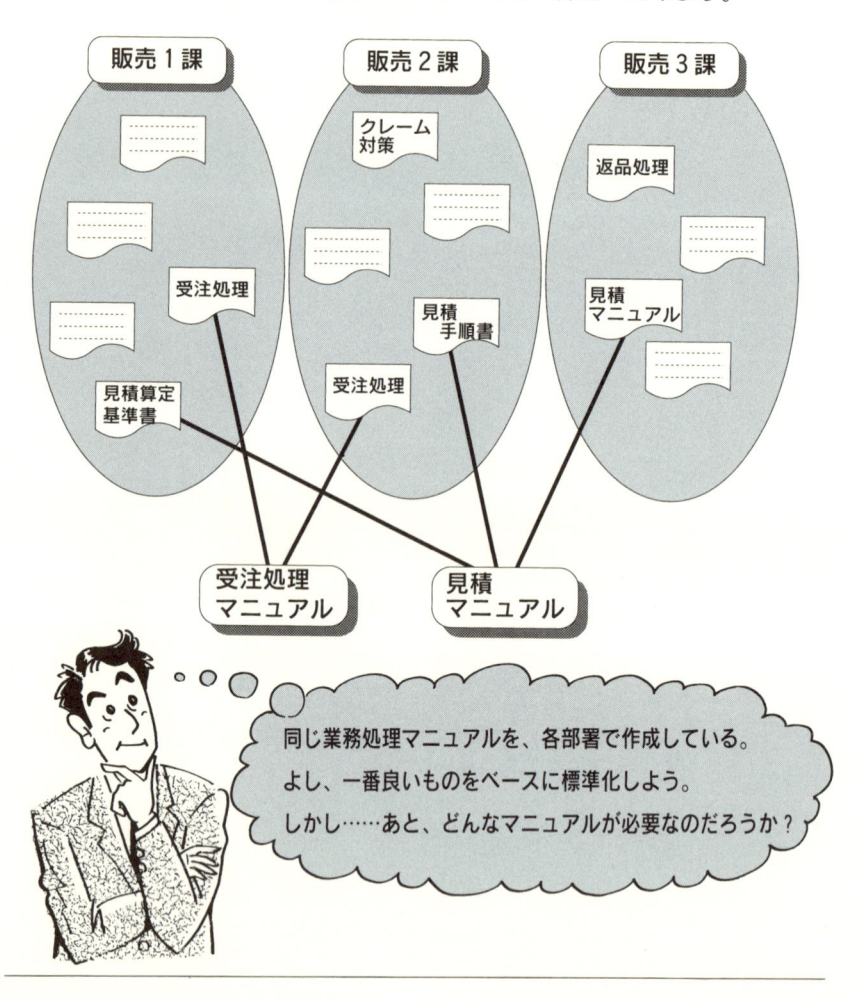

販売1課: 受注処理、見積算定基準書

販売2課: クレーム対策、見積手順書、受注処理

販売3課: 返品処理、見積マニュアル

→ 受注処理マニュアル、見積マニュアル

> 同じ業務処理マニュアルを、各部署で作成している。
> よし、一番良いものをベースに標準化しよう。
> しかし……あと、どんなマニュアルが必要なのだろうか？

小集団活動がたいへん活発な会社があり、各部署ではいろんな業務マニュアルがつくられていた。製品の見積りマニュアルや受注処理マニュアル、そしてそれらのファイリングマニュアルなどである。しかし、これらのマニュアルが、それぞれの部署ごとに作成されているため、製品の見積方法や算定基準が部署ごとに異なり、同じものを見積もっても価格がちがったり、人が他部署へ配置転換になると、新たにその部署の受注処理方法をおぼえなければならない。

　これでは、せっかくつくったマニュアルも十分に活用されないし、本来、業務の効率化や業務ミスをなくすためにあるべきものが、トラブルメーカーになってしまう。

　マニュアルを効率よく作成し、十分に活用するためには、まず、**どの部署でどのようなマニュアルが作成されているかを把握しなければならない**。そして、重複して作成されているものについては、標準化を図る必要がある。マニュアルが必要だが、まだ作成されていない業務については、新たに作成し加えていかなければならない。

　同じ業務なのに、マニュアルが重複しているものの一本化はどうにかできる。しかし、どのマニュアルが不足しているかは、どうやって見つけだせばよいか。ブレーンストーミングを行ない、項目をだし合ってまとめる方法も考えられるが、確実にすべての業務が抽出できるとは、いいきれない。

　そこで、まず業務の体系化を行なうことが必要になる。**業務の体系化とは、会社の業務すべてをいくつかに分類すること**である。そして、全体の体系化された業務の中で、それぞれのマニュアルの必要性を検討し、優先順位をつけ、マニュアルを作成していくのである。マニュアル作成に、ムダな時間を費す余裕はない。

　業務のマニュアル化をすすめている会社の多くは、マニュアルのフォーマットや書き方についてばかりに気をうばわれている。しかし、体系化された業務の中で、個々のマニュアルの位置づけを明確にしてこそ、マニュアル本来の目的が達成できる。

業務の体系化とマニュアル

●●●●●●●●●●●●●仕事の棚卸しからはじめる●●●●●●●●●●●●●

仕事は流れでとらえる！

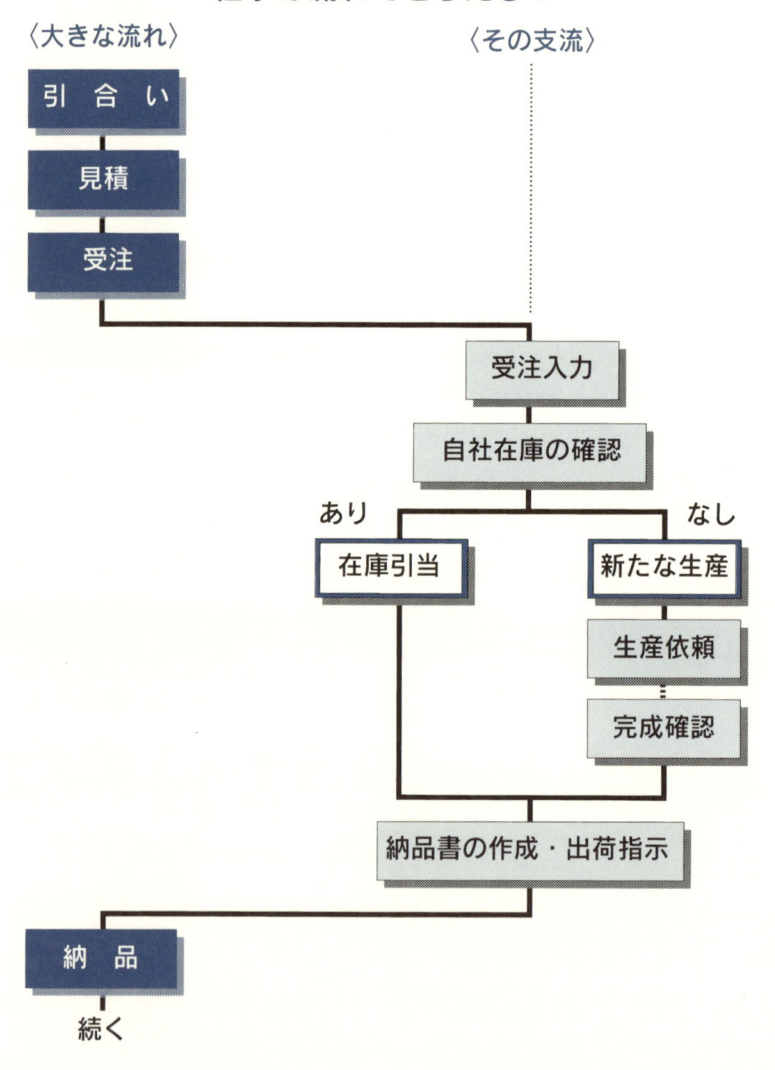

〈大きな流れ〉　　　〈その支流〉

- 引合い
- 見積
- 受注
  - 受注入力
  - 自社在庫の確認
    - あり → 在庫引当
    - なし → 新たな生産
      - 生産依頼
      - 完成確認
  - 納品書の作成・出荷指示
- 納品

続く

仕事は流れとしてとらえる。業務は単独で存在するのではなく、その業務の前後に関連する業務が存在する。「受注」という仕事で考えてみよう。受注業務の前には、引合いがあり、それにともない見積をして、お客様は他社との比較をしたうえで発注し、それが自社の受注業務につながる。受注後の業務は、自社在庫の有無により、在庫から引当てればよいだけなのか、新たに生産をしないといけないのか、なすべき仕事が異なる。さらに、受注生産の場合は、また流れが異なる。

　このように、ある業務は必ず前後に業務が存在し、それが一連となって、さらに大きな区分の業務につながっていく。同時に、その業務は、いくつかの具体的な実施事項に細分化することができる。量が少なければ、受注より大きな範囲の業務を1人が担当することもある。業務量や得意先の件数が多ければ、同一部署の何人かが複数で、細分化された部分だけを担当する。関連する業務が、部署をこえて分担されていることも、稀ではあるがないわけではない。

　同じ「受注」という業務も、得意先ごとに手順や使用する帳票がちがうことがある。業務の流れと分担のされ方を考えれば、担当業務を担当者1人でマニュアルにまとめるということが、マニュアル作成の目的や意味からすると、不適切であることをご理解いただけると思う。マニュアルを作成する場合、**まず業務の前後関係と業務の種類、分担のされ方などをよく知っておくこと**が重要である。そして作成にあたっては、業務の流れを、担当者はじめ複数の人の目で見直すことも必要である。

　マニュアルの作成にあたっては、具体的な実施事項について、順序やポイント・コツを記入する前に、業務の体系化をしておく必要がある。これから作成しようとしているマニュアルは、どういった位置づけになるのかを知っておくことが重要である。業務の改善という点から考えてみると、さらに納得がいく。担当者ごとの改善だけでは、大きな成果は期待できない。しかし、業務を流れ、つまり一連の関係でとらえたときに、はじめて大きな改善の成果が期待できるのである。マニュアル作成は体系づくりのための、仕事の棚卸しからはじめよう。

必要な経営機能を分類・細分化する

●●●●●●●●●●●●●●●●●●体系化の手順●●●●●●●●●●●●●●●●●●

会社経営に必要な機能を、分類、細分化する

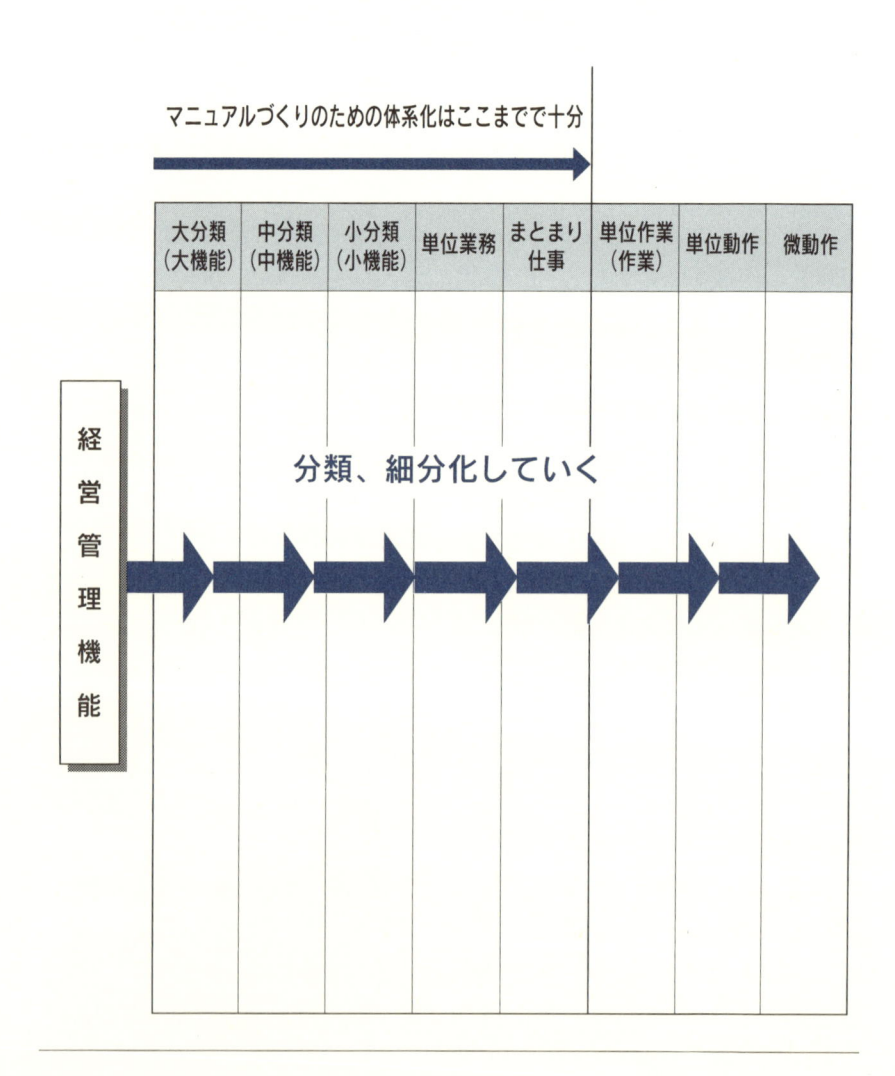

マニュアルづくりのための体系化はここまでで十分 →

大分類 (大機能)	中分類 (中機能)	小分類 (小機能)	単位業務	まとまり仕事	単位作業 (作業)	単位動作	微動作

経営管理機能 → 分類、細分化していく →

業務の体系化を行なうには、業務をいくつかのレベルに分類し、大きなレベルから小さなレベルへと順次ブレイクダウンしていき、モレ業務がないように作成しなければならない。この業務の体系は、**会社の経営を行なうのに必要なすべての機能（業務の目的）を、大分類－中分類－小分類に区分して、さらに単位業務、まとまり仕事、作業にまで細分化する**。したがって（大・中・小の）機能は、単位業務やまとまり仕事、作業という形で、組織上の部－課－係－担当者に配分され、具体的な行動となって目的を達成することとなる。

　機能を、大分類－中分類－小分類したものを、それぞれ大機能、中機能、小機能と呼ぶ。これらの機能は、会社の経営活動を行なうためには、こういう機能が必要だという、あるべき姿で設定していく。したがって、会社ごとに大きく異なってくるというものではなく、作成にあたっては0305項の例を参考にすればよい。同業種であれば、ほとんどちがいはないと考えてよい。

　次に、小機能をさらにブレイクダウンさせていくと、単位業務－まとまり仕事－単位作業－単位動作－微動作となる。単位業務とは、小機能の各項目をさらに細分化したもので、小機能と同様に、自社ではこういう業務が必要だという、あるべき姿で作成する。単位業務までブレイクダウンされてくると、それぞれの会社ごとに独自の業務が抽出されてくる。

　単位業務を細分化したまとまり仕事は、実際の仕事の手順に合わせて作成していく。このレベルでは、それぞれの会社の制度・手続きが具体的にあらわれてくる。まとまり仕事は、あるべき姿ではなく、現状の仕事のやり方を記述していく。まず、現状を整理してから問題点を把握し、改善を実施していくという方法をとる。

　まとまり仕事をさらに細分化すると単位作業－単位動作－微動作となるが、すべて最後まで展開するとなると非常に工数がかかるので、体系化の目的により省略する。ここでは、マニュアル化のための業務の体系化であることから、まとまり仕事レベルまでで十分である。

演繹的、帰納的アプローチの併用

●●●●●●●あるべき姿を描き、現状とすり合わせる●●●●●●●

リエンジニアリングとは、すべてを演繹的に再設計していくことである。問題の多い単位業務を選び挑戦しよう

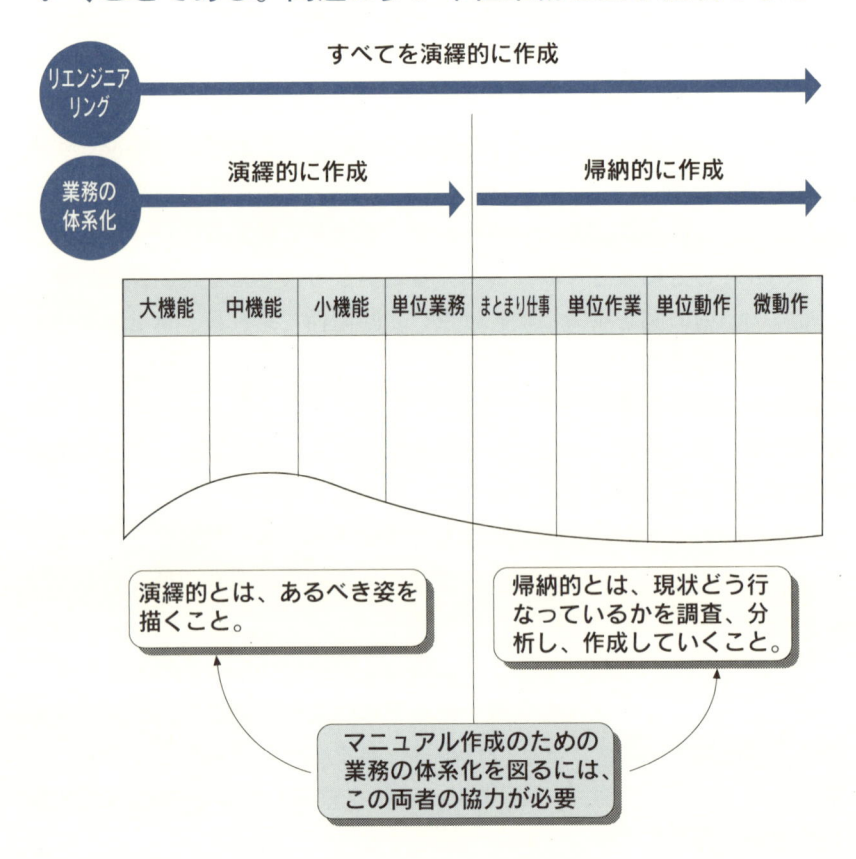

リエンジニアリング: すべてを演繹的に作成 →

業務の体系化: 演繹的に作成 → / 帰納的に作成 →

大機能	中機能	小機能	単位業務	まとまり仕事	単位作業	単位動作	微動作

演繹的とは、あるべき姿を描くこと。

帰納的とは、現状どう行なっているかを調査、分析し、作成していくこと。

マニュアル作成のための業務の体系化を図るには、この両者の協力が必要

人は、その思考パターンにより大きく2分できるそうである。ある業務の改善を行なったとしよう。上司から目標を言い渡されたAさんは、現状の確認のみをすませ、その目標を達成するための方法をデザインした。Aさんのデザインした改善案は、まったく現状からかけ離れたものであり、実施するにはゼロからのとりくみが必要であった。一方、Bさんは、何日もかけ現状調査を行ない、問題点を分析し、目標達成のための改善案を導いた。Bさんの改善案は、現状のやり方をベースにしたもので、すぐにでも実施できるものが多かった。ここで、Aさんの思考パターンを演繹的（設計的）アプローチといい、Bさんの思考パターンを帰納的（分析的）アプローチという。

　演繹的アプローチでは、まずその業務（ものでもよい）の目的は何かということを考え、次にその目的を達成するための手段を、こうあるべきだという、あるべき姿を描く。いったん現状のものから離れ、そのものの目的（機能という）に置き換え、そこから再びものに戻るという方法をとる。帰納的アプローチでは、現状分析－問題点の把握－原因追求－改善案の作成という、おなじみのQCアプローチをとる。両者は、どちらが優れていて、どちらが劣っているということではなく、うまく使い分けることが必要である。

　業務の体系化には、この2つのアプローチを併用する。まず、会社の経営のためにはどういう機能が必要かというあるべき姿を描く。大機能－中機能－小機能－単位業務まで、このあるべき姿を展開（細分化）していく。次に、目的である単位業務を達成するためのあるべき姿はどういう方法か、として展開していくと、その会社の経営理想システムが設計できる。しかし、業務の体系化を行なってマニュアル作成に活用するという目的からするとそぐわない。そこで、単位業務から後のまとまり仕事レベルでの展開は、帰納的に行ない、現状のやり方にそってまとめていく。この方が、実際の適用において活用できる。

　しかし、単位業務から後の展開を演繹的に行なってみると、業務を根本から見直すことができるので、一部の業務からでも実施するとよい。

大機能－中機能－小機能までの分類

●●●●●●●●●●●● 演繹的に10進分類する ●●●●●●●●●●●●

経営機能分類は、会社方針にもとづき演繹的に行なう

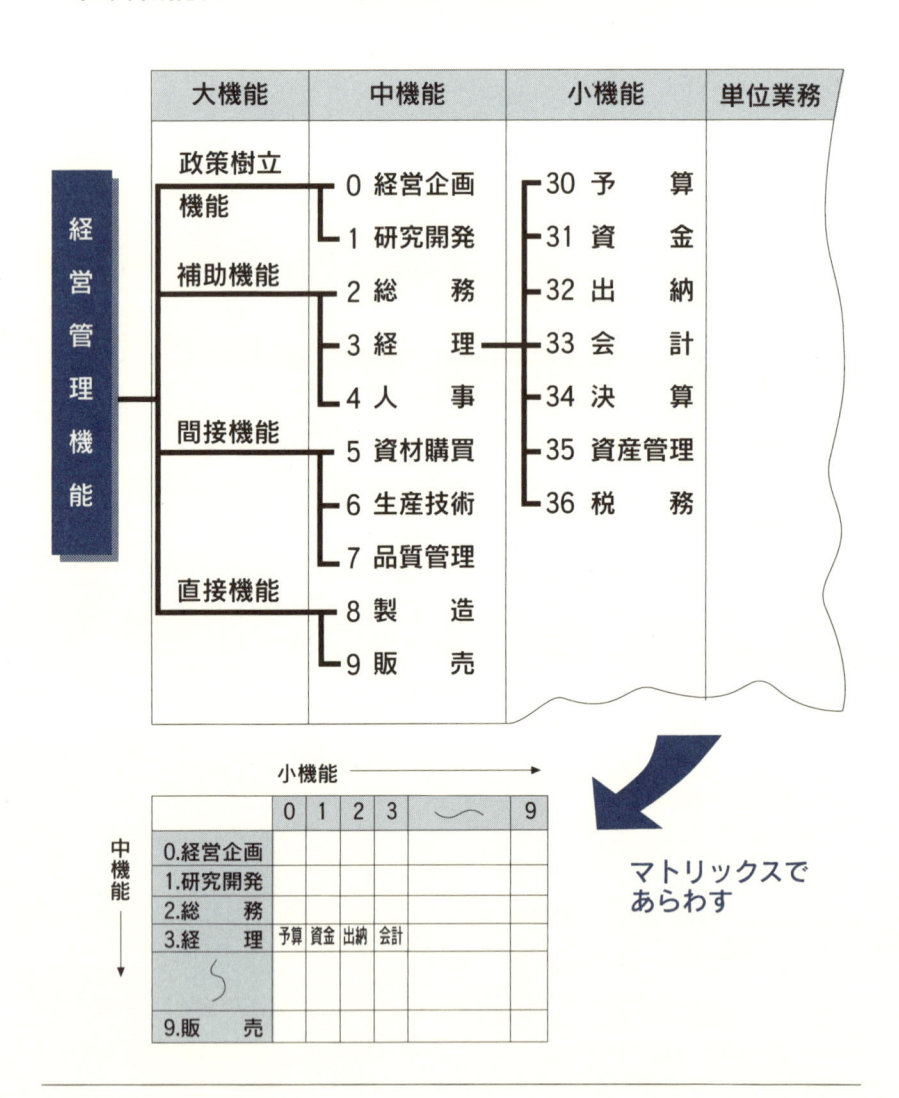

大機能	中機能	小機能	単位業務

経営管理機能
- 政策樹立機能
  - 0 経営企画
  - 1 研究開発
- 補助機能
  - 2 総務
  - 3 経理
    - 30 予算
    - 31 資金
    - 32 出納
    - 33 会計
    - 34 決算
    - 35 資産管理
    - 36 税務
  - 4 人事
- 間接機能
  - 5 資材購買
  - 6 生産技術
  - 7 品質管理
- 直接機能
  - 8 製造
  - 9 販売

マトリックスであらわす

中機能＼小機能	0	1	2	3	〜	9
0.経営企画						
1.研究開発						
2.総務						
3.経理	予算	資金	出納	会計		
9.販売						

会社における業務は、経営を行なっていくうえでぜひとも必要であるから行なうわけである。いいかえれば、**それぞれの業務には、会社経営のためのそれぞれの目的や働きがある**ということである。この目的や働きのことを、**機能**という。

業務の体系化を行なうには、個々の業務に着目するのではなく、まず、経営活動に必要な機能としては、何が必要かというところからはじめる。一番レベルの高い機能を**大機能**といい、政策樹立機能、補助機能、間接機能、直接機能の4つからなる。

大機能のレベルを1段階ブレイクダウンしたものを**中機能**といい、経営企画、研究開発、総務、経理、人事、資材購買、生産技術、品質管理、製造、販売の10の機能からなる。中機能は、業種や会社によっては、10の機能すべてが必要とはかぎらない。たとえば、製造業でも100％外注に依存する方針であれば、製造という機能は不要である。卸売業や小売業、サービス業なども同様に考える。また、機能の表現のしかたを変えたり、自社としては製造機能は必要なく、物流機能が中心だとする場合は、製造のかわりに物流や仕入を加えることになる。

中機能のレベルをさらに1段階ブレイクダウンしたものを**小機能**といい、たとえば中機能の経理における小機能は、予算・資金・出納・会計・決算・資産管理・税務、販売における小機能は、市場調査・販売計画・販売促進・価格政策・販売活動・物流管理・代金回収・与信管理などとなる。

これらの大機能－中機能－小機能への展開で重要なことは、**自社にとって、あるべき姿で作成する**ということである。たとえば、販売機能において、市場調査は重要であり小機能にとりあげるべきであるが、自社では現在行なっていないからといって、この機能は不要だとしてはならない。むしろ、こういう機能が必要であるのに、当社ではほとんどなされていないと考えられるものを積極的にとりいれる。

なお、中機能、小機能の各分類は、10進分類とする。小機能の数が多くなった場合も、10分類にとどまるように工夫する。

小機能から単位業務一覧表をつくる

●●●●● 現状の業務を抽出しながらあるべき姿を描く ●●●●●

小機能→単位業務の設定は、あまりレベル合わせにこだわりすぎないようにする

経営機能分類表（例）

中機能 \ 小機能	0	1	2	3	4	5	6	7	8	9
0.経営企画										
1.研究開発										
2.総　　務										
3.経　　理										
4.人　　事										
5.資材購買										
6.生産技術										
7.品質管理										
8.製　　造										
9.販　　売										

単位業務一覧表（例）

中機能	小機能 \ 単位業務	0	1	2	3	4	5	6	9
9販売	0市場調査	市場動向	得意先動向	競合メーカー動向					
	1販売計画	中長期販売計画	年次販売計画	月次販売計画	販売実績分析				
	2販売促進	拡販計画	得意先分析	新規訪問	技術サービス	広告宣伝	接待		
	3価格政策	価格決定依頼	原価見積	他社価格調査	販売価格決定				
	4販売活動	得意先訪問	見積	受注業務	契約	納期管理	クレーム処理	大口顧客対応	
	5製品物流	製品在庫管理	入出庫	出荷指示	配送	返品処理	運賃管理		
	6代金回収	売上計上	請求	回収計画	回収	残高処理			
	7与信管理	信用調査	与信限度の設定	取引条件管理	債権の保全				
	8顧客管理	エンドユーザー	販売店	特約店	特別需要	輸出			
	9								

小機能まで分類できると、次に単位業務一覧表をつくる。小機能の各項目に対して、あるべき姿を描いていく。ただ、あるべき姿を描くといってもゼロから考えていくことは実際上むずかしいので、**現状の業務を抽出しておいて、追加したり、削除しながら10進分類した単位業務をとり作成する。**

　単位業務の数が10をこす場合は、単位業務の名称を大きく設定したり、小機能が10以下であれば単位業務の１つを小機能に格上げしたりしながら、まとめていく。

　単位業務の記入は、できるだけ小機能が達成される手順にしたがって書くようにする。たとえば、販売活動という小機能であれば、単位業務としては、得意先訪問－見積－受注業務－契約―納期管理－クレーム処理などとなる。

　しかし、大口顧客への対応は、一般のものとは異なるのでとくに別項目として設定しておきたいというような場合には、大口顧客対応という単位業務を、末尾に記述する。また、顧客管理という小機能では、単位業務をエンドユーザー、販売店、特約店、特別需要、輸出などと顧客の構成要素で層別し記述する。

　作成上でもう１つ気をつけなければならないことは、小機能や単位業務で設定した各項目のレベルは、おおよそ合っていなければならないということである。たとえば、小機能の中に広告宣伝・販売活動という項目があったとする。この２つを見ただけではあまりレベルの差は感じないが、小機能の販売活動の中に販売促進という単位業務があがっていれば、これは小機能を販売促進とし、広告宣伝はその中の単位業務とした方が、全体のバランスとしては良くなる。

　しかし、どんなに概念をはっきりさせて行なっても完全にはいかず、レベルの乱れや逆転が生じる。分類と体系は、それ自体が目的ではなく手段なので、理論に終始して必要以上の精密さを求めることは、本末転倒である。マニュアルづくりのための業務の体系化という、実用的見地からみて、ある程度はわりきってもよい。

まとまり仕事一覧表をつくる

•••••••• これができればマニュアルは60％完成 ••••••••

まとまり仕事一覧表が完成すればマニュアルづくりは60％完成

まとまり仕事一覧表（例）

〔中機能：販売 ── 小機能：販売活動〕

単位業務		まとまり仕事				仕事の頻度					アウトプット
コード	名称	コード	名称	担当部署	難易度	日	週	月	年	都度	（帳票類）
942	受注業務	01	注文を受理する	営業	1	○					受注メモ
		02	製品在庫を確認する	営業	1	○					
		03	受注伝票を発行する	営業	1	○					受注伝票
		04	注文請書を返送する	営業	1	○					注文請書

単位業務一覧表が完成すると、次にまとまり仕事一覧表をつくる。経営の大、中、小機能および単位業務一覧表までは、あるべき姿の作成ということですすめてきたが、**まとまり仕事一覧表は、現状のやり方を調査し、それをもとに作成していく**。もちろん現状のやり方に問題がある場合は改善して、標準化できたものを記述する。しかし実際は、問題があるとわかっても、即、改善することはむずかしいので、とりあえず現状のやり方を書いておき、改善した後で更新するという方法をとる。

内容は、その単位業務を達成するための業務の手順を記述していく。たとえば、受注業務という単位業務であれば、そのまとまり仕事は、注文を受理する－製品在庫を確認する－受注伝票を発行する－注文請書を返送するとなる。また、業務の手順に合わせて、担当部署名、その仕事の難易度、仕事の頻度、その仕事の結果のアウトプット（一般的には帳票類）などを記述する。

また、大、中、小機能および単位業務一覧表まで、10進分類で展開してきたが、まとまり仕事については、とくに制限は設けない。しかし、通常は20項目もあれば十分である。

まとまり仕事自体、業務マニュアルにかなり近いものであるが、1つひとつの手順はわかるが、その内容までは示されていない。「注文を受理する」ときには、どういう項目を確認しなければならないかとか、受注伝票を発行した後どこに回すかなどの詳細は記述しない。また、もし製品在庫がなければどういうアクションをとらなければならないかなどの、例外事項についても書かない。しかし、まとまり仕事一覧表が完成すれば、マニュアル作成作業の60％は終了したと考えてよい。

それでは、このまとまり仕事一覧表の作成までにどれくらいの期間があればよいか。企業規模や業種により異なるが、**2～3人の専任者で、3か月がひとつの目安である**。しかし、マニュアル作成のための業務の体系化を目的と考えれば、必ずしもまとまり仕事一覧表をすべて完成させておく必要はなく、単位業務一覧表までをまずつくり、マニュアルを作成しながら必要に応じてまとまり仕事一覧表を作成すればよい。

単位作業－単位動作－微動作までの分析

•••••••••個々のマニュアルづくりのために•••••••••

マニュアルは作業のレベルでつくる

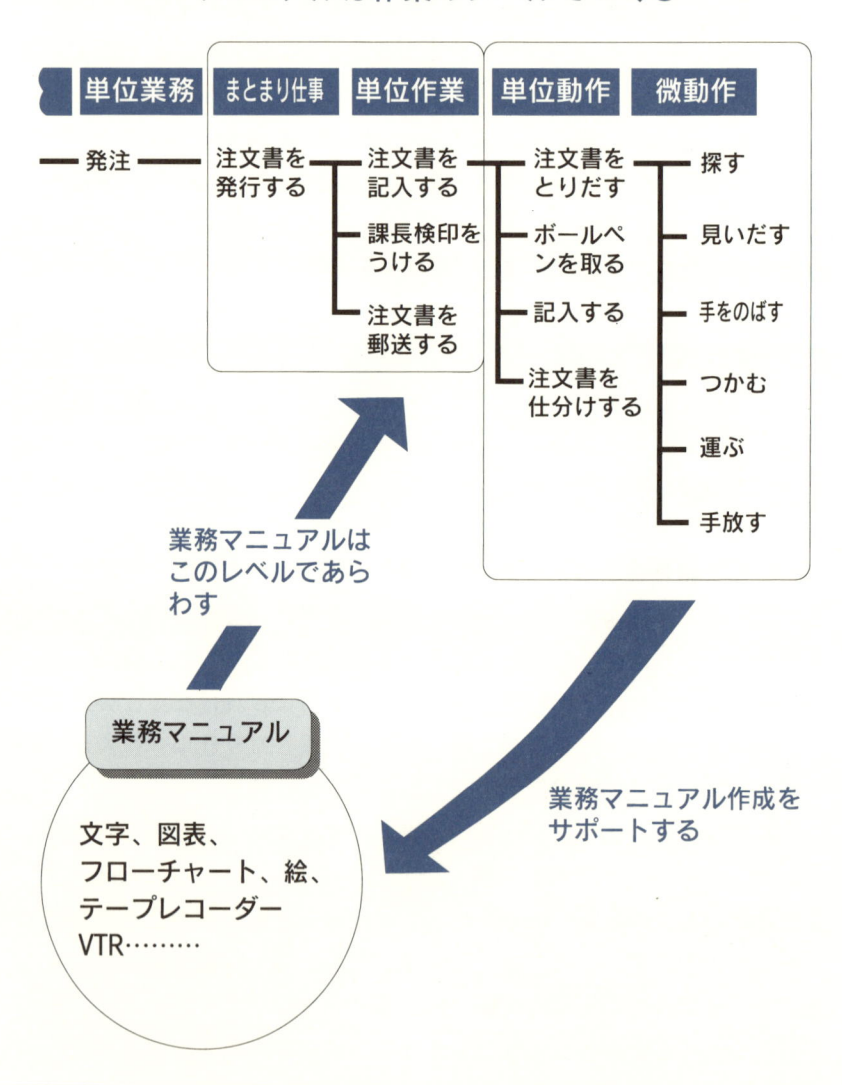

単位業務	まとまり仕事	単位作業	単位動作	微動作
発注	注文書を発行する	注文書を記入する	注文書をとりだす	探す
		課長検印をうける	ボールペンを取る	見いだす
		注文書を郵送する	記入する	手をのばす
			注文書を仕分けする	つかむ
				運ぶ
				手放す

業務マニュアルはこのレベルであらわす

業務マニュアル

文字、図表、フローチャート、絵、テープレコーダー VTR………

業務マニュアル作成をサポートする

まとまり仕事をさらに細分化していくと、単位作業－単位動作－微動作にまで至る。

すべての業務は、微動作（0.3～0.5秒程度）にまで分析でき、この要素を組み合わせることで業務がなりたち、その目的が達成できる。マニュアルの体系化のためには、まとまり仕事一覧表まで作成されていれば十分であるが、**個々のマニュアルを作成するときには、単位作業－単位動作－微動作までの分析が役に立つ。**

単位作業－単位動作－微動作は、帰納的に作成する。現状を調査、分析して、問題点を改善して作成するというプロセスをとる。単位作業分析ではその手続きの見直しを図り、単位動作分析では作業方法の改善を図り、微動作分析では仕事を遅らせる動作をなくす。このような、分析過程をへて、マニュアル作成を行なう。

単位作業とは、たとえば「注文書を発行する」というまとまり仕事では、注文書を記入する・課長検印をうける・注文書を郵送する、と細分化できる。一般の業務マニュアルは、このレベルであらわす。ただ、業務体系が文字で記述されているのに対し、マニュアルは文字のみでなく、フローチャートなどの図表や絵、ビデオなどを活用してあらわす。

単位動作とは、「注文書を記入する」という単位作業においては、注文書をとりだす・ボールペンを取る・記入する・注文書を仕分けする、と分析できる。この分析は、業務のポイントを明確にするうえでマニュアル作成に生かすことができる。鉛筆ではなくボールペンで強く記入することとか、注文書は業者別のトレイに仕分けしておくなどの案がでる。

微動作とは、たとえば注文書のとりだしという単位動作では、探す・見いだす・手をのばす・つかむ・運ぶ・手放す、と分析できる。ここで、探す・見いだすなどの微動作は、仕事を遅くする動作であり、これらをなくすための改善が必要である。そして、改善した動作で仕事ができるようにし、マニュアルに活かすことが、微動作まで分析するメリットである。

単位作業の4区分

●●●●●●●●● マニュアル化しやすいのは事務作業 ●●●●●●●●●

仕事の区分

大区分	中区分	小区分
思考作業	計画・判断作業	構想・立案する 計画書を策定する 判断・指示する（承認、決裁含む）
	調査・分析作業	調査する 分析・検討する 報告書を作成する
	システム・設計作業	仕様書を作成する 設計（システム含む）する プログラムを作成する
事務作業	記述・複写・入力作業	コピーする 記述・清書する 電算機（ワープロ含む）に入力する
	起票・計算作業	起票・記帳する 計算する 照合する
	収集・整理作業	収集する（探す含む） 整理する(綴り込み、保管、廃棄含む) 配付・発送する
コミュニケーション作業	接遇・応対作業	受発信する 接遇・案内する お茶をだす
	移動作業	社外出張（移動）する 社内出張（移動）する 運転（送迎）する
	会議・打合せ作業	会議に出席する 打合せをする（対外折衝、報告を含む） 報告・説明する
直接作業	加工作業	製造、試作する ：
	運搬作業	運搬する 荷づくりする
	検査・試験作業	検査する 試験する
除外作業		清掃、待機、手待ち、受講など

作業は、単位作業・単位動作・微動作と細分化されていくが、単位作業レベルを大きく分類をすると、**思考作業・事務作業・コミュニケーション作業・直接作業**と４区分できる（ほかに、いずれにも属さない除外作業がある）。前項の「注文書を記入する」は、事務作業に大区分される。事務作業は、記述・複写・入力作業、起票・計算作業、収集・整理作業の３つに中区分され、「記入」に該当するのは、起票・計算作業のうちの「起票・記帳する」である。

　「課長検印をうける」は、思考作業に含まれる。思考作業は、計画・判断作業、調査・分析作業、システム・設計作業に３区分され、「検印」は計画・判断作業のうちの「判断・指示する」である。「注文書を郵送する」は、コミュニケーション作業に大区分される。コミュニケーション作業は、接遇・応対作業、移動作業、会議・打合せ作業に３区分され、「郵送」は接遇・応対作業のうち「受発信する」にあたる。

　このように、個別業務は作業レベルで考えると、４分類することができる。作業をマニュアルという観点からみると、４つの大区分のうち、事務作業は最もマニュアル向きであり、マニュアル化しやすい。具体的な実施事項は、主として帳票（帳簿と伝票）処理であるし、手順の差が比較的小さく、マニュアルを作成しやすい。コミュニケーション作業のマニュアル化は、事務作業より少しむずかしい。サービス・小売業の接遇・応対作業は、現金の受渡しなどの直接作業と同時並行ですすめられることが多いため、具体的な実施事項が複雑化し、手順に差がでるなどが原因である。

　思考作業を、マニュアル化するのは困難なことが多い。構想・立案作業、調査・分析作業など、主要な部分は頭の中だけですすめられ、確固たる手順がないに等しいからである。逆に直接作業は、モノを媒介として、確実にマニュアル化できる。このように区分して考えると、**マニュアル化に最適なのは直接作業と事務作業、比較的マニュアル化しやすいのがコミュニケーション作業、しにくいのが思考作業となる**。直接作業を別にすると、事務作業から着実にマニュアル化してゆけばよい。

重要業務の強化と不要業務の削減をめざす

●●●●●●●●体系化すれば改革すべき点が見えてくる●●●●●●●●

業務の体系化は、業務改革のための必要条件

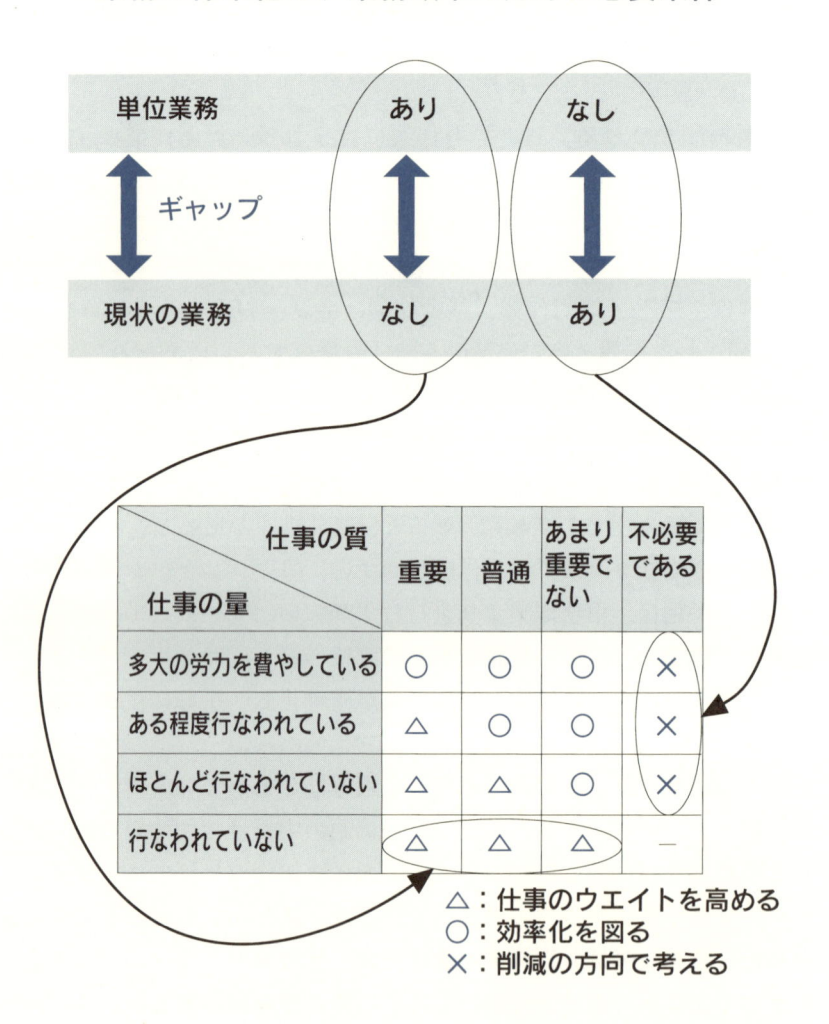

単位業務　　　　あり　　なし

⇅ ギャップ　　　⇅　　　⇅

現状の業務　　　なし　　あり

仕事の量 ＼ 仕事の質	重要	普通	あまり重要でない	不必要である
多大の労力を費やしている	○	○	○	×
ある程度行なわれている	△	○	○	×
ほとんど行なわれていない	△	△	○	×
行なわれていない	△	△	△	―

△：仕事のウエイトを高める
○：効率化を図る
×：削減の方向で考える

業務の体系化では、まず演繹的に大機能－中機能－小機能－単位業務まで、展開（細分化）してきた。これは自社が経営をつかさどるためにはこうあるべきだとしてまとめ、現状の自社での活動は考慮しない。
　次に、抽出された単位業務のそれぞれについて、まとまり仕事を現状行なっている範囲で作成した。どのような手順で、どういう頻度で、誰がやっているのかなどを調査してまとめた。
　ここで、この両者のあいだにギャップが発生する。あるべき姿と現状とのあいだのギャップである。単位業務にはとりあげたけれども，現状はやられていない業務と、単位業務にはとりあげられていないが時間をかけて行なわれている業務の2つである。前者は、経営において必要な機能であると認められ、演繹的なアプローチによる業務の設計を行ない、実施していかなければならない。後者は、抽出した単位業務にはない業務であり、簡単に、単位業務にとりあげるのを忘れただけとかたづけないで、本当に、この業務は自社にとって必要かどうかをよく吟味し、やらなくてもよいものなら止める。
　また、業務体系ができると単位業務別、またはまとまり仕事別に、業務量（時間）が集計でき、業務改善の手がかりとなる。業務を、重要性と業務量のマトリックスにあてはめてみるとよくわかる。多くの時間が費やされている業務については、いくらそれが重要な業務であっても、やり方を改善することが必要である。ましてや、不要業務に時間をかけているほど、もったいないことはない。重要だがほとんどやられていない業務は機能欠如であり、不要業務に時間をかけていた分で補う。こうして、あるべき姿に少しずつ近づけていく。
　業務の体系を活用して、業務改善へのアプローチについて述べたが、この手法をとりいれることで、マニュアルが生きてくる。**不要業務をそのままマニュアルにしてしまうほどおろかなことはない。時間がかかりすぎているやり方をそのままマニュアルにしてしまうほど「ムダ」なことはない。**重要な業務に少ししか時間をかけないと「ムリ」が生じる。会社全体のこれらの「ムラ」を、マニュアル作成を機会になくしていく。

マニュアル作成のすすめ方

●推進体制のあり方から内容表現の工夫まで●

> マニュアル作成は、グループ討論方式が基本である。業務担当者1人による、自分のやり方を文書化したものは、マニュアルとはいえない。実際には、1時間会合を繰り返して、マニュアルを順次作成していく。この章では、マニュアルを作成する推進体制・順序から、マニュアルの体系、形態、記述方法までを概説する。作成したマニュアルは、マニュアル台帳に登録する。マニュアルは進化しているのである。

マニュアル作成の体制づくり

●●●●●● 全社的とりくみと部門・部署別のとりくみ ●●●●●●

作成組織はこうする

全社的な作成の場合（全社で300人程度の例）

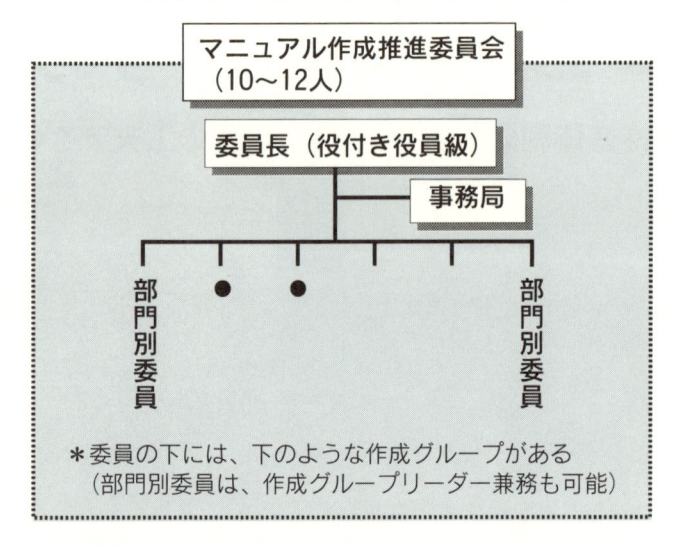

```
        マニュアル作成推進委員会
            （10～12人）
                │
        委員長（役付き役員級）
                ├──────事務局
    ┌───┬───┬───┬───┬───┐
   部門        ●   ●       部門
   別                       別
   委員                     委員
```

＊委員の下には、下のような作成グループがある
（部門別委員は、作成グループリーダー兼務も可能）

部門・部署別の場合（所属者が30人程度の例）

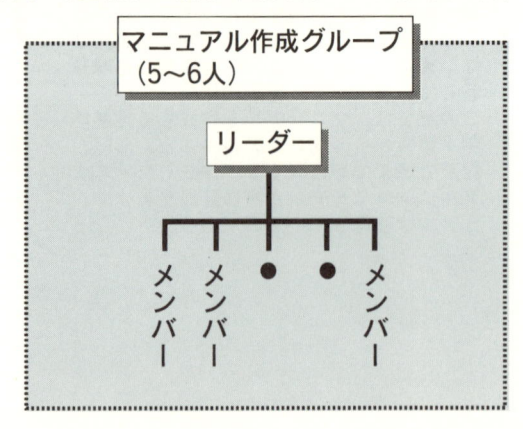

```
      マニュアル作成グループ
          （5～6人）
              │
            リーダー
              │
    ┌─────┬───┬───┬─────┐
   メン    メン  ●   ●    メン
   バー    バー          バー
```

マニュアル作成の背景となる考え方については、これまでに基本を述べた。この章では、すでに述べた基本にしたがい、具体的に、実際どのように作成をすすめればよいかをまとめる。

　マニュアル作成の全体を要約すれば、第一線実務担当者を選抜して、**参加型のマニュアル作成推進体制**をつくり、作成者に、マニュアルづくりの必要性と作成の基本方針と方法をよく理解させ、十分な実施計画を立て、必要な部分から着実に作成をすすめる。作成にあたっては、1時間会合を開催し、1業務（まとまり仕事レベルで）のマニュアルをまとめ、上長の承認を得て、推進母体が登録していく。1時間会合を繰り返して、複数を作成し、マニュアル群・マニュアル集としていく。

　マニュアル作成グループは、第一線業務担当者で編成する必要がある。業務担当者が簡単にメモしたようなものはマニュアルとはいえないが、**優秀な業務担当者の協力なしに良いマニュアルは作成できない**。なぜなら、第一線の業務担当者だけが、最も効果的な業務推進方法を知っていることが多いからである。マニュアルがない現状では、業務遂行のポイントやコツは担当者の頭の中にしかない。

　作成にあたっては、まず、マニュアル作成を推進する母体を明確にする。全社的な場合と、部門や部署単位での作成とでは、母体の大きさがちがってくる。全社的なマニュアル作成であれば、マニュアル作成推進委員会とマニュアルの作成から登録、改訂までを全社的に管轄する事務局とが必要となる。後者は、文書管理を担当している総務部門などが兼任することが多い。営業部・製造部というような部門や営業課や総務課という部署単位の作成であれば、大がかりな組織は必要なく、6人程度のメンバーでマニュアル作成グループをつくればよい。

　部署内での作成など、実際の記述は2〜3人で行なうことも可能であるが、作成推進組織は設置して、少人数での記述の支援および事務局機能を果たす。このように、第一線の業務担当者参加型の推進体制をつくるのは、マニュアル教育までを考えているからである。作成段階で複数が参加すれば、教育段階でも複数の「教師」を確保することにつながる。

作成のステップ

・・・・・・・・・・ 構想から試用までが「作成」 ・・・・・・・・・・

マニュアル作成・維持の大きなステップ

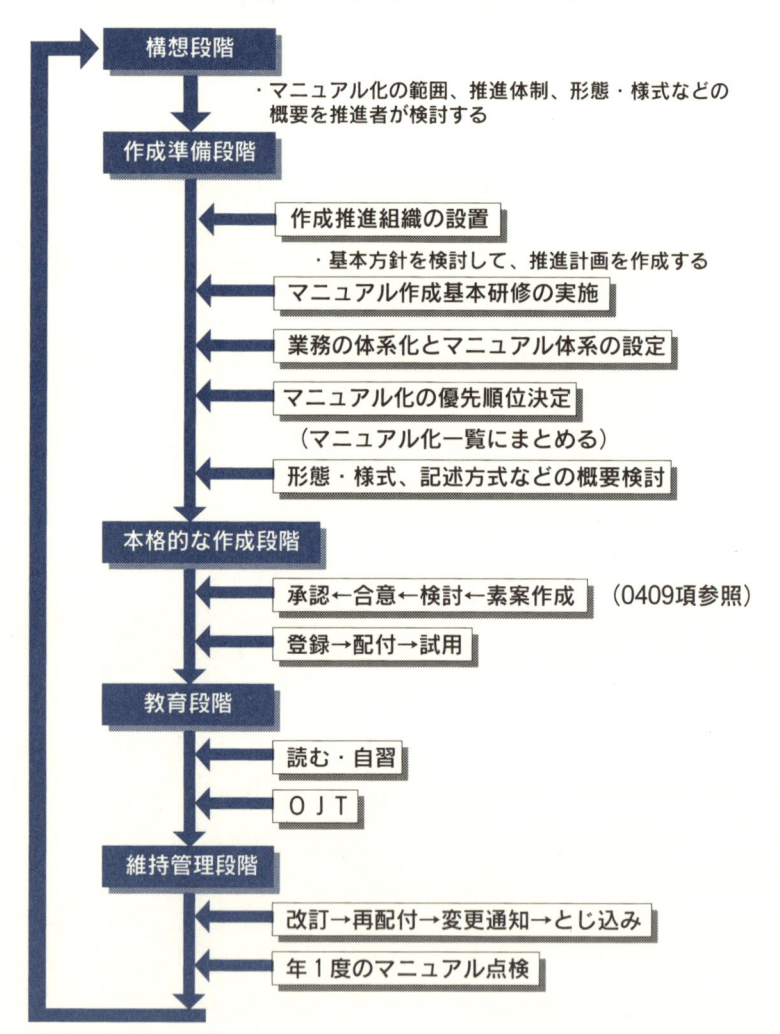

構想段階
・マニュアル化の範囲、推進体制、形態・様式などの概要を推進者が検討する

作成準備段階
- 作成推進組織の設置
  ・基本方針を検討して、推進計画を作成する
- マニュアル作成基本研修の実施
- 業務の体系化とマニュアル体系の設定
- マニュアル化の優先順位決定
  （マニュアル化一覧にまとめる）
- 形態・様式、記述方式などの概要検討

本格的な作成段階
- 承認←合意←検討←素案作成　（0409項参照）
- 登録→配付→試用

教育段階
- 読む・自習
- ＯＪＴ

維持管理段階
- 改訂→再配付→変更通知→とじ込み
- 年1度のマニュアル点検

マニュアルを作成するための構想を練る段階は、マニュアルをつくる必要性を本質から検討して、どの部分を、いつ頃までに作成すればよいかを考え、マニュアル作成の基本案をつくるところまでをさす。ここまでは、時間をかける必要はない。マニュアルづくりの必要性を最初に感じたのが会社や部門のトップの場合、作成推進母体の長（たとえば、マニュアル作成推進委員長）を別に任命し構想を練らせる。推進総括者もしくは作成推進母体の長は、短時間で構想を練りあげる。

　準備段階は、**まず作成を推進する組織を編成する**。マニュアル作成のためのプロジェクトチームやタスクフォースであり、常設の組織ではない。しかし、本格的な作成期間中は継続する組織であり、適切な人材を集める必要がある。この組織が中心となって、業務の体系化を図る。最初に、業務を機能と関連性の面から演繹的に展開する。さらに部署ごとに、実際どのような業務が存在しているかを分析（帰納）的に調べさせて、業務の体系化を図り、まとまり仕事一覧表としてまとめる。

　業務の体系化の説明とあわせて、**マニュアルづくりの基本を教える簡単な研修を行なう**とよい。併行して、推進母体では、マニュアルの形態や様式を検討する。部署ごとに勝手な形態でマニュアルとするのは困りもので、1種類に限定する必要はないが、形態や様式の目安を数種類に絞っておく。業務の体系化をしてから、マニュアル体系を設定して、マニュアルにまとめる必要性の有無と、期間中に作成するマニュアルの優先順位を決定する。作成の必要性や優先順位は、マニュアル作成の目的を明確にすれば、おのずと決まるはずである。

　広義のマニュアルの作成は、マニュアルを作成して、一定の様式に記述するまでではない。書かれたものを作成グループ、業務遂行担当部署の上長、マニュアル作成推進委員会が承認して、事務局が登録を行ない、配付するのは、当然「作成」に含まれるのである。配付後は、その業務に携わるすべての担当者がマニュアルを読み、さらに試用してみる。そのとおりできるか実際に確かめるのである。書かれたとおりであれば、後は教育段階、そして維持管理の段階となる。

作成に入る前に、まず教育する

•••••••••••••• 問題意識の醸成 ••••••••••••••

高い期待が問題解決をすすめる

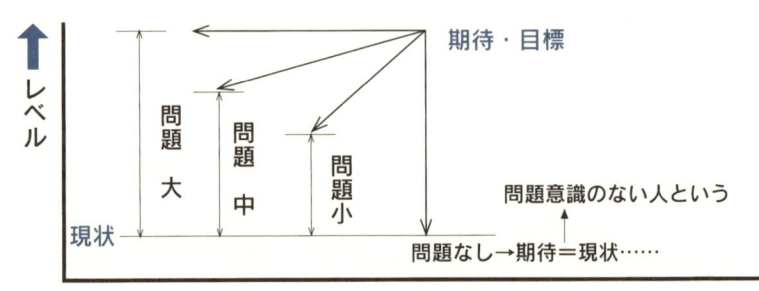

（レベル↑／現状→期待・目標：問題大・問題中・問題小／問題なし→期待＝現状……問題意識のない人という）

問題解決のステップ

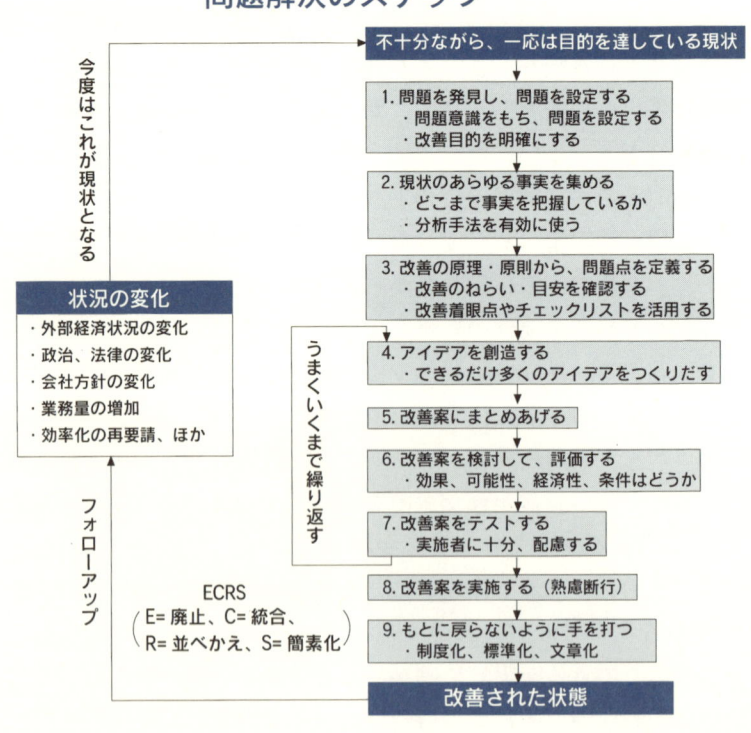

不十分ながら、一応は目的を達している現状

1. 問題を発見し、問題を設定する
  ・問題意識をもち、問題を設定する
  ・改善目的を明確にする
2. 現状のあらゆる事実を集める
  ・どこまで事実を把握しているか
  ・分析手法を有効に使う
3. 改善の原理・原則から、問題点を定義する
  ・改善のねらい・目安を確認する
  ・改善着眼点やチェックリストを活用する
4. アイデアを創造する
  ・できるだけ多くのアイデアをつくりだす
5. 改善案にまとめあげる
6. 改善案を検討して、評価する
  ・効果、可能性、経済性、条件はどうか
7. 改善案をテストする
  ・実施者に十分、配慮する
8. 改善案を実施する（熟慮断行）
9. もとに戻らないように手を打つ
  ・制度化、標準化、文章化

改善された状態

（うまくいくまで繰り返す）

状況の変化
・外部経済状況の変化
・政治、法律の変化
・会社方針の変化
・業務量の増加
・効率化の再要請、ほか

今度はこれが現状となる／フォローアップ

ECRS
（E＝廃止、C＝統合、
　R＝並べかえ、S＝簡素化）

良いマニュアルを作成するためには、マニュアル作成者に教育をしておくべきである。マニュアルとは何かも教えずに、ただ「担当業務を紙に書いておけ！」方式では、多くは期待できない。教育といっても、改善の基本や層別のしかたを理解するだけでよく、時間としては２～３時間でかまわない。基本的な理解は、それだけの時間で十分である。

　現状をしっかり把握する目が、まず必要であり、これは「問題」のとらえ方として教えておかれるべきことである。問題とは、困ったことだけをいうのではなく、**期待や目標と現状との格差**であることを理解させておきたい。つまり、どんなに現状が高くても、目標がさらに上であれば、問題が存在するわけである。ところが、現状がマアマアであれば、多くの場合、「問題なし」としてさらに高いところをめざしたり、改善活動がすすめられることが少ない。出発点は問題意識の醸成である。

　さらに、**マニュアルの必要性**を徹底的に理解させなければならない。業務担当者は、自分がいるかぎり、業務遂行には何の支障もないと確信している人があまりに多い。このような自信が必要なときもあるが、異動やなんらかの障害が生じた場合を、企業は見越しておかなければならない。なぜ、マニュアルが必要かを、効率化、活性化、創造化の点から、業務担当者によく理解してもらう必要がある。

　そのうえで、**改善の基本や方法**を教える。問題解決のステップやECRSなど基本を理解させる。効率、目的と手段の関係、PDCAなどを確認するのはいうまでもない。改善案は、うまくいかないことも考えて何種類も用意する、まず廃止できないかを検討するなど、基本が理解されていないと、作成効率が悪くなる。多少の時間はかかるが、教育をしておくことが、より良いマニュアル作成につながるのである。

　総まとめとして、**層別の考え方と記述**について教える。層別の理解は、マニュアルづくりの５合目であるといってさしつかえない。業務をどのように区切り、どのように分解して書けばよいのか、が層別の理解をとおして得られるのである。「全く」は「まったく」と記述するなどの表現上のルールも簡単に教え、統一性が保たれるようにするとよい。

マニュアルの使用者を層別する

●●●●●●●● 誰が使うのかをはっきりさせる ●●●●●●●●

人と仕事にアンバランスはないか

〈社員層〉　　　　　　　　〈実施すべき業務〉

初級社員 ➡ **基礎・基本業務**

入社1～2年
初級パートタイマー

・入口での応対、納品書の作成など各部署で最も基盤となる業務

中級社員 ➡ **日常（通常）業務**

ある程度の訓練をうけた者
初級社員を指導できる

・毎日、ごく普通に実施されているような業務
・頻度は少なく、難易度は高い業務

上級社員 ➡ **熟練業務**

かなりの経験がある者

・高度な判断が必要となる業務
・年1度の決算のように、経験をつむのに時間がかかる業務
・難易度がかなり高い業務

マニュアル体系を考えるにあたっては、業務体系に加え、マニュアルを使用する対象者を明確にしておく必要がある。企業は、多くの事業所・部門・部署からなりたっており、さらに属性を異にする多くのワーカーから構成されている。業務をはっきりさせたうえ、今度は業務遂行者を区分してとらえておく必要がある。

つまり、**マニュアルの使用者が誰なのかを、はっきり層別しておく必要がある**。当然のこと、これは企業によって異なってくる。製造業と非製造業、製造業でも、生産関連の部門と販売に関連する部門。小売業でも、（集中）仕入機能のある店とそうでない店など。ファミリーレストランでも、料理をつくるキチン部門と料理を提供するフロア部門と分かれる。マニュアルの使用対象を、このように層別して考えることが、利用しやすい良いマニュアルづくりにつながるのである。

とりわけ考慮すべきなのは、管理をする側と管理をうける側のちがいである。業務遂行のオペレーションマニュアルは立派なものが存在するものの、その業務を管理する側のチェックマニュアルがないような企業が多い。業務遂行者みずからが実施結果を検討（Check）するのは当然のことであるが、上長の役目、職務が曖昧では困るのである。両者の業務がかみ合うことが、実際の仕事をより良いものにする。

また、業務遂行者が定時間勤務をするフルタイマーか、短時間の勤務しかできないパートタイマーかで、担当できる業務に線をひく企業も多い。かつては、お金の扱いは正社員しかできないという企業が大半であったが、現在では、むしろパートタイマー（学生も含む）の活用が常識化し、このような区分は少なくなりつつある。したがって、パートタイマーを活用するために、フルタイマー用とは別にマニュアルを作成して、短時間勤務でも、早く基本を習得させ多くの業務を担当させるべく、パートタイマー向けのマニュアルが作成されるべきであろう。

使用対象者が、経験の少ない初級者なのか、十分な経験ある中級者か、またベテランの熟練者なのか、あるいは管理する側なのか管理される側なのか、対象者を明確にしたうえでマニュアル体系を明確にする。

マニュアル体系を作成する

•••••••••••••• 全体像を明らかにする ••••••••••••••

某チェーン店・店長用マニュアル体系

Ⅰ．毎日（開店～正午までの）実施事項

1. レジ開け
2. クレームノート・前日日報確認
3. 作業指示
4. 当日の緊急応対

Ⅱ．毎日（正午～午後6時までの）実施事項

1. 発注の点検
2. 入荷確認と督促
3. 前日稼働時間集計
4. 翌日出勤体制の確認
5. 本部との連絡
6. 銀行入金の誤差処理

Ⅲ．毎日（午後6時～閉店までの）実施事項

1. レジ締め
2. 火気点検
3. 日報作成
4. 施錠

Ⅳ．毎週実施事項

1. 週間労働時間算出
2. 次週人員体制の作成
3. 備品発注の確認
4. 週間売上の分析
5. 設備の点検

Ⅴ．毎月実施事項

1. 営業本部会議出席
2. 連絡事項伝達
3. 月間方針策定
4. 月間実績の確認、分析
5. 小口現金清算、クレジット集計・精算確認
6. 売掛金残高確認・回収指示
7. 店員教育

Ⅵ．随時実施事項

1. ショッピングセンター店長会参加
2. 棚卸し
3. その他

上級店員用　マニュアル　体系
中級店員用　マニュアル　体系
某チェーン店・初級店員用　マニュアル体系

Ⅰ．ことばづかい・マナーの基本

1. 身だしなみ
2. あいさつ
3. 笑顔

Ⅱ．接客

1. 基本的なパターン
   (1) 入店された場合
   (2) 「これをもらう」といわれた場合
   (3) 包装する場合
   (4) 代金を受け渡す場合

2. こんな場合はどうするか
   (1) 店が混んでいる場合
   (2) 在庫の有無を聞かれた場合

Ⅲ．電話での応答

1. 基本用語
2. 商品在庫の問合せ
3. 受注

Ⅳ．トラブル、苦情処理

1. 客注品の催促を受けた場合
2. 商品を間違えた場合
3. 釣り銭を間違えた場合

Ⅴ．その他の場合

1. 弱者（老人・子供等）に接する場合
2. 買い物に関係ない人の訪問の場合

業務体系とマニュアル使用者区分を頭において、マニュアル体系を設定する。マニュアル体系は、マニュアルの全体像・全体図である。**どのようなマニュアルの種類（マニュアル「集」や「群」という）があり、各マニュアルにはどのような業務や内容が含まれるかを、業務遂行者の区分との関連で明確にしたもの**である。業務遂行者を階層や経験から区分し、関連する業務や必要となる部分だけを層別して、個別のマニュアルと関係づけておくものが、マニュアル体系である。

　ある生産財販売会社の「営業マニュアル」には、ことばづかい・服装・応接室のルールと、まるで新入社員だけを想定したような項目が含まれていたが、業務体系とマニュアル対象者がはっきりしていれば、このようなことはなくなる。初級者には、あいさつのしかたなどが必要でも、中級・上級者には不要である。個別マニュアルが背表紙2cm程度で何十冊と並び、マニュアル集全体で厚さが1mをこえることもある。そこで、厚いマニュアル集が活用できるように、マニュアルの種類と各マニュアル内容（何を入れ、何を除くか）を明確にし、体系が明確な使いやすいマニュアル集にしなければならない。

　体系の設定は、当然、企業の業種・業態、部門・部署によって差がでる。事務系部署のマニュアル体系は、ほぼ業務体系と同じようなものとなる。業務遂行者の能力差は比較的小さいのだが、業務が多種類にわたっていることからマニュアルが必要になるためである。一方、サービス業や接客部門などでは、経験の浅いワーカーを多く使用せざるをえない。このため、ワーカーを経験や能力で明確に区分してから、業務体系を関連づけ、マニュアル体系を設定していくことになる。

　マニュアル集は、個々の業務遂行（オペレーション）を主力とするマニュアルが中心となって構成されるが、管理的な業務、つまり業務がうまくいっているかどうかを確認・点検（チェック）する観点からのマニュアルが含まれていることが必要である。たとえば、ファーストフード店の店長業務マニュアルには、次週のワーカーの勤務予定確認、毎日の売上金と現金との照合などが組み込まれていなければならない。

マニュアル化の優先順位は？

●●●●●●●●●●●●● 基本は業務の頻度 ●●●●●●●●●●●●●

マニュアル化一覧（例）

店長用マニュアル	作成の必要	日程 6月	7月	8月	9月	10月	備考
Ⅰ．毎日（開店〜正午までの）実施事項 1．レジ開け 2．クレームノート・前日日報確認 3．作業指示 4．当日の緊急応対	 × ×	→ →					店員用に追加 朝礼マで代用
Ⅱ．毎日（正午〜午後6時での）実施事項 1．発注の点検 2．入荷確認と督促 3．前日稼働時間集計 4．翌日出勤体制の確認 5．本部との連絡 6．銀行入金の誤差処理	 ×		→ → 	 → → →			
Ⅲ．毎日（午後6時〜閉店までの）実施事項							

作成にどれほど時間が必要か

Step1　まとまり仕事数　×　マニュアル作成率　×　1本あたり必要時間　＝　総投入時間

$$651 \times \frac{7}{10} \times 3(h) = 1,367(h)$$

Step2　$\frac{1,367(h)}{24（人）} = 57(h)／人$　（24人で分担すれば）

Step3　月あたり12時間とすると　→　57÷12＝約5か月必要

マニュアル体系を明らかにしたら、ついで個々のマニュアルを作成する優先順位を決める。マニュアルの作成というと、すぐ、○○業務について、担当者が個別に記述するのを連想しがちだが、そうではない。体系化された業務から、一定の様式に手順を中心として書きだしたマニュアルにすべきか否かを、まず明確にする。そして、定められた期間内にどの程度までマニュアルにまとめることができるかはっきりさせる。

　われわれのいう「まとまり仕事」レベルで、企業には多くの業務が存在する。3,000人ほどの企業では、2,000をこえるまとまり仕事が存在するかもしれない。300〜500人の企業でも1,000程度の業務がある。まとまり仕事とは、たとえば「納品書を作成する」という程度の一区切りの業務をさす。実際の業務遂行にあたっては、納品書の作成も、先方指定の納品書があるかどうかで、何種類かに作成方法が分かれる。約1,000のまとまり仕事といっても、実際にはその数倍の種類の業務が存在することもありうる。

　数多い業務から、まずマニュアル化すべきは、いつまでにどの業務なのかをあらかじめ明確にする必要がある。投入人員・時間と相談して、マニュアル化対象業務数を明確にする。これをまとめたものが、**マニュアル化一覧**である。本格的なマニュアル作成段階に入る前に、必ずマニュアル化一覧を作成して、**投入人員・時間と作成マニュアル数、その優先順位を明確にしておく**。その後、個々のマニュアル作成に入る。

　では、優先順位はどのようにつければよいのか。重要度、緊急度、頻度などの観点から総合的、多角的に判断せざるをえないのだが、マニュアル作成の本質的な観点からは、頻度を重要視せざるをえない。つまり、年1回の業務よりは、毎日行なう業務を重点として作成をすすめる。繰り返し性のあるものを優先して、マニュアル作成をすすめるべきであろう。頻度区分としては、年・月・旬・週・日と随時・都度のような区分が考えられる。しかし、年1回の業務はマニュアル化の必要がないというわけではなく、賃上げ作業のように手順が確定しているものを中心に、マニュアルを作成すると異動などにもうまく対応できるのである。

マニュアルの形態・様式を統一する

●●●●●●●●●●●●●使いやすさへの配慮●●●●●●●●●●●●●

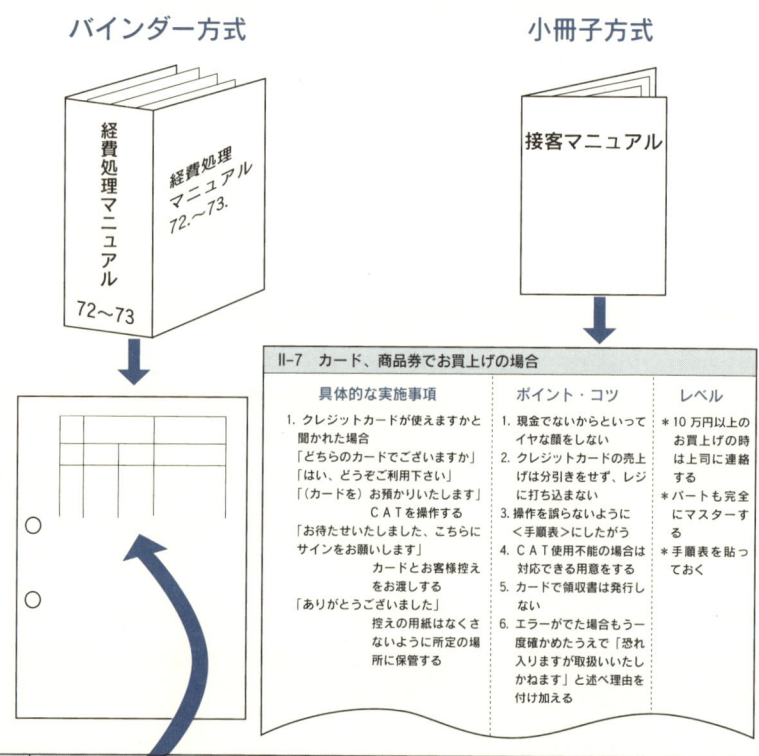

バインダー方式

経費処理マニュアル 72〜73

経費処理マニュアル 72.〜73.

小冊子方式

接客マニュアル

| II-7 | カード、商品券でお買上げの場合 |

具体的な実施事項	ポイント・コツ	レベル
1. クレジットカードが使えますかと聞かれた場合「どちらのカードでございますか」「はい、どうぞご利用下さい」「（カードを）お預かりいたします」CATを操作する「お待たせいたしました、こちらにサインをお願いします」カードとお客様控えをお渡しする「ありがとうございました」控えの用紙はなくさないように所定の場所に保管する	1. 現金でないからといってイヤな顔をしない 2. クレジットカードの売上げは分引きをせず、レジに打ち込まない 3. 操作を誤らないように＜手順表＞にしたがう 4. CAT使用不能の場合は対応できる用意をする 5. カードで領収書は発行しない 6. エラーがでた場合もう一度確かめたうえで「恐れ入りますが取扱いいたしかねます」と述べ理由を付け加える	＊10万円以上のお買上げの時は上司に連絡する ＊パートも完全にマスターする ＊手順表を貼っておく

No.	勘定科目名 （コード No.）		内容・作成上の注意事項
13	現金 過不足	7258-000	売上金額と受取現金との差額。
14	募集費	7255-200	パートタイマー募集費 アルバイトニュース（全店舗同額負担） ポスター、主婦向チラシ、新聞・雑誌掲載の募集広告 駅構内の掲示費用（募集ポスター）

個別マニュアルごとに、最終的に若干の幅をもたせるとしても、基本的なマニュアルの形態・様式については、マニュアル作成推進委員会で何種類かに限定する。そうでないと、まったく体裁を異にするマニュアルが多くなり困る。最近はユニークなマニュアルも多い。海外の空港利用マニュアルとして、空港内の入国審査場・税関からトイレ、タクシー乗り場まで一連を写真にとり、小型写真をラミネート加工し、移動する順にリングでとじたものを見たことがある。このマニュアルを手に持って、実際に空港内を動くとき便利なようにとの配慮だそうである。

　マニュアルの形態とは、**マニュアルの形状・外観と大きさ**のことである。形態は主として、Ａ４サイズのバインダー方式のものと手帳ほどの小冊子方式に２分できる。前者は差し替え自由で追加可能である。どちらが良いかは、マニュアルの使用期間、印刷・配付部数、使い方・置き方、マニュアルの量（厚み）、コストなどから決まる。部署内の全員が持つなら小冊子方式が望ましいし、長期間利用して追加や削除が前提であればバインダー方式とならざるをえない。飛行機内で客室乗務員が持ち、機内放送に使うようなものは、当然小冊子方式となっているし、ファミリーレストランの料理作成・提供マニュアルはバインダー方式である（メニューは半年で変更が前提）。

　マニュアルの様式とは、**マニュアル内部のフォーマットやページ内での書き方**などである。同一マニュアル内の様式は当然統一されているのが前提であるが、他のマニュアルと基本は同じであることが望ましい。あるもののサイズはＡ４版で、別のものはＢ５というのは困る。また、横書き、縦長に記述するのが原則である。どのようなフォーマットを利用するか、何種類かを基本として定める。

　事務業務で実際に使用する帳票までを添付すると、どうしてもＡ３やＢ４サイズの大型の様式を使用することになるが、この場合は縮小してとじるのが原則である（ただし横長で天にパンチ）。大きなサイズは、実際に使用すると、ページを開くのに不便であることがわかる。承認や改訂の場合の方法まで検討して、マニュアルの形態・様式を決めておく。

グループ討論方式で作成する

●●●●●●●●●● つくることも教育の一環 ●●●●●●●●●●

１グループの目安

2人 ≦ 1グループ ≦ 6人
多種多様なメンバーを集める

⬇

作　成	多角的に検討できる （合意までをうまくすすめる必要はある）	｝ 両面で利点
定着時	教育できるメンバーが多くなる	

担当者が
- マニュアル作成に関与 ➡ 期待レベルで業務が遂行されやすい
- マニュアル作成に関与していない ➡ 十分に教育をしなければならない

マニュアルの作成は、原則として**6人程度のグループで行なう**。ある業務の関係人員が多くても、マニュアル作成にかかわる人数は6人程度でよい。多すぎると、意思統一がむずかしく、効率的な作成ができない。逆に、関係人員が少なく、担当1名という場合でも、上長など2〜3人が加わっての検討が望ましい。**マニュアル作成の原則は、複数による意見交換と検討・確認作業である。**

　業務の担当者または担当者を代表する数人でグループを編成し、マニュアルを作成する。メンバーは、若年層から高齢層まで、複数の属性を有するほうが好ましい。男・女、管理職と非管理職、外勤者と内勤者など、複数の視点で業務の適正さを検討する。当然、意見がくいちがう。それを調整し、合意して文書としたのがマニュアルである。合意が得られないとすれば、マニュアルにどう書かれていようと、実際には自分の考えるままで行なわれることになり、ワンベストの共通したやり方など実現不可能なままである。

　具体的な実施事項と手順に関しては、比較的まとまりやすい。しかし、その実施事項をどの程度まで要求するかの期待レベルとなると、合意が得られにくくなる。たとえば、電話応対において、受信音は何回までに受話器をとればよいとするのか。ある者は、お客様第一主義で1回でとるべきだと主張し、他の者は3回までなら許容されると現実的な立場から主張するだろう。このような考え方のちがいが、実際の業務遂行時に個人差を生じさせる。また、ポイント・コツについても、作成者によって差が大きくなることがあり、これらの「適正化」が求められる。

　マニュアル作成をグループで実施するのは、**マニュアル作成そのものが、業務遂行に関する教育**になるからである。つくることが教育することにつながる。他者の作成したマニュアルであれば、それを遵守しようとする気持ちが薄れる。作成に参加することは、マニュアルをもとに教育できる能力のある者をふやすことにつながっているのである。担当者が単独で記述せざるをえない場合は、複数の上長が多角的によく検討したうえで承認する。役立つマニュアルは多角的な検討のうえに存在する。

マニュアル作成会合の開き方

●●●●●●●●● １時間会合を積み重ねていく ●●●●●●●●●

マニュアル作成のための会合の開き方

（ステップ　10）

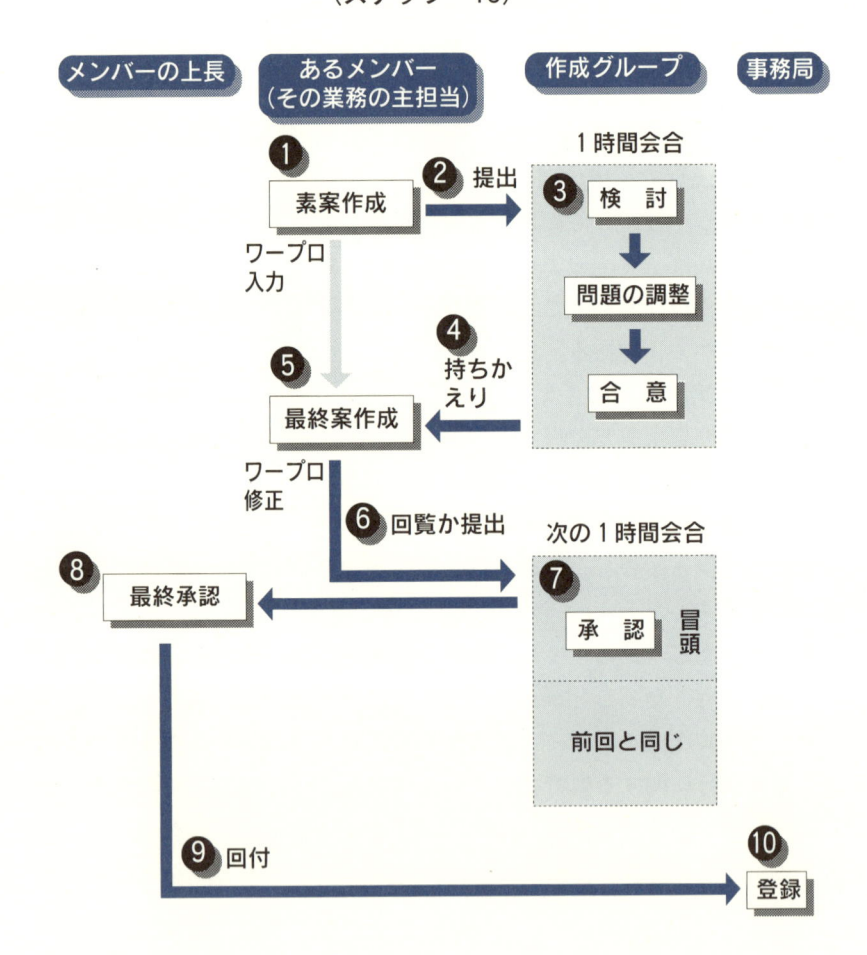

メンバーの上長	あるメンバー（その業務の主担当）	作成グループ	事務局

１時間会合

❶ 素案作成 → ❷ 提出 → ❸ 検討 → 問題の調整 → 合意

ワープロ入力

❺ 最終案作成 ← ❹ 持ちかえり

ワープロ修正

❻ 回覧か提出 →

次の１時間会合

❼ 承認　冒頭

前回と同じ

❽ 最終承認 ←

❾ 回付 → ❿ 登録

マニュアル作成活動は、**1時間の会合を開いて1業務（まとまり仕事レベル）のマニュアルを完成させることの繰り返し**である。素案を検討し、最終的にまとめるまでが1時間であり、素案作成の時間は会合には含まれていない。素案はメンバーのうち1名が、あらかじめ作成して、会合に提出する。その案を検討し、合意するまでが1時間である。このような方式をグループ討論方式という。

　これまでの、担当者が書きだせばマニュアルが完成したという考え方とは、まったく逆である。書きだしをするのは、やはりその業務の担当者がよい。しかし、それが、そのままマニュアルにはならない。1時間会合で、他者の目にふれ、よく意見交換され、会合参加者が、手順やポイント・コツ、そして期待レベルまで合意するステップが組み込まれていることが必要なのである。

　正確にいえば、素案作成者はマニュアル化一覧にしたがい、ある業務に関するマニュアルの素案を作成して、会合に提出する。他の会合参加者（少なくとも1名、多くても5名程度）が、その業務の具体的な実施事項、実施順序、それぞれのポイント・コツ、レベルを多くの角度から検討する。問題があれば、その業務のあるべき姿を明らかにして、グループで調整をする。そして、1時間の会合内で合意をする。素案作成者は、合意案を持ちかえり、修正して、次回会合までに回覧しておく（遅くとも提出する）。次回の会合冒頭で、全員で承認して、実施を担当する部署の上長が最終承認するのが流れである。

　2～6人程度のグループで1時間の会合、素案作成に約1時間、素案の修正・最終案の作成に1時間、最終案の読み合わせ・承認に数分というマニュアル作成の所要時間は、1業務（まとまり仕事レベル）で3～4時間という程度ということになる。1時間会合で、ほんとうに検討し終えるのかというと、はじめこそ時間がかかるものの、慣れると1時間以内で確実にすむようになるし、そうしなければならない。

　複数の作成グループには、その業務の実施経験者が2名ほどいることもあり、単独の作成より客観性のあるマニュアル作成が可能となる。

条件区分をまず行なう

●●●●●●●●●●●●マニュアルにおける記述のしかた●●●●●●●●●●●●

幹→枝→葉→例外　で考える

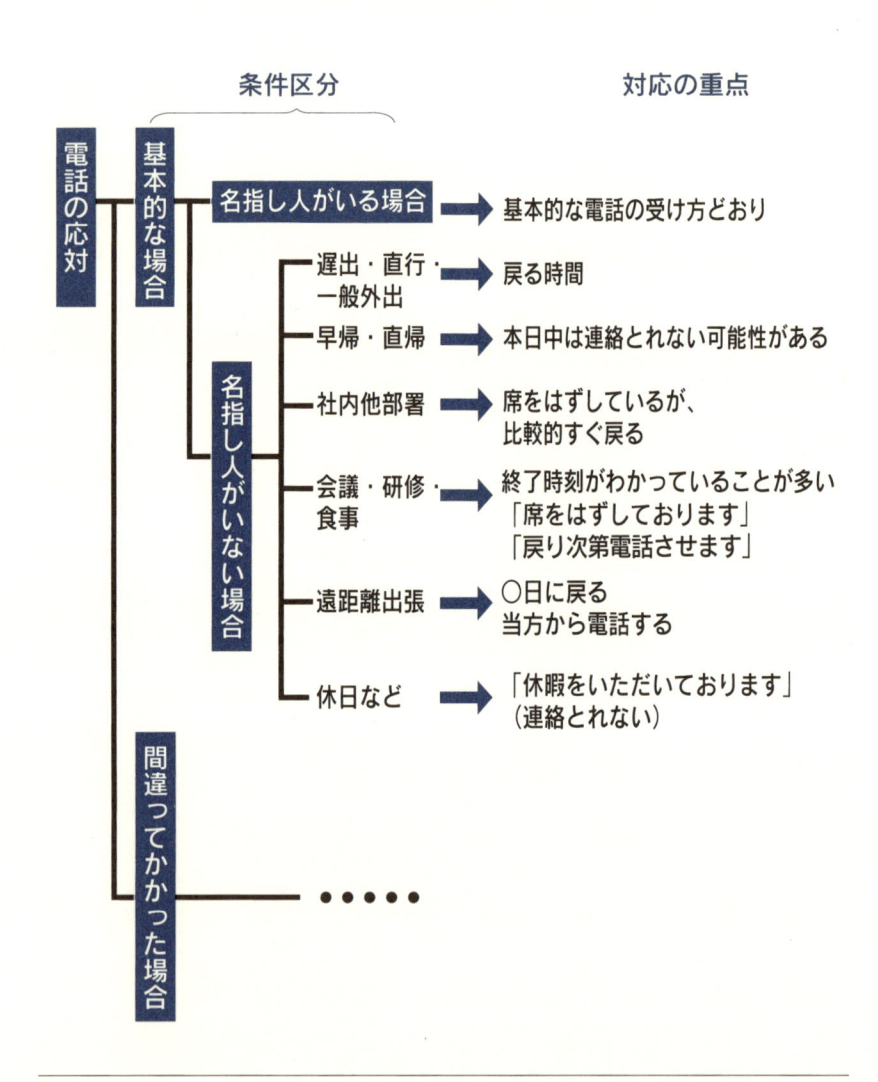

　　　　　　　　　　条件区分　　　　　　　　　　対応の重点

電話の応対
├─ 基本的な場合
│　　├─ 名指し人がいる場合　→　基本的な電話の受け方どおり
│　　└─ 名指し人がいない場合
│　　　　├─ 遅出・直行・一般外出　→　戻る時間
│　　　　├─ 早帰・直帰　→　本日中は連絡とれない可能性がある
│　　　　├─ 社内他部署　→　席をはずしているが、比較的すぐ戻る
│　　　　├─ 会議・研修・食事　→　終了時刻がわかっていることが多い「席をはずしております」「戻り次第電話させます」
│　　　　├─ 遠距離出張　→　○日に戻る　当方から電話する
│　　　　└─ 休日など　→　「休暇をいただいております」（連絡とれない）
└─ 間違ってかかった場合
　　　●●●●●

マニュアルを記述するための原則の1つは、**「幹→枝→葉」という記述順序**である。「幹」つまり根本から説明せず、細目である「葉」からはじめるとわかりにくい文章になる。「木を見て、森を見ず」ということわざがあるが、**大きなものから順に小さなものに焦点を合わせていく**。「幹→枝→葉」とは、「大→中→小」にほかならないが、さらに細分化は「幹→枝→葉→例外」という順になる。例外から記述するのは、特殊な場合だけである。「大→中→小」と考えたら、今度は「小→中→大」と逆に戻って検討する。小から論理をたどり、大につながるかを確認することが大切である。層別でいうと序列・時系列法にあたるが、流れを両方から検討することで、整流化がすすむ。

　記述にあたって、具体的な実施事項を書きはじめる前に、マニュアルでとりあげる「まとまり仕事」に条件設定が必要かどうか考える。まとまり仕事までは、仕事を機能面から大中小と細分化してきているから、論理的に整合性がある。しかし、記述しようとするまとまり仕事の内容が、条件によって、具体的な実施事項レベルで変化する場合がある。

　「納品書を作成する」というまとまり仕事を例にすると、得意先指定の納品書があれば、自社の納品書に加え、得意先の指定納品書を作成する業務が追加される。このように、先方指定の納品書がある場合とない場合とを区分して考えないと、同じまとまり仕事でも、別の実施事項が生じる。場合によっては、別のまとまり仕事とする必要もでる。

　電話の応対は、名指し人が電話にでた場合は、基本的な受け方でよい。しかし、名指し人がすぐに電話口にでられない場合や不在の場合、また間違ってかかった場合まで条件を別にして考えておく必要がある。不在時は、①遅出・直行・一般外出、②早帰・直帰、③社内他部署、④会議・研修・食事、⑤遠距離出張、⑥休日などに区分して対応する必要がある。最近では、**例外がむしろ重要であり、例外を例外にしてはならない**。つまり、「不在」は例外ではないのである。このように条件分けをうまく行なうことが、正確な記述につながる。その後、具体的な実施事項と手順、ポイント・コツ、レベルを記述していくと、明解な記述となる。

手順、ポイント・コツ、レベルを書く

●●●●●●●●●●● 具体的にわかりやすく ●●●●●●●●●●●

用語の説明

具体的な実施事項	・業務を完遂するために、必ず実行しなければならない項目・内容 ・「何」をするのか
ポイント・コツ	・業務の実施にあたってカギとなるところ ①成否、②安全、③業務をやりやすくするものなど ・「どのように」するのか
レベル	・ポイント・コツの達成基準、判断基準、標準話法 ①目標や期待値、②数値化・数量化された部分 ・どこまで、どの程度まで行なうのか

マニュアル例

業務名称	電話の応対ー名指し人がいない場合〔会議、研修、食事の場合〕	
具体的な実施事項	ポイント・コツ	レベル
1 受話器をとる	すぐに、左手でとる メモを手元に	ベル2回以内
2 社名、所属部署を名乗る	「ハイ、山田工業、営業2課でございます」 とハッキリ	社名、所属部署（課まで）
3 相手を確かめる	社名、所属部署、氏名を聞く	氏名はフルネーム
4 用件を聞く	名指し人を聞く 具体的な内容	
5 不在をわびる	「まことに申し訳ございません。○○は、あいにく、席をはずしておりまして」	
6 伝達方法を決める	「おさしつかえなければ、かわりに私がお伺いいたしますが…」または、「それでは、戻り次第○△様にお電話させていただきます」	2種に限定する
7 確認のため再度名乗る	「私、営業2課の水谷と申します…」	所属部署、氏名（姓）のみ
8 受話器を置く	「ありがとうございました、失礼いたします」 相手が切ってから	

まとまり仕事レベルのマニュアルに最低必要なのは、**具体的な実施事項と手順そしてポイント・コツ、レベル**（あるべき水準）である。
　具体的な実施事項とは、そのまとまり仕事を実施するにあたって、実際に行なう細分化された作業である。実施する順序どおり、モレなく記述する。基本は、時間どおりに、あるいは大・中・小・例外の順に記述する。細分化にあたっては、少なくとも自分で実際に業務を行ないながら書きだすか、確認してみる。人によって順序がちがう場合は、あるべき姿を想定する必要がある。
　具体的に行なうことを、その手順どおり書けばよいといっても、あえて別の具体的な実施事項に分ける必要がないこともある。その業務遂行者の能力によって異なるのだが、前後のどちらかの実施事項に含んでかまわないほど、わかりきっているものも存在する。ただし、何かを検査する、照合する、測定するような場合は、別の具体的な実施事項とするのが原則である。**表現は、「○○を△△する」と「名詞（目的語）＋動詞」で記述する**。たとえば、「集計表を準備する」であり、「集計表準備」とは書かない。
　ポイント・コツは、具体的な実施事項を行なうにあたっての、カン（勘）、呼吸・手際、特殊な知恵などをいう。熟練者ならば、すでに頭に入っていることであるが、初級者は理解していないため、その業務をうまく行なうことができない。マニュアル作成者は、実際に熟練者がその業務を行なうのを見ながら、あるいは自分が熟練者ならば、実際に勘どころを声にだしながら業務を実施して、書きとめるとよい。抽象的な表現とならないように気をつけたい。
　レベルは、具体的な実施事項ごとに期待される水準である。また、ポイント・コツの具体的な水準・程度であり、数値的にさらに明確にしたものである。ポイント・コツ、レベルは、あわせて「急所」とも表現されていたが、ポイント・コツとレベルに２分することで、具体的な実施事項の確実な遂行がより容易になる。具体的な実施事項、ポイント・コツ、レベルを明確にすることでマニュアルづくりの名人になろう。

用字・用語を統一し、定義する

●●●●●●●●●● 共通理解のために ●●●●●●●●●●

こうすれば、正しくまとめることができる！

```
読み返し          ┐
                  ├──→ 正しい記述
用字・用語ルール作成 ┘
```

番号づけの原則

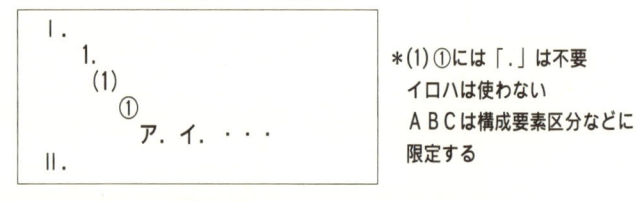

```
Ｉ．
    1.
      (1)
        ①
          ア．イ．・・・
Ⅱ．
```

＊(1)①には「．」は不要
　イロハは使わない
　ＡＢＣは構成要素区分などに
　限定する

用字事例集（自社で作成する）

好ましくない記述	好ましい記述	好ましくない記述	好ましい記述
接続詞・前置詞・副詞などは平仮名		動詞など平仮名を使った方がよいもの	
及び	および	負う	おう
並びに	ならびに	出来る	できる
共に	ともに	図る・計る	はかる
但し	ただし	至る・到る	いたる
又は	または	当たる	あたる
尚	なお	致します	いたします
迄	まで	促す	うながす
為	ため	経る	へる
応じて	おうじて	済む	すむ
伴って	ともなって	拭く・詫びるなど難解なものは平仮名	
様に	ように	その他で注意し、統一すべきもの	
通り	とおり	「本」規程は	「この」規程は
若し	もし	事由	理由
係わらず	かかわらず	際しては	ときは
絶えず	たえず		場合は
全く	まったく	上の、下の	上記の、下記の
全ての	すべての	〔名詞の場合〕	
予め	あらかじめ	取扱い・支払い	取扱・支払
一層	いっそう	見積り	見積
更に	さらに	ソフトウェアー	ソフトウエア
益々	ますます	コンピューター	コンピュータ
特に	とくに		
止むを得ず	やむをえず		

マニュアルという以上、正確で統一された記述を心がけたい。協働作業でマニュアル作成をする関係で、統一された記述がむずかしい面もある（本書についても同じことがいえる）。マニュアル作成推進委員会で用字・用語についての統一ルールを作成しておくことと作成されたものを何度も繰り返して読むことが、正確で統一された記述につながる。

　間違った記述はいちばん困るが、内容のちがいは「適正化」という視点で多角的に検討すればなくなる。ほかの間違いは、誤字・脱字の類である。これは、作成者・作成会合の参加者・上長・事務局と複数で何度も読み返すことで防止できる。要は、その時間を見込んで、作成を早め早めに行なうことである。

　グループによる複数の作成なので、用字・用語について統一されたルール（あるいはガイドライン）を設けることが必要である。規程ではないので、さすがに条・項・号の区分があいまいということはないが、付番体系（番号のつけかた）は明確にする。左にあげた原則を遵守する。

　パートタイマーはじめ初級社員に理解できない専門用語が多い場合は、用語集をつくる必要がある。また、「漢字」についても、配慮が必要である。「拭く」「詫びる」などを第一線業務遂行者が読めなかった例もある。これは、「ふく」と「わびる」と書くべきである。動詞は平仮名にすべきものがある。多少長くなるのは承知で、むしろ平仮名を基本にしたほうがよいと理解すべきであろう。同時に「ふく」とは、どのような行為なのかを定義する必要もある。「ふく」ために何を用い、どのように実施するかを明らかにする。

　副詞・前置詞・接続詞などは、平仮名が原則である。「厳しく叱る」は「きびしくしかる」、「或る」女は「ある」女、「及び」は「および」、学校に行く「為に」は「ために」と書く方が好ましい。しかし、名詞は確実に漢字で読め、かつ書けるようにしておきたい。と同時に、難解な漢字にはルビをふるような工夫も必要である。また、横文字のカタカナ表現も、基本的なものに限り、乱用は好ましくない。マニュアルは多くの属性を異にするワーカーの使用を前提に作成すべきである。

図表・フローチャート・イラストを入れる

●●●●●●●●●●●●●●●●わかりやすさの工夫●●●●●●●●●●●●●●●●

どちらが理解しやすい？

「加藤書店は、銀座に本店、新宿・池袋・横浜・鎌倉に支店を持ち、一般書籍・文庫本・雑誌・文具・CDを扱う大手書店である。本店では全品を扱うが、新宿店は一般書籍・文庫本・雑誌、池袋店は一般書籍・文庫本・雑誌・CD、横浜店は文庫本・雑誌・文具、鎌倉店は雑誌・CDと支店ごとに扱い品目が異なる。」

↓ マトリックスにすれば一目瞭然

加藤書店	本　店	新宿店	池袋店	横浜店	鎌倉店
一般書籍	○	○	○		
文庫本	○	○	○	○	
雑誌	○	○	○	○	○
文具	○			○	
CD	○		○		○

こんなイラストなら理解しやすい

よく検討しましょう　　　　　　申し訳ございません

ことばですべてを伝達することは、どんな名文家でもむずかしい。そこで、文字より絵で説明するほうがよい場合がある。「絵」は短時間でより多くを効果的に語ることができる。さらに、学習意欲を高める作用もある。もちろん文字も、正確に短時間で伝達できるような記述を心がけるのはいうまでもない。視覚の長所を利用することで、業務の正確かつ迅速な遂行に相乗効果を期待できるのである。

　ひとくちに「絵」といったが、表や図、イラスト（マンガ）、写真、フローチャートと実際には多くの種類がある。マニュアルは、見（読み）やすくするために、絵をとりいれる必要がある。数値などを見やすく並べたものが表である。現に「表」とは何か、われわれはイメージとして理解できるものの、ことばで正確に記述するのはむずかしい。

　図や表を利用すると、文字情報の伝達をいっそう効果的にする。だらだら続く文章も、図表に整理すると、たちどころに内容が理解できる。文章に、イラストやマンガを加えると、全体の表情が豊かになり、読み手を気楽にとりくませることなる。不思議なことであるが、2〜6人のマニュアル作成グループには、最低1人は上手にイラストを描ける人がいる。文字はうまくなくても、イラストやマンガならという人が必ず存在する。

　業務の関連を明確にしたものが、業務の流れ図つまり**フローチャート**である。どんな名文家でも、フローチャートほど的確に、業務の関連や実施手順を文章で表現することはむずかしい。事務業務を中心とするマニュアルにぜひ利用したい。**写真**も、コピー機の性能が向上した最近では、手軽にマニュアルにとりいれることができる。

　このような図表・イラストをはじめとするビジュアル化がマニュアルには求められる。そうでないと、マニュアルはかつての「要綱・要領」的な堅苦しいものになってしまう。「こうしなければならない」という強制力ばかりめだつ、おもしろみに欠ける手順書になる危険性がある。図表やイラストを使い、ビジュアル化をすすめることが、遊びの要素とかさなり、自発的に学習しようとする姿勢の原動力につながる。

簡易マニュアルですます法

●●●●●●●●●● まとまり仕事一覧表から作成する ●●●●●●●●●●

まとまり仕事一覧表（第2次）

| 中機能 | 5．店舗管理 | 小機能 | 54．店員管理 | 作成 | 930321 | 改訂 | 941225 |

単位業務	まとまり仕事	内容項目	実施区分				実施サイクル	実施対象	ポイント・コツ・レベル	参照規程類	取扱い帳票	パート区分	備考
			本／店	計画	実施作成	決定	統制						
541 月次行動予定表	01 ローテーション表を記入する	・休日 ・休日数	店		全		長	月	店	正・パ		ローテーション表		
			本		全		総部長	月	正・パ			ローテーション表		
	02 ローテーション表を調整する	・休日のダブリ	店	主・長	主・長	主・長	長	月	店			ローテーション表	×	本部送り
			本	店管マ	店管マ	総部長	営総本長	月	全社	応援用 応援の依頼は1週間前に		ローテーション表	×	
	03 パートを組込む	・パートの休日 ・勤務時間	店		主・長	長	長	月	店				×	本部送り
	04 ローテーション表を編成する		店	主	主・長	長	長	月	店	第1次編成は主任 最終編成は店長			×	
	05 早番・遅番・通し編成をする	・要員 ・残業時間	店	主	主・長	長	長	週	店	第1次編成は主任 最終編成は店長 残業時間は留意			×	
542 個人行動予定表	01 個人行動予定表を作成する	・1日の行動内容	店	主	主・長	長	長	日	店	ムダ・ムリの排除		個人行動予定表	×	
	02 食事時間を調整する	・スムーズな交替	店	主	主・長	長	長	日	店	繁雑時の調整に注意			×	

本／本部
長／店長、主／主任、店管マ／店舗管理マネジャー、総部長／総務部長、営本長／営業本部長
正／正社員、パ／パート

業務の体系化を実施したが、本格的なマニュアルを作成する余裕がない場合、まとまり仕事一覧表に、遂行（責任）者と具体的な実施事項やポイント・コツ、レベル、参照規程類、使用帳票などを追加するだけで、かなり質の良い「簡易マニュアル」をつくることができる。さらに詳細なものが必要ならば、必要に応じて本格的なマニュアル作成を順次すすめていけばよい。

　簡易マニュアルですまそうとする場合、まとまり仕事一覧表の完成度が問題となる。本格的なマニュアル作成では、まとまり仕事一覧表に不備があったとしても、マニュアル作成時に再度まとまり仕事を確認することができる。簡易マニュアルの場合は、**まとまり仕事が確実に整っていることが重要**である。まとまり仕事一覧表（0307項参照）の作成は、通常の業務調査の方法で実施する。そして、業務調査を実施したグループが主力となって、調査したまとまり仕事に、具体的な実施事項やポイント・コツを追加すればよいのである。

　まとまり仕事一覧表の完成度とは、第1に**業務の網羅性・整合性**である。まとまり仕事レベルでのモレがないわけではない。第2に**まとまり仕事の実施順序の統一化**である。担当者ごとに業務遂行順序は大きく異なることも考えられる。まとまり仕事の完成度が高い簡易マニュアルは、投入時間のわりに得られる効果が大きい。実施すべき業務の一覧化、遂行者の明確化、指示・命令系統の明確化、実施にあたっての勘どころなどは、あらゆるワーカーに役立つ。

　しかし、この簡易マニュアルには弱点もある。業務調査の所産であるまとまり仕事一覧表は、網羅性の反面、厚く、形状が大型になる弱点をもつ。実施事項やポイント・コツを加えれば、Ｂ4やＡ3サイズが中心とならざるをえず、現場で使いにくいのは事実である。とくに店舗内などでは、持ち運びという点でマイナスである。レジ台まわりに置くのも見苦しいので、バックヤードを中心に置かれることになる。

　しかし、簡易マニュアルは「業務調査プラスα」の産物であり、本質的には、事実上は「**ほぼマニュアル**」であり、効果は大きいといえる。

マニュアル台帳の作成と管理

●●●●●●●●● 原本は集中してコード管理する ●●●●●●●●●

マニュアルは台帳を作成してコード管理する

マニュアル台帳（例）

中機能	小機能	単位業務		マニュアル名称 No		作成部署	作成日	配布先	改訂
9 販売	94 販売活動	940	得意先訪問	M-94001	得意先訪問	営業1課	1992.3.12	営1 営2 営3 企画	
		941	見積	M-94101	A製品見積	営業2課	1993.4.1	営1 営2 営3 企画	
				M-94102	B製品見積	営業1課	1993.4.1	営1 営2 営3 企画	
		942	受注業務	M-94201	受注業務	営業企画	1991.10.3	営1 営2 営3 企画	
		943	契約	M-94301	契約	営業企画	1991.10.3	営1 営2 営3 企画	
		944	納期管理						
		945	クレーム処理	M-94501	クレーム処理	営業企画	1990.3.21	営1 営2 営3 企画	1994.11.30

未作成

M-94501
クレーム処理マニュアル

営業企画作成
作成　1990.3.21
改訂　1994.11.30

どの業務のマニュアルができているか、急いで作成しなければならないものはどれか、業務改善され更新するものはどれか、配布先の部署はどこかなどに対応するため、**マニュアルはその原本を1か所で登録して集中管理しなければならない**。そして、各部署から要請があれば、すぐとりだせるようにしておく必要がある。そのためには、個々のマニュアルにコードNo.をつけて管理するとよい。

　それでは、どういうコード体系にすればよいのか。まず、経営機能レベルで、その具体性があらわれはじめる中機能を出発点とする。中機能は10進分類して作成するので、0〜9までのコードを打つ。次に、小機能もそれぞれの中機能ごとに、10進分類するので中機能のコードの後に、それぞれの0〜9までのコードを打つ。そうすると、00から最大99までのコードがつく。単位業務も10進分類するので、同様に処理すると、000から最大999までのコードが打てる。10進分類のメリットは、機能や業務がタテ、ヨコのマトリックスに示すことができ整理しやすく見やすい。分類体系が統一されてわかりやすい。数字だけの、しかも桁数のコードが組めるなどである。

　通常、マニュアルを作成する業務のレベルは、個々の単位業務ごとである。1つの単位業務において、1つのマニュアルならば単位業務のコードNo.をマニュアルNo.としてそのまま使用できる。しかし、単位業務を部署別とか顧客別、製品別などに層別してマニュアルを作成する必要がある場合や、10進分類の制約から単位業務を大きく設定した場合などには、さらにマニュアルごとに2桁のコードをつけ分割する。したがって、マニュアルには、それぞれ5桁のコードNo.がつくことになる。なお、このマニュアルNo.は、業務体系図の中のまとまり仕事No.と混乱しないように、マニュアルNo.であることを示し、「M-53201」のようにする。

　マニュアルの管理は、会社の中で文書管理を行なっている部署（通常は総務部とか管理部）が、すべてのマニュアルの作成（作成依頼）や関連部署への配布、改廃などを統括して行なわなければならない。

5 チェックリストの作成と活用

● 「マニュアルどおり」に業務をすすめるツール ●

> チェックリストは、マニュアルの補佐役である。マニュアルどおり、期待するように業務が遂行されているかを確認するためにチェックリストが存在する。ところが、実際に使われているチェックリストの大半は目的が忘れられ、形式的なものになっている。つまり、使いにくいチェックリストでしかない。どの項目をどのように確認するか、という基本をしっかり把握しておきたい。「チェック」ということばもよく理解しておこう。

05 01

仕事を確認するためのチェックリスト

●●●●●●● チェックリストはマニュアルの補佐役 ●●●●●●●

チェックリストで正確に効率的な仕事を達成しよう

| チェック | 仕事、あるいは能率などを標準、基準に照らして確認すること |

＋

| リスト | 一覧表、目録、名簿 |

↓

| チェックリスト | 仕事や仕事の結果、または品物を基準と照合して点検して、その結果を簡単なマークで記入することによって、仕事や品物を確認したりデータをとるための図表のこと |

「慣れた仕事もきちっと確認！」

☆チェックリストはマニュアルの補佐役！

こんな話がある。冬には、どの家庭でも電気コタツを使うが、家を出た主婦に、コタツのスイッチを切ってきましたかとたずねると、大部分の人は自信がなく、家に戻って確認をするそうだ。家の鍵をかけてきましたか、という質問に関しても同様である。たいていは、ちゃんとやっているのだが、いちいち確認をしていないためにこのようなことになる。実際、何度かはうっかり忘れてしまうこともある。

また、国際化がすすみ、いろんな国のいろんな宗教の人が研修で各企業に滞在する機会がふえてきた。仕事中は受け入れ側もいろいろ気をつかい準備するが、食事のことまで気がまわらない。一律に同じものを出すと、豚肉がダメとか鳥肉しかダメとかでほとんど口にするものがない人もでる。

私たちは毎日いろいろな仕事や活動を行なっているが、それが正しくできているかどうかわからなくなるときがある。そして、業務が不効率になったり、ミスを発生させたりする。このようなときに、**手際よく正確な仕事のポイントを教えてくれるのが、チェックリスト**である。

チェック（check）とは、くい止める、さえぎる、阻止するなどの意味をもち、「仕事、あるいは能率などを標準、基準に照らして確認すること」とも定義できる。リスト（list）とは、一覧表、目録、名簿などを意味する。**チェックリストとは、「仕事や仕事の結果、または品物を基準と照合して点検して、その結果を簡単なマークで記入することによって、仕事や品物を確認したりデータをとるための図表のこと」**と定義できる。

チェックリストは、仕事をするときにあらかじめとり決めた基準と照合し、正確で効率的な仕事をめざすということから、マニュアルの一部である。しかし、マニュアルが、それを活用すれば誰にでもその業務ができることをねらいとして作成されるのに対し、チェックリストは、マニュアル化されている業務が、そのとおりに確実にできているかどうかを確認するためのものである。マニュアルで業務のやり方をおぼえ、チェックリストで業務のポイントを確認しながら仕事をすすめる。

使えるチェックリストのつくり方

適正化をきちんと踏まえて作成する

良いチェックリストとは？

現状

トイレチェックリスト　　　　　　　　　　　　　　　月　　日（　）

チェック項目	1 トイレペーパーの補充(少ないものは従業員用に)	2 ペーパータオルの補充	3 水石ケンの補充	4 ゴミ箱中身チェックと清掃	5 汚物入れチェック	6 洗面台の清掃	7 カガミの清掃	8 壁面の清掃	9 便器まわりの清掃	10 床の清掃
時刻	9時	11時	13時	15時	17時	19時	21時	23時	1時	5時
チェック者サイン	ヤマダ	加ト								

↓

改善後

いつもキレイ　55点検チェックリスト　　　　　　　　月　　日

点検項目			時間	9:30	11:30	12:30	13:30	14:30	16:30	17:30	18:30	19:30	21:30	23:30	1:30
	トイレ近辺	1	便器まわりの清掃												
		2	ペーパーの補充												
		3	壁面の清掃	✓	✓	✓									
		4	床の清掃												
		5	汚物入れの確認と清掃												
	洗面台周辺	6	カガミの清掃												
		7	洗面台の清掃												
		8	水石ケンの補充	✓	✓	✓									
		9	ペーパータオルの補充												
		10	ゴミ箱中身確認と清掃												
補充基準 2は予備ロール・8・9は満タン			サイン	水谷	ヤマダ	イワマ									

＊5か所処理ごとに「レ」を記入する

個々の業務が期待する水準で行なわれるように、というマニュアルづくりの目的を忘れてはならない。同時に、期待する水準で、ほんとうに実施されているか業務担当者、上長とも確認することを怠ってはならない。このためにチェックリストが存在する。ところが、使えないチェックリストが多いので、事例をあげて考えてみたい。

　図の事例は、あるファミリーレストランの壁に掲示されているトイレ・チェックリストである。現状は、簡単なチェック項目と時間とサイン欄があるだけである。作業実施ズミを記録して、各項目ごとに作業モレをふせぐのが目的と思われる。これで目的を達しているだろうか？ 残念ながら、このリストでは、確実な補充と清掃は困難である。補充・清掃すべき10か所のどこかが、忘れられる可能性がある。

　まず、業務が番号順にできない。チェック項目に書かれた番号順に補充し清掃することは不可能である。1と5は便器付近で扉の奥にあり、2と3は洗面台付近で扉の手前にある。この順序では、移動距離が長くなり、扉をはさんで行き来しなければならない。現状は補充と清掃という作業のちがいにこだわりすぎ、実際に店の中で行なわれている手順が考えられていない。本部の間接要員による机上の作成としか思われない。

　ついで、実施時刻は、はたして2時間ごとでよいのか。整然としているものの、これは利用時間のかたよりを配慮しているとは思われない。すでに忙しい時間がはじまっていても、12時前と18時前に実施して、さらに13時、19時と実施すべきであろう。確かに繁忙時にトイレ点検の時間はとりにくい。しかし、顧客満足のために重点実施すべきであろう。繁忙時には、1時間1回を原則に実施したい。

　トイレの清掃と補充に関するあるべき論が不十分なのである。つまり、適正化のレベルが今一歩なのである。たとえば、実施した各項目には個々に「レ」印をいれたい、だが時間はかかる。二律背反とはいえ、業務の目的からすると必要不可欠な部分である。清掃とは、「ピカピカになるまで」という要求レベルまでを含め、適正化を図りたい。10か所モレなく短時間でという視点で筆者が作成したものを添えておく。

チェックリストはマトリックスで

●●●●●●●●● モレのないリストづくりのコツ ●●●●●●●●●

マトリックス図法を活用するとこんなに簡単

何に対して → 対象
何を確認するのか → 確認事項

整理・整頓・清掃のチェックリストをつくってみると

	棚	ロッカー キャビネット	書類	事務用品	事務機器
整理	○— ○— ○—	○— ○— ○—	○— ○— ○—	○— ○— ○—	○— ○— ○—
整頓	○— ○— ○—	○— ○— ○—	○— ○— ○—	○— ○— ○—	○— ○— ○—
清掃	○— ○— ○—	○— ○— ○—	○— ○— ○—	○— ○— ○—	○— ○— ○—

使わない棚が置かれていないか？

個人持ちと共用持ちの区分はできているか？

コンピュータの配線は切れかかっていないか？

チェックリストには、必ず **「何に対して」「どういうことを確認したいか」** というように、**対象物**と**確認事項**の２つの要件がある。たとえば、書類の回覧が関係者にきちんとなされるように回覧チェック欄を設け、書類を見たらサインや印を押すことが行なわれている。ここで、対象物とは関係者のことで、確認事項とはその書類を見たかどうかということである。このような２つの要件に対し、モレがないようにチェックリストを作成するには、マトリックス図法を用いると便利である。

マトリックス図法とは、タテとヨコに要件ごとのそれぞれの項目をとり、各項目が交じり合った欄の中をチェック項目で埋めていくやり方である。職場の整理・整頓・清掃のチェックリストの作成を例にとってみよう。ここで、対象物とは職場の中の、棚・ロッカー・キャビネット・書類・事務用品・事務機器などであり、確認事項とは整理・整頓・清掃ができているかということである。マトリックス図にあらわしてみると、いくつかの空欄ができるので、この中身を検討していく。

検討には、ブレーンストーミング法を用いるとよい。カードを用意して、１つのマトリックス欄に対して考えられることをすべてピックアップする。もうこれ以上でないというところまできたら、でてきた項目を検討し絞り込む。「棚」と「整理」では、使わない棚が置かれていないか、「事務用品」と「整頓」では、個人持ちと共用持ちの区分はできているか、「事務機器」と「清掃」では、コンピュータの配線は切れかかっていないか、などとなる。

チェック項目は、モレがないように作成しなければならないが、多すぎても、チェックに時間がかかり実用的でない。整頓のチェック項目で、個人持ちと共用持ちの区分はできているか、という項目があがっていれば、個人持ちの置き場が決められているかとか、共用事務用品の置き場は明確かなどの項目は省略する。ただし、清掃のチェック項目で、コンピュータの配線は切れかかっていないかとするのを、コンピュータ類としてプリンター、コピー、ファックスなども含めることを暗示するような表現はしてはならない。

チェックリストにおける評価法

•••••••••• 3種類の評価法を使い分ける ••••••••••

チェックリストは目的に合わせた評価をする

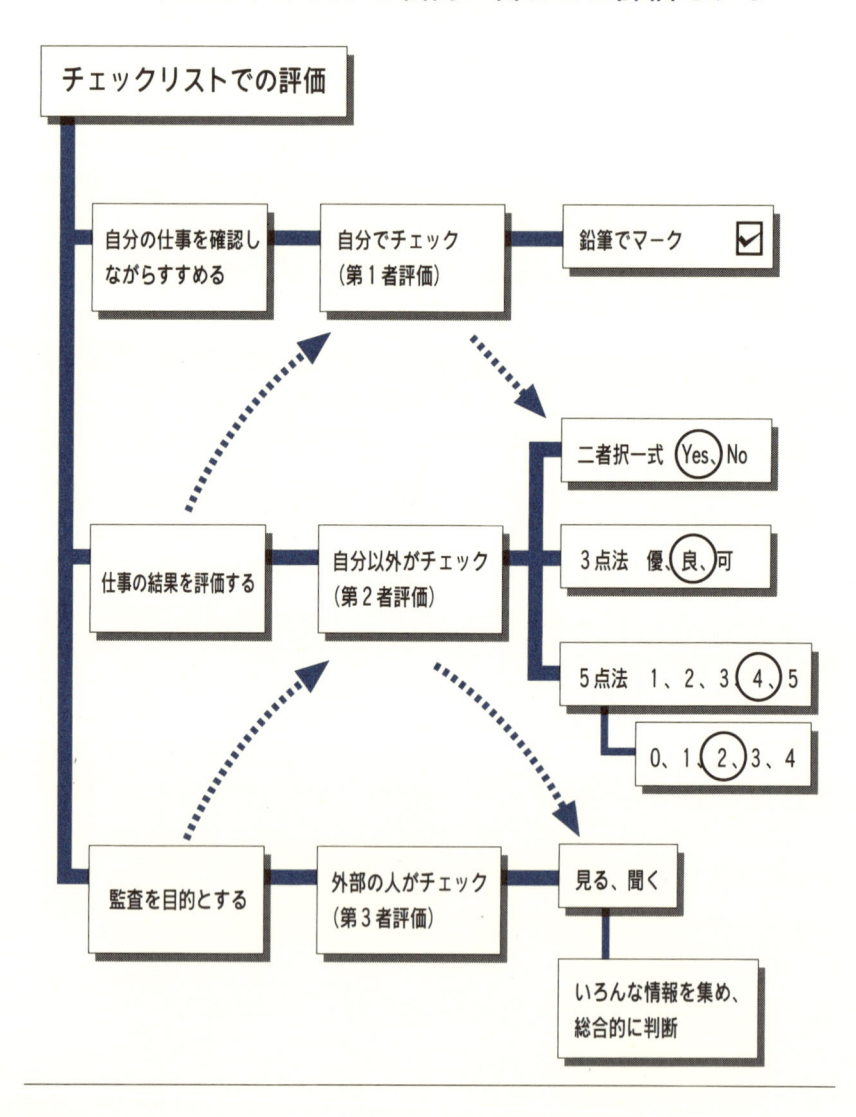

```
チェックリストでの評価
├─ 自分の仕事を確認しながらすすめる ─ 自分でチェック（第1者評価） ─ 鉛筆でマーク ☑
├─ 仕事の結果を評価する ─ 自分以外がチェック（第2者評価）
│     ├─ 二者択一式 Yes、No
│     ├─ 3点法 優、良、可
│     ├─ 5点法 1、2、3、④、5
│     └─ 0、1、②、3、4
└─ 監査を目的とする ─ 外部の人がチェック（第3者評価）
      ├─ 見る、聞く
      └─ いろんな情報を集め、総合的に判断
```

チェックリストは、内容や目的によって評価のしかたを変える必要がある。また、評価者も、自分で行なう（第1者評価）、社内の自分以外の人が行なう（第2者評価）、外部の人が行なう（第3者評価）と3通りがある。

　仕事の手順やポイントを確実に行なうためとか、準備しなければならないものの確認をするためなどの、**たんに忘れをふせぐためにのみ用いるのであれば、鉛筆でチェック欄に印をつけるだけで十分**である。よく、この場合に印をつけずに、目で確認するだけですませていることがあるが、チェック印を記入をする作業を省略してはならない。また、チェックは1つひとつ作業を行ないながら実施し、すべての項目にチェックが入ることでその仕事が完了したとみなす。通常、第1者評価の形をとる。

　次に、その仕事の結果がどの程度であるかという、仕事の結果を後で評価する場合の評価方法について述べる。まず、**二者択一式で評価する方法**がある。YESかNOかという評価である。質問方法も「……はありませんか」とか「……できていますか」となる。もちろん、すべてYESとなるように改善していくわけであるが、現在どの程度できているのかという評価のレベルづけができない。そこで、評価を優・良・可の **3点法** にするとか、1点〜5点の **5点法** にする方法を用いる。さらに、同じ5点法でも1点〜5点だと3点に点数が集まる傾向になるので0点〜4点とする工夫もある。ただし、評価をレベルづけする場合には、評価基準がはっきりしていないと、評価するたびに基準がちがったり、評価者により差異がみられたりする。この場合は、通常、第2者評価の形をとる。

　いろんな情報を得るために、チェックリストを活用する場合もある。単なる個々の項目ごとの評価ではなくて、**いろんな情報を集めて総合的に評価する**。質問方法も、「この職場では、作業者への教育はどのよう行なっているのですか」などとなる。しかし、この場合には、評価者も被評価者も、ともにある程度の能力が必要である。通常、品質監査とか経営診断などの、第3者評価の形をとる。

チェックリストの目的は仕事の管理

●●●●●●●● PDCAでレベルアップを図る ●●●●●●●●

PDCAサイクルで改善する

チェックリストの基準を目標に
▶ **Plan→Do→Check→Action** を回し
改善を繰り返そう！

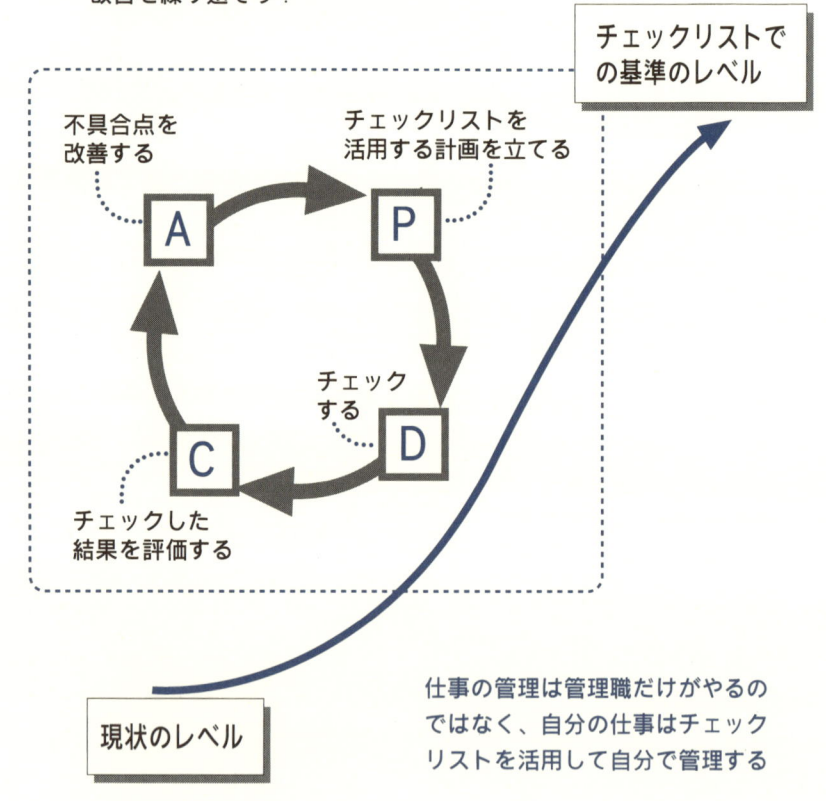

- チェックリストでの基準のレベル
- 不具合点を改善する — A
- チェックリストを活用する計画を立てる — P
- チェックする — D
- チェックした結果を評価する — C
- 現状のレベル

仕事の管理は管理職だけがやるのではなく、自分の仕事はチェックリストを活用して自分で管理する

職場に入ると、ビニールケースに入れられ、チェック欄のみカッティングされたチェックリストが、きれいに掲示されている。チェック欄を見ると、前日までの箇所にすべて◯印がされていた。しかし、どうもおかしい。このチェックリストは、仕事の段取りがかわるときにチェックするものだが、さっき段取りがえが行なわれていたのに、何も確認していなかったし、チェックもしていなかった。職場のリーダーに聞いてみるとあまり異常がでないので、1日分まとめて記入しているとのことであった。また、チェックリストは、品質管理のスタッフが全職場のものをつくり、活用の指示をしていったという。

チェックリストは、チェックや記入することが目的ではない。チェックをすることで、仕事の確認をしたり、仕事を改善したりするための道具として使うわけである。いかに、立派なチェックリストをつくったとしても、使う目的が達成されなければ何にもならないし、逆に業務の効率化を妨げるものとなる。

チェックリストを作成し、仕事の確認や仕事の結果の評価において、**チェックリストを活用する計画**を立てる。実際に、チェックリストを使ってみる。チェックした結果を評価する。不具合点を改善する。すなわち、P（計画）-D（実施）-C（評価）-A（処置）の管理サイクルを回し、仕事の管理を行なってはじめて、チェックリストが本物となる。

仕事の管理というと、自分は管理職ではないので関係ないという人がいるが、管理とはPDCAを回して仕事のレベルアップを図ることであるから、少なくとも自分の担当している仕事においては、管理ができなければならない。そのときの、基準となるのがチェックリストであり、基準との不具合が生じたらただちに改善し、つねに基準との比較においてものごとを考えるようにしなければならない。

チェックリストの作成で、個々の業務の担当者は仕事の基準が明らかになり、自分の業務は自分で管理するための「ものさし」ができ、職場の活性化のための必要条件が満たされる。チェックするのは、本来自分自身であるべきで、そうすることで業務のレベルアップにつながる。

良いチェックリストの条件

●●●●●●● チェックリストのチェックポイント ●●●●●●●

チェックリストのチェックポイント

	チェック項目	Yes	No
PLAN	①文字は読みやすいか		
	②チェックリストのサイズは適切か		
	③チェックしやすいか（ケース出しはないか）		
	④ペンは備えつけてあるか		
	⑤置き場は決まっているか		
DO ↓ CHECK ↓ ACTION	⑥不要なチェックリストまでつくっていないか		
	⑦やたら項目が多くないか		
	⑧チェックしていなかったら注意されるか		
	⑨不具合点を発見したら、すぐ対処しているか		
	⑩前月のチェックリストがそのままになっていないか		
	⑪チェック担当者が欠勤の場合でもきちんとつけられているか		
	⑫作業者の手書きメモは、見つけたらチェックリスト化しているか		

まず、チェックリストを使ってもらわなければ、何にもならない。しかし、このことに気づいている会社が、いかに少ないことか。作業中に、チェックリストが必要になったが、どこに置いてあるかわからないとか、文字が小さくて、しかも汚れているので見づらいとか、記入しようと思ってもケースからいちいちとりださないとチェックできないとか、やっととりだせたが、ペンがついていないとか、活用を呼びかける以前の問題である。このようなことがあると、めんどうになって長続きせず、作業者のKKD（勘・経験・度胸）だけがたよりで、仕事の品質も運まかせということになる。ほんとうに必要性があって作成したものなら、このようなことだけは、なくさなければならない。実際、こういったささいなことに気配りができず、失敗している会社がかなりある。

　次に、管理面での問題点について述べる。**汚れているチェックリストはダメ**。チェックリストなど重要でないのでどうでもいいよ、と言っているのと同じである。**前月のままのものもこれと同罪**である。また、**やたらチェックリストの枚数が多かったり、チェック項目が多すぎるのは、作成者が現場を知らない場合が多く**、そのため内容もありがたくないものが多い。それとは逆に、現場に手書きしたメモが、テープで貼りつけられているのを目にすることがある。これは、作業者が、自分でつくったチェックリストであり、こういうものこそチェックリストから落としてはならない。

　最後に、管理職の行動がチェックリストをダメにしてしまっていることがある。必要なチェック欄に、チェック忘れがあっても何も言わない。チェック欄に、×がつけられていて問題が明らかであっても、何の手も打たない。これでは、まるで管理職がチェックリストなど活用するな、と言っているようなものである。管理職自身が、チェックリストの必要性を認識し、行動しなければ、絶対に成功しない。

　こういう管理職は、チェックリストのみでなく、自分の部下や、さらにその会社までもダメにしている。チェックリストは、企業内コミュニケーションの手段でもありうるのである。

社内研修チェックリストの事例

●●●●●●●効果的でスムーズな運営のために●●●●●●●

研修は、事前準備と雰囲気づくりで効果は大きくちがってくる

社内教育研修チェックリスト		No	
研修名		担当講師	
日時	場所	講師連絡先	
講師	□講師依頼	□テキスト請求	□依頼再確認
	□謝礼・支払条件　確認	□準備用品　確認	□礼状
	□日時・場所　確認	□その他要望　確認	□
	□カリキュラム請求	□食事準備	□
受講者	□候補者リストアップ	□日時・場所連絡	□グループ分け
	□出欠確認（各部署）	□準備用品確認	□世話役任命
	□受講者名簿作成	□食事準備	□部屋割り（宿泊）
研修室	□研修室手配	□黒板	□指示棒
	□机・いす配置指示	□OHP	□VTR
	□マイク準備	□スクリーン	□
用具・資料	□受講者名札	□模造紙	□OHPフィルム
	□受講者名簿（講師用）	□マジック	□OHPペン
	□受講者名簿（出欠用）	□新聞紙	□水さし
	□テキスト（人数分）	□マグネット	□お茶
	□資料（人数分）	□テープ	□アンケート用紙
備考		・すべてにチェックがつけば完璧 ・きっとよい成果が得られるでしょう	

人事部新任のMさんは、社内での教育研修を担当することになった。前任者との引継ぎの際には、講師の依頼先や階層別の教育計画などについて教わった。しかし、いざ実施しようとなると何か忘れているものはないかなど、気がかりになってくる。実際、社内研修の場合、講師を手配し、受講者に連絡をとり、場所とテキストさえ準備しておけば何とかなるものだ。しかし、せっかく多くの時間を費やして行なうのだから、十分な準備をして最高の成果をあげたいものである。

　まず、講師の依頼を終えたら、再度、日時・場所・交通手段などを文書（FAX）にして送るとともに、研修カリキュラムと使用テキスト、その他特別に準備するもののリストを請求する。そして、研修の2～3日前には、依頼再確認の電話を入れる。研修終了後、礼状を出せば完璧である。

　受講者をリストアップしたら、その部署の上長経由で研修受講の連絡をする。筆記用具などの準備用品の連絡も同時に行なう。また、グループ作業を行なう場合は、事前にグループ分けをしておく。そして、受講者の中から世話役を決めておき、研修のはじめと終わりのあいさつの号令をかける。号令があるかないかでは、研修の雰囲気が全然ちがってくる。宿泊研修の場合は、部屋割りもしておく。

　研修室の手配は、人数を確認して適度な広さを確保し、多人数の場合は、マイクを準備する。

　準備用具、準備資料としては、受講者名簿・受講者名札を忘れないようにし、講師が受講者とコミュニケーションができるようにしておく。新聞紙は、模造紙に書いたマジックが机に写らないように、水さしは、講師ののどの渇きをいやし、明瞭な声を維持するために準備する。最後に、アンケート用紙で今回の研修に対する受講者の意見や要望を聞き、今後の改善事項とする。

　このようなチェックリストを作成しておけば、**新人でもきめ細かい対応ができ、正確で、効率的な仕事が可能となる**。また、このような標準があってはじめて改善（更新）がなりたつ。

5Sチェックリストの事例

●●●●●●●●● 5S＝整理＋整頓＋清掃＋清潔＋躾 ●●●●●●●●●

5S推進のためのチェックリスト

5Sチェックリスト（工場用）

年 月 日		職場		採点				
5S	No.	評価項目	チェックポイント	評 点				
				0	1	2	3	4
	1	使わないものが置かれていないか	機械・作業台の上に不要なものを置いていないか					

5Sチェックリスト（オフィス用）

年 月 日		職場		採点者		採点			
5S	No.	評価項目	チェックポイント	評 点					
				0	1	2	3	4	
整理	1	使わないものが置かれていないか	不要な書類・カタログ・図面・事務用品						
	2	通路は明確になっているか	通路にものが置いていないか						
	3	指定外のものは理由がはっきりしているか	指定外のものの担当者がはっきりわかるように表示してあるか						
	4	壁・柱などに余計なものはついていないか	不要なものがかけていないか / 不要なものがついていないか						
	5	掲示物が整理されているか	汚れ、はがれ、破れ、高さの不揃い / 直線・直角に掲示してあるか						
整頓	6	事務用品、書類などの置き場は明確か							
	7	置き場は守られているか	ちがった置き場所に置かれていないか						
	8	使ったままになっていないか	使用済みのものが放置されていないか						
	9	必要な書類が整理されているか	必要な時にすぐだせるか						
	10	棚・机の中は、乱雑になっていないか	目で見て整然としているか						
清掃	11	事務機器に、ゴミ・ホコリはないか	裏側はきれいになっているか						
	12	窓ガラスはきれいか	枠・ガラス・レールのホコリ・汚れ						
	13	床は清掃されているか	机の下、棚の下はきれいか						
	14	清掃分担区域は明確になっているか							
	15	ゴミ箱はいっぱいになっていないか	ゴミがあふれていないか						
清潔	16	排気・換気は十分か	タバコの煙がこもっていないか						
	17	事務作業域の汚れはないか	机の下にものが置いていないか						
	18	身だしなみは、よいか	不衛生になっていないか						
	19	区画線の切れ、汚れはないか							
	20	ゴミ箱等はきれいか	不衛生になっていないか						
躾	21	決められた服装をしているか	毎日の評価の判断						
	22	会議や休憩の時間は厳守されているか	毎日の評価の判断						
	23	電話の応対はよいか、手短にかけているか	毎日の評価の判断						
	24	帰る前に職場を整頓・清掃しているか	毎日の評価の判断						
	25	社外秘の書類が乱雑になっていないか	見積書・原価計算書・伝票類						

５Ｓチェックリストは、５Ｓ活動をすすめるうえで強力なツールとなる。チェックリストを読むだけでも、自分たちの職場がどういう姿をめざしているのかということが理解できる。また、自分でチェックすることにより、何度も何度もそれが頭の中にインプットされ、日常の業務の中で自然と行動にあらわれるようになる。これが、５Ｓ活動成功の秘訣である。５Ｓチェックリストは、業種や規模により異なるし、同じ会社でも職場によりちがってくる。通常、**全職場共通のもの**と、**個々の職場ごとのもの**の２種類を作成し、活用する。全職場共通のものは、５Ｓ委員会などのプロジェクトチームが作成し、個々の職場ごとのものは、その職場にまかせる。これも、５Ｓ教育の１つである。

　それでは、誰がチェックするのか。まず、社長が行なう。１か月に、１日～２日間スケジュールをとってもらい各職場を巡回し、職場リーダー立会いのもとでチェックを行なう。これで、大成功をおさめた会社が何社もある。これまで、直接社長が現場に出ることがなかったり、社員と話をする機会がなくコミュニケーション不足であったりしたが、５Ｓチェックを契機に生の情報収集活動ができるようになる。

　次に、自分たちでチェックをする。職場のメンバー全員がまず個々に点数をつけ、後でメンバーで話し合い１つにまとめる。この話し合いの中で、いろんな問題点が確認でき、改善に結びつく。

　相互チェックという方法もある。これは、自分の職場以外の職場を、お互いにチェックし合うやり方である。入社以来十数年間、ずっと同じ職場のままなので、他職場のことはほとんど知らないという例はよくある。そこで、５Ｓチェックをとおして他職場へもどんどん出かけ、お互いに指摘し合う。また、他職場の良い点は、どしどし真似をして改善を図っていく。こうすることで、各職場の５Ｓレベルが平均化され、全社的レベルも向上する。

　５Ｓチェックリストは、５Ｓ活動をすすめるツールというだけでなく、トップと社員、同じ職場内のメンバーどうしおよび職場間での、コミュニケーションの円滑化にも大いに役立つ。

5Sチェックリストにおける評価のしかた

●●●●●●●●●レベルと推進状況をチェックする●●●●●●●●

チェックリストは改善の道具であり、推進委員の評価でもある

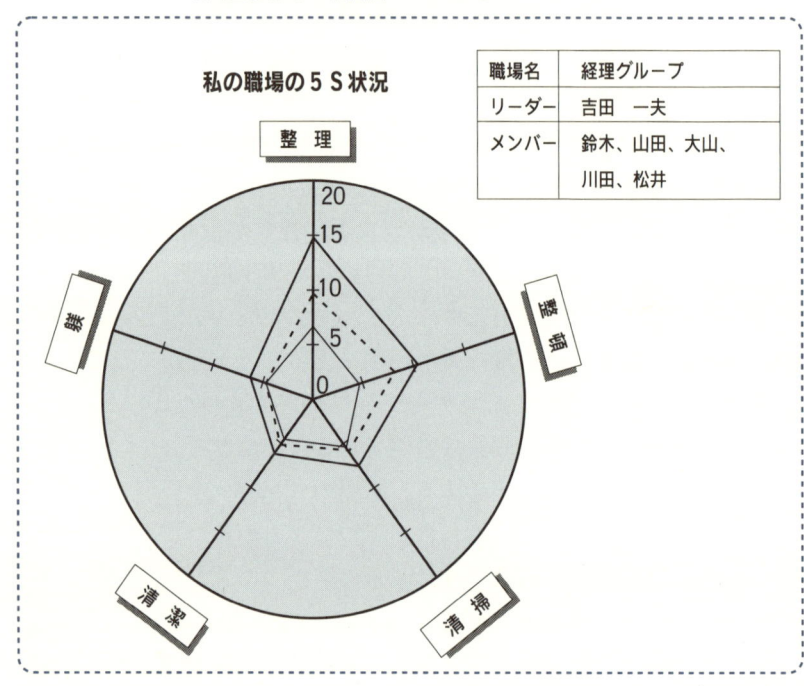

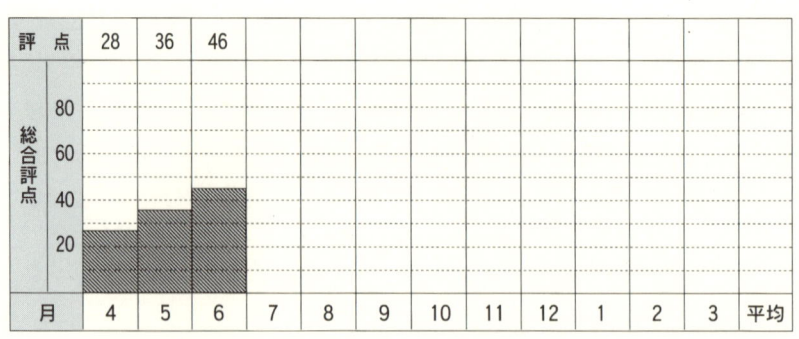

私の職場の5S状況

職場名	経理グループ
リーダー	吉田 一夫
メンバー	鈴木、山田、大山、川田、松井

整理 / 整頓 / 清掃 / 清潔 / 躾

評点	28	36	46									
月	4	5	6	7	8	9	10	11	12	1	2	3	平均

総合評点

チェックリストでチェックはするが、そのまま机の引出しの中にしまい込んでおく。たまにチェックを忘れる（本当は知っているが面倒くさい）ことがある。評価がいつも変わらず、目をつぶっていても点数をつけることができる。このような状況では、職場の５Ｓレベルが改善されるはずがない。**チェックリストの目的は、悪い箇所を発見して、改善すること**である。

　まず、チェックしたら点数はグラフ化し、よく見えるところに掲示し、改善のすすみ具合を、みんなに確認してもらう。みんなで活動しているのだから、必要な情報は公開しなければならない。また、点数のみでなく、具体的にどこが悪いかということも指摘する。

　５Ｓチェックリストの評価方法は通常５点法である。０点はまったくダメ、１点はまだまだ不十分、２点は一応手が打ってある……という具合に、評価者の満足度でつける。しかし、この方法だと評価が曖昧になるばかりでなく、ある程度まで活動がすすむと、いつも同じ点数がつけられ評価者がマンネリになってしまう。

　そこで、減点法に切り換える。あるチェック項目に対して、１か所でも欠点があれば100点から１点引くというやり方だ。５Ｓ活動の初期のときは、このやり方だと、点数がマイナスになることもあるので、あるレベルまできた会社に適用するとよい。

　５Ｓチェックリストは、職場の５Ｓレベルをチェックするだけでなく、５Ｓ活動の推進状況のチェックも兼ねる。たとえば、各職場の評価を月ごとに見ていくと、評価が落ちてきている職場や、一定のところからは向上が見られない職場がある。また、チェックをしていないところもでてきており、全体的にも沈滞ムードが見受けられる。このような状況の場合は、５Ｓ活動の推進者がマンネリになってきていることが多い。推進方法の結果がチェックリストにあらわれていると判断し、すぐに手を打つ。

　よくチェックリストの評価結果を見て、少しもレベルが向上していないことに対し、管理職が担当者を叱ることがあるが、これは管理職自身の管理能力がチェックリストにあらわれていることに気づくべきである。

05 10

ISO9001審査チェックリスト

• • • • • • • チェックリストづくりの参考にしよう • • • • • • •

ISO9001審査チェックリストに学ぶ、チェックリストのつくり方

まず、マトリックス図法でチェック項目をピックアップ

	部門				
規格の要求事項	営業	設計	購買	生産	配送
7.2 顧客関連のプロセス					
7.3 設計・開発					
7.4 購買					
7.5 製造及びサービス提供					

ここから
チェックリストに展開

ISO9001審査チェックリストのフォーマット例

部門	何を見るか (Look at)	何を探すか (Look for)	サンプル数	時間(分)	会いたい担当者	結果およびコメント
設計	図面	変更手順が規格に適合しているか	5	15	設計課長	2枚承認のサインなし

> プロのやり方を参考にし、社内の内部監査に活用しよう

ISO（国際標準化機構）規格のISO9001は、品質システムの国際規格である。

　製造業や建設業では国内外を問わず顧客との取引きの際には、この認証を取得しておかないとビジネスがなりたっていかなくなってきている。この認証は、各国の認定機関より認定された認証機関が行なっているが、認証にあたっては資格を持った審査員によるきびしい審査が行なわれる。その際、審査員はあらかじめ作成したチェックリストにしたがって、審査を行なう。

　チェックリストは、ISO9001規格の、要求事項に受審企業の品質システムが適合しているかどうかをチェックする目的でつくられる。要求事項と会社の各部門をマトリックスにして作成するが、通常審査は4～5日で行なわれるため、時間配分も考慮して、その部門が担っている主たる機能は何かということでチェック項目を絞り込む。たとえば、営業部なら、顧客の要求事項の確認がキーポイントとなり、そこを重点的にチェックする。

　作成は、受審企業ごとに行なわれる。企業規模や業種によりチェック項目が異なるためである。もし、あらかじめ印刷しておくと、その企業にあてはまらない項目まで質問し、×をつける可能性があるからだ。そして、バランス良く項目をサンプリングする。いくら自分がその分野が得意だとしても、かたよった作成はしない。

　チェックリストの標準的なフォーマットは、どの部門において、具体的に何を見るか、そしてそこで何を探すのか、サンプルはいくつ取るか、時間はどれくらい費やすか、話をしたい担当者は誰か、結果はどうだったか、その他のコメント、の順につくられている。たとえば、設計部の課長と会って、図面を5部見せてもらい、そこから図面の変更がルールどおりやられているかどうかを調査する。結果は、5枚のうち2枚だけ承認のサインがないものが発見されたとなる。

　なお、コメント欄には、悪い点ばかりでなく、良い点も記入し、総合的な判断のもとで審査報告がなされる。

ISO9001審査チェックリストの利点

モレなく短時間ですませる工夫

審査チェックリストの利点

1．審査の目的から外れることなく審査が継続できる

2．審査ペースを守るためのタイムキーパーとなる

3．チェックのぬけや質問切れをふせぐ

4．すべてをバランスよくサンプリングできる

5．計画的に行なうので受審企業にとっても効率的である

6．中断しても、次のチェック項目からすぐとりかかれる

7．次回の審査のとき有益な情報となる

8．審査員が事前に準備、計画しきちんと審査を行なったという証拠となる

★ チェックリスト は審査員がわき道にそれないための"道しるべ"となる

審査チェックリストの利点は、まず、審査の目的から外れることなく審査を実施できるということである。審査員も自分の興味のある業務や専門技術の所になると、つい審査の目的から外れることがあるかもしれない。審査に直接関係のないことをあれこれインタビューすることは、時間的なことのみでなく相手に不信感を与え、トラブルのもととなる。審査チェックリストは、審査員がわき道に外れないように、道しるべとなる。

　実施段階では、限られた時間の中での審査なので、審査のペースを管理するタイムキーパーとなる。１つのチェック項目にこだわり、深みにはまり、他の事項については時間切れで審査できないというようなことをふせぐ。また、あらかじめ準備するので、チェックのぬけや質問切れをふせぐことができ、すべてをまんべんなくサンプリングできる。そして、審査は各部門に出向いて行なうが、部門別にチェック項目をとりあげてあるので、あっちの部門へ行ったりこっちの部門へ行ったりすることがなくなり、受審企業にとっても効率的に審査をすすめることができる。それに、途中で何かあり中断することがあっても、また次の項目からとりかかることができるので便利である。

　審査終了後では、もちろん審査報告書の作成のための元資料となるが、使ったチェックリストを、そのままとっておくと貴重な資料として活用できる。**チェックリストの質問は、はい、いいえ式の形式ではなく、「……はどのような方法で行なわれていますか」というように相手からいろんなことを引き出そうとする形式**なので、チェックリストをメモとして活用すると、後で何をしたか、何を言ったかなどがわかり、審査実施状況のすべての情報をそのまま残すことができる。フォローアップ審査として６か月後に審査に出向いたとき、このチェックリストを見ればすすめやすいし、別の審査員が審査を行なうとしても、事前にカルテがあるので、要点をついた審査ができる。

　審査員にとっては、事前にその企業に合ったチェックリストを準備し、計画し、審査をきちんと行なったということの証拠となる。

事務業務マニュアルのつくり方

●多種多様な業務をどう体系化するか●

> 事務業務マニュアルは、マニュアルの中で最も効果的なものの1つである。業務が多種におよび、しかも、(接客)サービス業務などにくらべると、ずいぶん、定型的なためである。フローチャートなどの手順書、使用する帳票集と用語の解説集などが含まれる。しかし、そんな事務業務でも、標準づくりには苦労がともなう。0から9までの数字の書き方ひとつにしても、差があるのではないか？

事務マニュアルづくりの背景と方向性

・・・・・・・・・ 事務業務の特色をつかむ ・・・・・・・・・

全社まとまり仕事一覧表

中機能	小機能		単位業務		まとまり仕事				仕事・頻度					情報コード	アウトプット
	コード	名称	コード	名称	コード	名称	担当部署	難易度コード	日	週	月	年	随時		
7	75	出納・会計	752	現金入金処理	01	代金を受取る (含領収書発行)	共通	1	〇						
				(含 振込)	02	受取代金を入金する (含入金伝票発行)	〃	1	〇						入金伝票
					03	入金伝票をチェックする	〃	1	〇						
					04	入金受付を通知する	会計	1	〇						
					05	入金予定表を照合する	〃	2					〇		
					06	売掛金、現金の入金処理をする	〃	2	〇						
					07	入金月報を作成する	〃	1			〇			2	入金月報
					08	レジスターの精算管理をする	営業所	2	〇						

> 毎日行なうものから年1回のものまで

中機能	小機能		単位業務		まとまり仕事				仕事・頻度					情報コード	アウトプット
	コード	名称	コード	名称	コード	名称	担当部署	難易度コード	日	週	月	年	随時		
8	80	要員管理	806	異動	01	ニーズの把握・調査をする(含部門折衝)	人事	4			〇				
					02	異動方針を立案する	〃	4			〇				
					03	異動候補者の選定をする	共通	4			〇				
					04	異動案を作成 (含上申) する	〃	3			〇				
					05	辞令を作成し交付する	人事	1					〇	280	異動辞令
					06	異動通知を作成し発送する	共通	1					〇		
					07	異動通知受理・回覧・台帳記入する	〃	1					〇		
					08	異動結果を入力する	人事	1					〇		
					09	異動ノートをメンテする	〃	2					〇		

事務業務マニュアルの作成にあたっては、①対象業務数が多種類である、②業務がOA化などを背景に改善されないまま定着してしまっている、③業務遂行者は安定化しているものの長期間担当しない、という3点を頭に入れて対応したい。

　業務数の多さは、営業・生産・資材・技術・総務・経理などの部門での事務業務を考えてみるとよい。ファミリーレストランの定型的な接客業務の種類より、格段に多いことがわかる。伝票の種類を数えてみたら、1,000種をこえていたというのが日常茶飯事である。**伝票の種類以上に、業務の種類は多いのが一般的**である。また、毎日・毎週実施される日常業務と同じように、昇格・昇給や採用など年1回しか実施されない、頻度の少ない業務の種類が多いことも特色といえる。

　業務遂行者は、サービスなどの業務にくらべると質的・量的に、安定している。女性事務職の中にも、職場のリーダーにふさわしい熱心なワーカーが必ず存在する。しかし、安定しているといっても、長期間担当しないのが一般的である。女性社員は、一般的に在社年数が限られていることが多い。事務業務を主として担当する女性社員とちがい、モノの動きに直接携わる男性社員は「事務仕事」にうといため、伝票の動きとモノの動きが一致していないこともよくある。たとえば、帳簿上存在する在庫品が、実際には倉庫に存在しない、といった形で。

　これらを背景に、マニュアル類が存在しても、個人別のメモ程度であったり、事務処理から実際の出荷までというような流れとして、業務をとらえていなかったり、様式が同一部署内でも不統一であるような問題点が生じている。また、急速なパソコン導入で、業務が改善されないままOA化されて（適正化なしの状態で）、不要なコンピュータ出力帳票が増加するなど新たな問題点も出現しているのが現状である。

　そこでマニュアルは、まとまり仕事一覧表を作成した業務の体系化を主力に、営業・生産など直接機能担当の「男ども」に事務業務を共有させるべく、コンピュータ出力帳票の見直し、ファイリングシステムなども視野に入れ、改善を行ないながら作成することが望まれるのである。

事務業務におけるマニュアルの重要性

●●●●●● 効率化・活性化・創造化への足がかり ●●●●●●

事務業務のマニュアル化が効・活・創の第1歩

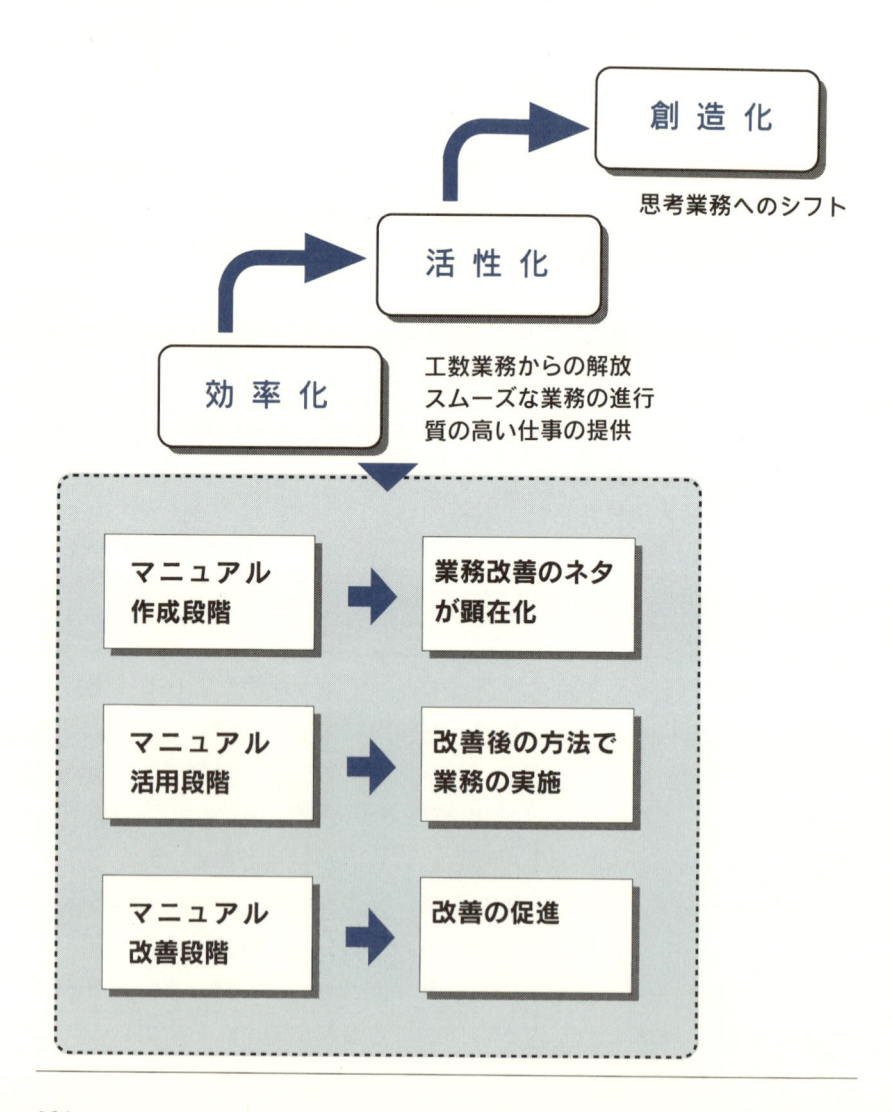

```
                        ┌─────────┐
                        │ 創 造 化 │
                        └─────────┘
                   ↗      思考業務へのシフト
         ┌─────────┐
         │ 活 性 化 │
         └─────────┘
    ↗      工数業務からの解放
┌─────────┐  スムーズな業務の進行
│ 効 率 化 │  質の高い仕事の提供
└─────────┘
```

マニュアル作成段階	→	業務改善のネタが顕在化
マニュアル活用段階	→	改善後の方法で業務の実施
マニュアル改善段階	→	改善の促進

管理・間接業務における生産性向上の必要性が騒がれて久しいが、定型業務が大半をしめる事務業務においてすら標準化がすすめられず、よく検討がされていない点は不可解である。

　しばしば、事務業務は評価がしにくい、計画が立てにくい、属人的になりやすいとの指摘をうけるが、これらは、事務業務が目に見えにくい状態にあることに起因する。したがって、**目に見えやすい状態をつくっていく**ことが生産性向上・効率化の第1歩であり、そのベースとなるのがマニュアルの存在といえる。

　マニュアルの効用は、次の3つの過程・段階において発揮され、企業や組織・業務の効率化、活性化、創造化へとつながる。第1は、マニュアルづくりの過程において。第2に、マニュアルが完成しこれを活用する段階において。第3が、マニュアルを改善する過程においてである。効率化について考えてみると、マニュアルづくりの過程で現状の姿を素直に表現してみることからはじめるが、ことばの定義やケース分けの曖昧さからはじまり、「オレはこうやっている」「私はこうしている」とまさに十人十色で全体をつかむのに膨大な手間がかかってしまう企業が多い。このような実体を組織に顕在化、認識させることにより、否応なく改善の必要性を感じ、方向性が定まり、かなりの効率化がすすんでしまう。

　第2の段階では、当然のごとくマニュアルの作成段階で業務の見直しがなされているので、業務の効率化は実現されているはず。とともに、教える工数の削減やコミュニケーションギャップにより発生する業務の停滞の削減等で効率化が図られる。マニュアルを改善する段階においては、「マニュアル」という基準があることにより改善がしやすく、改善意欲も高まる。したがって、改善の効率化がすすみ、その結果業務の効率化が進行していく。

　たかがマニュアルだと思われる方も多いとは思うが、内容とともに、つくり方、活用のしかたを組織内でシステム化することにより、企業が激しい競争に生き残り、成長していくための有効なツールとなりうる。とくに、定型業務の多い事務業務のマニュアル化は最優先事項である。

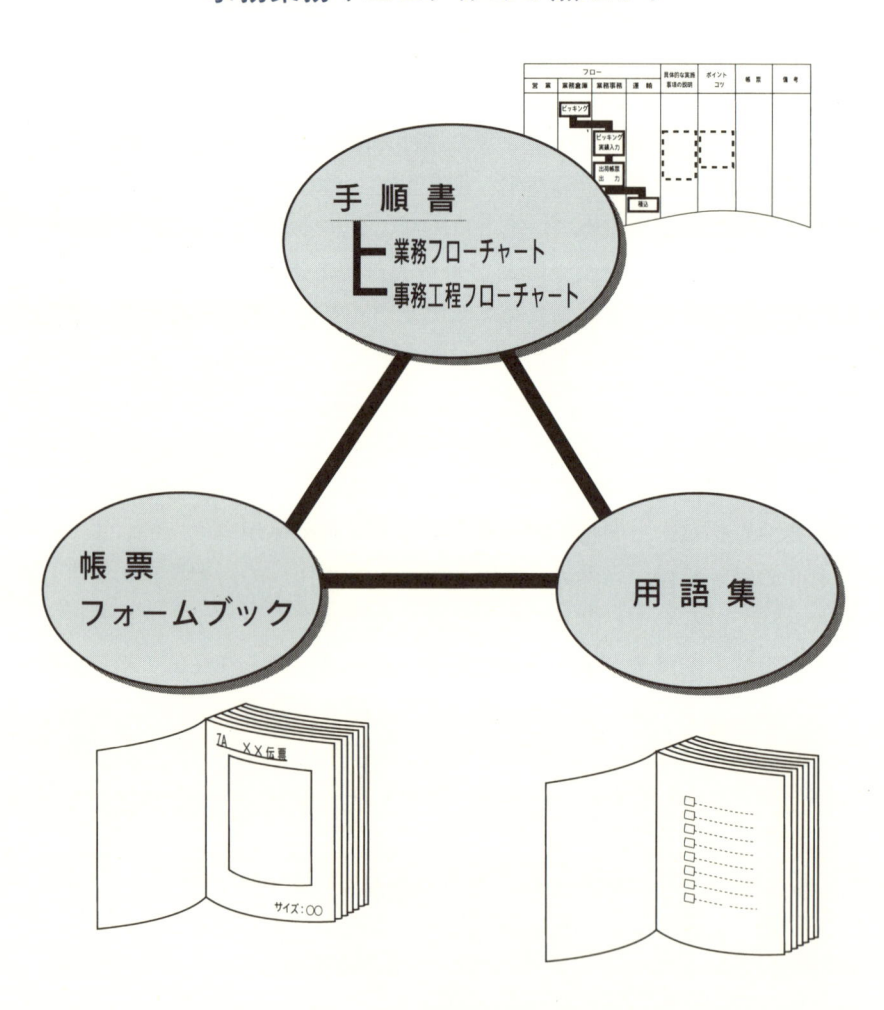

事務業務マニュアルの3点セット

●●●●●●● 手順書×帳票フォームブック×用語集 ●●●●●●●

事務業務マニュアルの3点セット

- 手順書
  - 業務フローチャート
  - 事務工程フローチャート
- 帳票フォームブック
- 用語集

事務業務マニュアルを構成する要素としては、**手順書、帳票フォームブック**と**用語集**が基本となる。

　手順書は、業務の体系化で機能的に分類された業務・仕事を流れに組みかえ、仕事の流れ・作業の流れを組織の関連、帳票の存在等と関連した形で表現していくものである。流れを示す方法としては、手順と組織がイメージ的に理解しやすい**フローチャート**を利用するのがよい。フローチャートは2つのレベルで考えられる。1つは、単位業務を構成するまとまり仕事レベルの関連を表現する業務フローチャート。もう1つは、まとまり仕事を構成する具体的な実施事項や単位作業レベルでの関連を表現する事務工程分析フローチャートである。

　目的により使い分けをする必要があるが、事務業務マニュアルとして使う場合、業務フローチャートでは単位作業レベルまでの内容がわかるように文章やメモ書きで補足しておく必要がある。あわせてポイント・コツや注意事項も記載しておくと内容の濃いものとなる。

　帳票フォームブックは、マニュアルの対象とする範囲に発生、使用する帳票について1冊のファイルにまとめたものをいう。事務業務においては、帳票の存在がきわめて重要な位置を占め、これを把握すれば業務の理解がすすむ。手順書との関連を明確にして、目次をつけて参照できる状態にしておくと便利である。この場合、名前のついていない帳票には統一した呼び名を決めておくことも重要なことである。

　用語集は、手順書および帳票フォームブックにでてくる用語についてまとめたものである。対象とする用語をどの範囲までにするかは、目的によって異なるが、社内および組織独自の用語や各組織で使われ方が曖昧な用語については含めておく必要がある。ことばの定義づけをしておけば、初級者も短期で一人前化させることが可能である。

　以上の3点セットにより、事務業務をわかりやすく、また、間違いなく業務が行なえるマニュアルの構成が整う。それぞれをまとめ、かつ一体化した形でファイルしておき、セットで使用できるように置いておくことが好ましい。

業務フローチャートによる手順書の作成

●●●●●● まとまり仕事の流れ、ポイント・コツを示す ●●●●●●

業務フローチャートによる手順書

単位業務：出荷

フロー				具体的な実施事項	ポイントコツ	帳票	備考
営業	業務倉庫	業務事務	運輸				
	ピッキング						
		ピッキング実績入力					
		出荷帳票出力					
			積込				

1. ピッキングリストのバーコードを入力する
2. ピッキングリストに記載された実績数値を入力する
3. 出荷案内書と指定の送り状、専用伝票を出力する
4.

○専用伝票は、多く使用する順に、仕分箱の近くから配置する
○専用伝票の補充は毎朝行なう
○実績数値の入力は１画面ごとに確認する

単位業務を構成するまとまり仕事レベルを流れにそってまとめ、その前後関係と担当組織を明確にしたものを業務フローチャートと呼ぶ。これに、具体的実施事項とポイント・コツ、注意事項などを付加して手順書ができあがる。業務フローチャート部分を見ると、ひと目で業務の流れが組織との関連でイメージでき、見やすくまた理解もしやすい点で、文字だけを並べた記述方法よりもすぐれる。

　この手順書は、**フローチャート部分**と**説明部分**の2つから構成される。フローチャート部分では、手順書の対象とする範囲に関連する組織をピックアップして、上部の組織記述欄に記入する。とくに、関連性の強い組織を近くに位置しておくと、フローが煩雑にならずに見やすいフローチャートになる。また、組織図に示される順に並べるのも1案である。どの組織がかかわるかが、まず明確でなければならない。

　次に、単位業務を構成するまとまり仕事レベルを順に該当する組織の欄に記入し前後関係を実線で結びながら記述していく。上から下へと時間的な推移を示すことになる。詳細な表記方法については、会社ごとにルールを決めながら作成すればよい。たとえば、会議体のように、組織をこえて実施される内容については、該当する組織に○をつけるなど。このように、仕事の流れを、実施する順に記述しておく。

　フローチャートの右側に位置する説明部分では、目的、必要に応じるが単位作業レベルまでの説明、ポイント・コツと帳票について明記しておく必要がある。ポイント・コツについては、ついつい忘れがちな事項やミスを起こしやすい事項、また、作業を楽にするためのちょっとした工夫を記載しておく。たとえば、実績数値の入力は、1画面ごとに確認する。専用伝票の補充は、毎朝チェックして行なうなど。

　また、フローチャート作成時においては、関連部署が一同に集まり、みんなの目にふれるように、壁に模造紙を貼りつけ、その上にカード（弱い粘着性ののりにより、貼りつけたりはがしたりが簡単にできるカードが便利）を貼りつけていく作業をしていくと、論議、確認をしながら行なえて効果的である。

事務工程分析フローチャートの作成

●●●●●●● 単位作業レベルまで仕事の流れを示す ●●●●●●●

事務工程分析フローチャートによる手順書

ゴルフ場受付業務

1994.2.22　鈴木

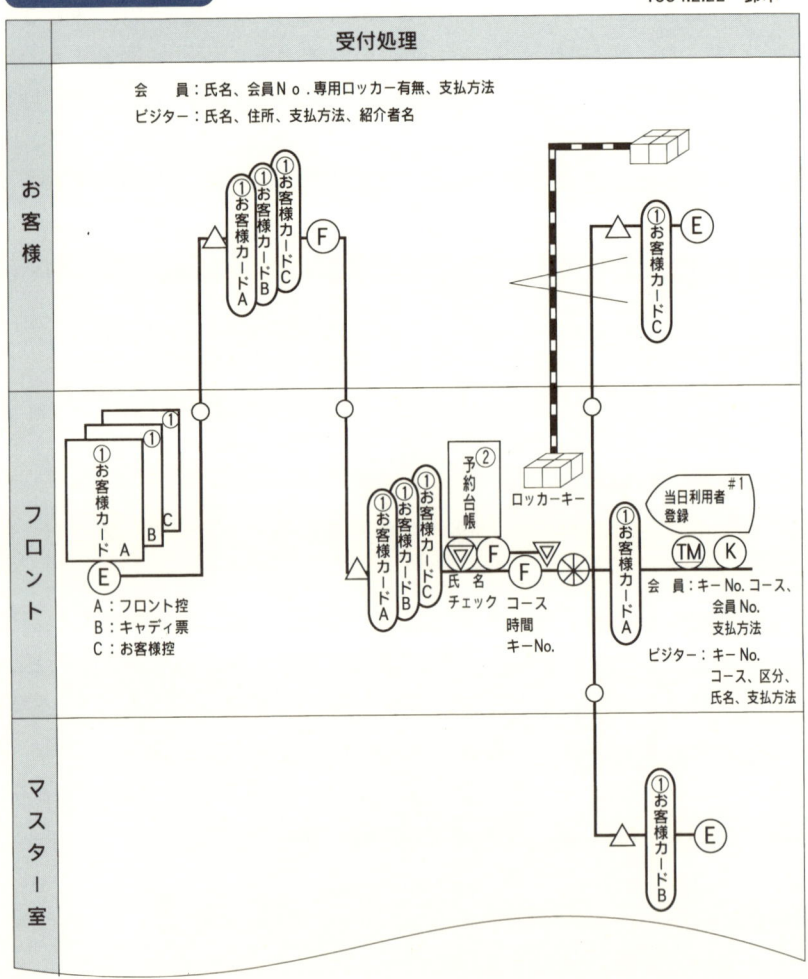

受付処理

会　　員：氏名、会員Ｎｏ.専用ロッカー有無、支払方法
ビジター：氏名、住所、支払方法、紹介者名

お客様

① お客様カードA
① お客様カードB
① お客様カードC
F
① お客様カードC
E

フロント

① お客様カードA
A
B
C
E
A：フロント控
B：キャディ票
C：お客様控

① お客様カードA
① お客様カードB
② 予約台帳
氏名チェック
F コース時間キーNo.
F
ロッカーキー

① お客様カードA
当日利用者登録 #1
TM　K

会　　員：キーNo.、コース、会員No.、支払方法
ビジター：キーNo.、コース、区分、氏名、支払方法

マスター室

① お客様カードB
E

132

単位業務、まとまり仕事を単位作業レベルまでおとし込み記号を用いて表現するのが事務工程分析フローチャートである。**このフローチャートだけで手順書としての機能を満たす。**この種のフローチャートには、記号と表記方法にいくつかの種類があるが、代表的なものを紹介する。
　作業を示す基本的な記号が４種類存在する。○が作業、○が運搬、▽が停滞・保管、□が検査・照合である。帳票を主体にした情報に対して、基本記号とそれにアルファベットなどを付加した記号を用いて表現していく。記号だけで表現しつくせない内容については、フローチャート上に付記して内容の濃いチャートを完成させていくとよい。たとえば、伝票の記入項目、処理するタイミングやファイル方法等については記号だけでは表現しきれない事項である。このフローチャートを理解するには、記号、ルールを習得する必要があり、それに若干の時間を要す点が難点ではあるが、ルールにしたがって完成させると単位作業レベルまで読みとれる質の高い手順書となりうる。左図のフローチャートはゴルフ場でのフロント受付業務を示し、次のことが記載されている。

① 　フロントは３枚複写のお客様カードをお客様に渡す。
② 　お客様は、お客様カードを受けとると、会員の場合は、氏名と会員番号、専用ロッカーの有無と支払い方法を、ビジターの場合は、氏名、住所、支払い方法、紹介者名を記入する。
③ 　お客様の記入後、フロントはお客様カードにもとづいて、予約台帳をとりだし、氏名をチェックする。
④ 　お客様カードにコース、時間とキー番号を記入して、予約台帳を保管する。
⑤ 　お客様カードの３枚目をロッカーキーとともに、お客様に渡す。
⑥ 　お客様カードの２枚目はエアシューターで、マスター室に送る。
⑦ 　フロントでお客様カードの１枚目を参照して、コンピュータの当日利用者の登録画面に、会員の場合は、キー番号、コース、会員番号、支払い方法を、ビジターの場合は、キー番号、コース、区分、氏名、支払い方法を入力する。

帳票フォームブック（帳票一覧）の作成

すべての帳票を1冊に集める

帳票フォームブック

帳票を1冊のファイルに

手順書に記載したNo.と一致させる

7A XX伝票

サイズ：○○

原紙と記入済みの両方を
ファイルしておくと好ましい

縮小した時にはもとのサイズ
を明記する

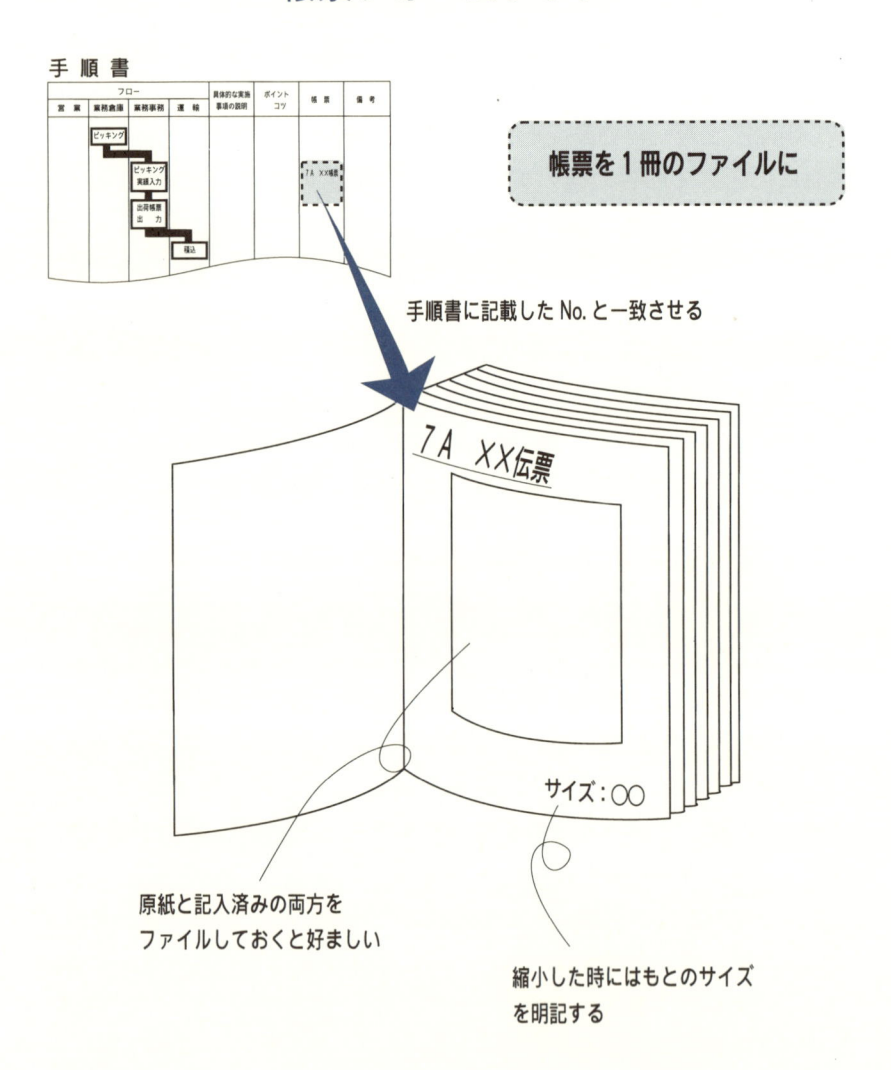

事務業務マニュアルの3要素の1つである帳票フォームブックは、**事務業務マニュアルの対象となる範囲内で生じるすべての帳票を集め、1冊のファイルにしたもの**をいう。帳票の対象としては、起票・参照する伝票、記入・参照する台帳、出力・参照するコンピュータ出力帳票、および正式に様式の定まっていないメモなどのすべてを含む（メモはマニュアルを作成する活動の中で消滅させる方が好ましい）。フローチャートを中心とする手順書に明記される帳票名とフォームブックにファイルされる帳票とを明確にしておくことで、事務業務手順の中で具体的にどんな帳票を起票し、参照するかなどがわかり事務業務マニュアルとしての機能を向上させる。作成の際には、以下の事項に留意する。

① 目次をつけて該当する帳票が即座に参照できるようにする。

② 帳票には必ず名前をつける。名前がついていなかったり、人によりまちまちの呼び方がされていたりするケースが多いが、統一した呼称で、組織間の事務処理に混乱をなくす。

③ 帳票の番号を手順書の中ででてくる帳票にも記載して、双方で関連づけられるようにしておく。必ず手順書（フローチャート）と同一の番号がついていること。

④ 帳票は、未記入の原紙よりも、記入済みのもののほうが記入方法が具体的にわかる点で好ましい。その際、原紙をファイルすると、紙厚、色等が明確に認識でき、事務業務のイメージが実態に近づきやすい点で好ましいが、ムリであればコピーでかまわない。できれば、原紙記入済みと両方あればよい。

⑤ 複数枚数の伝票は、それぞれが何枚目のものかわかるようにする。ナンバリングは伝票の1枚目をA、2枚目をB、3枚目をC（以下同様）とし、それぞれに表記する。

⑥ サイズの大きいものは、折り込んでおくか、縮小コピーをしてサイズを明記しておく。

⑦ フォームブックは手順書とは別にとじ、手順書を見ながら同時に参照できるようにする。

帳票記入マニュアルのつくり方

●●●●●●●●●●●●●● 記入例を添付する ●●●●●●●●●●●●●●

新規取引開始報告書

① 年 月 日				報告者コード ② 番 氏名 ③			
得意先コード				母店コード			
フリガナ				フリガナ			
得意先名	④			代表者氏名	⑤		
区域コード	⑥	配達担当者	⑦		集金担当者	⑧	
業種区分	1:卸 2: 3:		⑨	業種	⑩	業種コード	
店舗住所	〒						⑪
TEL	( ) ―		⑫	FAX	( )		⑬
支払条件			⑳	現金取引区分	0:売掛 1:現金売		㉑
締 日	*	締1	*	支1	*	締2	* 支2 * 締3 * 支3
支払方法	㉒ 1:現金(支払場所) 2:振込 3:手形(銀行 支店)						
与信ランク	㉓	売上伝票タイプ	0:専用 1: 2:				㉔

新規取引開始報告書記入方法

No	項目名	記入内容	参照資料	備 考
①	年月日	報告書の提出日		95年5月24日
②	報告者コード	報告者(開拓者)の人別コード	人別コード一覧表	
③	氏名	報告者(開拓者)の氏名		
④	得意先名	屋号(フリガナは、カタカナで記入)	屋号、代表者氏名がひらがな、カタカナの時は、フリガナは記入しなくてよい	ヤクモ 八久茂
⑤	代表者氏名	会社経営は、会社名および代表者氏名		ヤマダ タロウ 山田 太郎
⑥	区域コード	配送区域	区域配達担当者一覧表	
⑳	支払条件	締日および支払日 締日:15日、20、25、末、 現金・旬締に限る 15日、末日2回締2回払	支払契約遅延取扱 基準表	月末締翌月10日払い 現金取引、 旬締翌旬払い
㉑	現金取引区分	該当するものに○をつける		現金取引の場合 1に○をつける
㉒	支払方法	該当するものに○をつける 現金場合は支払の場所、振込・手形の場合は銀行および支店名を記入	締日支払方法一覧表	現金は小切手を含む
㉓	与信ランク	信用度	与信区分一覧表 与信ランク別支払方法 一覧表(与信分類基準表)	1~5に分類

帳簿と伝票をあわせて帳票というのだが、帳票の種類が多いだけに、マニュアル作成は、根気と継続的なとりくみが必要とされる。しかも、帳票は刻々と変更され、新規に作成される。せっかくマニュアルを作成しても、実際に使用するのは、マニュアルであげられたものとは別の様式のものだったなど泣くに泣けない話もある。

　元来、帳簿はブック形式で切り離せないもの、伝票はカード形式でバラでとり扱えるものをいったが、コンピュータの出現で「帳簿」類も汎用用紙（ストックフォーム）に印字され、切り離しができるようになりつつある。それにともない、帳票類の整理がいっそう問われつつある。作成してから保管・保存するまでのマニュアル化が必要になった。

　帳票記入マニュアルとしては、**帳票そのものをマニュアルに添付する**必要がある。念入りに作業手順を述べても、かんじんの帳票がなければ、実施イメージがはっきりせず、記入項目の多さに対応することができないからである。1枚の伝票に、50項目以上が存在することもある。数は多くても、記入すべき項目・内容ごとに記入方法を書く必要がある。各項目には番号をふって、記入方法を対応させる。項目ごとの番号順が、事実上、手順にあたる。

　使用する帳票と記入方法に加え、**書き方の見本、実際に記入したものを例として添付する**とよい。記入方法では、難解な事項はとくに例をあげながら、ポイント・コツを明確にする。読み慣れない漢字（住所、氏名、企業名、業界ごとの慣用表現など）の対応をすることも必要である。A3サイズ1枚かA4サイズ数枚に分けるのか、そしてファイリング方法まで、あらかじめ検討し統一しておくことも重要である。

　帳票記入マニュアルの作成を推進するためには、まとまり仕事一覧表を作成したら、まとまり仕事ごとに使用帳票を収集する。マニュアル作成数を明確にしたら、その業務の担当者にどんどんマニュアルを記述させてもよい。この場合は、作成者の上長が確認のうえ、作成グループでも検討を念入りに行ない、担当者の特殊な実施方法にはメスを入れるようにしておく。そして、大量のマニュアル作成を短期間で完了させる。

事務業務マニュアルを活用した教育・訓練

●●●●●●●●●●●●●●スキルマップの作成と活用●●●●●●●●●●●●●●

スキルマップをビジュアル化した、計画的・効果的育成

網かけ部分が
今日時点のレベル
4月1日にチェックした

6月30日までに
到達する計画

期間 94年6月30日まで

仕事＼氏名	浅野	今井	上野	松井	宮川	参照マニュアル
年間資金繰り表作成	◐	◐	◐	◐	—	
本社経費、社内賃貸料算出			◐	◐	◐	
事業所予算編成	◐	◐	◐	—	—	事業所予算編成マニュアル

レベル4	レベル1
レベル3	レベル2

レベル1：教えればできる
レベル2：ほとんど独力でできる
レベル3：通常業務はひととおりでき、教えることもできる
レベル4：すべてに対応でき、人に指示して実行させることができる

事務業務の負荷に時期的なかたよりがあったり、また、特定の人にかたよりがあったりすると、組織全体としての効率化の点で問題である。組織を柔軟に考えるとともに、多くの人がいろいろな業務・仕事を遂行できるようにしておくことで組織全体の負荷バランスがとれて、効率化につながることになる。

　計画的に事務業務を教育・訓練していくのに必要な基本ツールとして、マニュアルを利用したスキルマップがある。マニュアルは、指導者が個別にいろいろ教える必要性を排除し、教える効率を高める。また、**スキルマップは、作業者の能力レベルの把握に役立つ**。スキルマップの基本的構成は、単位業務・まとまり仕事と遂行者とのマトリックスからなり、それぞれについて現在の事務処理マスター度と今後の計画および進捗がわかるように工夫する。

　個別の欄には、事務処理のマスター度を4つに区分して記入する。

　第1レベル：教えればできる。第2レベル：ほとんど独力でできる。第3レベル：通常業務はひととおりでき、教えることもできる（稀なケースを除外して）。第4レベル：すべてに対応でき、人に指示して実行させることができる。これに対して、所定の期間内に達成する目標を太枠で示す。一定期間ごとに評価を行ない、評価レベルによって枠内をうめていく。

　スキルマップの活用は、育成に関してPDCAのサイクルを回すことにあり、以下の点に留意する。

① 計画は指導者（上長）と被指導者（部下）が話し合って、目標を設定して決定する。
② 重点業務に関するスキルマップは、関連する人が見えやすい所に掲示する。
③ 指導はマニュアルにしたがって指導する。
④ 評価は、指導者が行なう。
⑤ 指導者は、状況を見ながら、ほめたり、叱ったり、激励・動機づけを行なう。

コンピュータ関連マニュアルの作成

●●●●●●●●●● 操作手順書づくりのコツ ●●●●●●●●●●

コンピュータ操作手順書

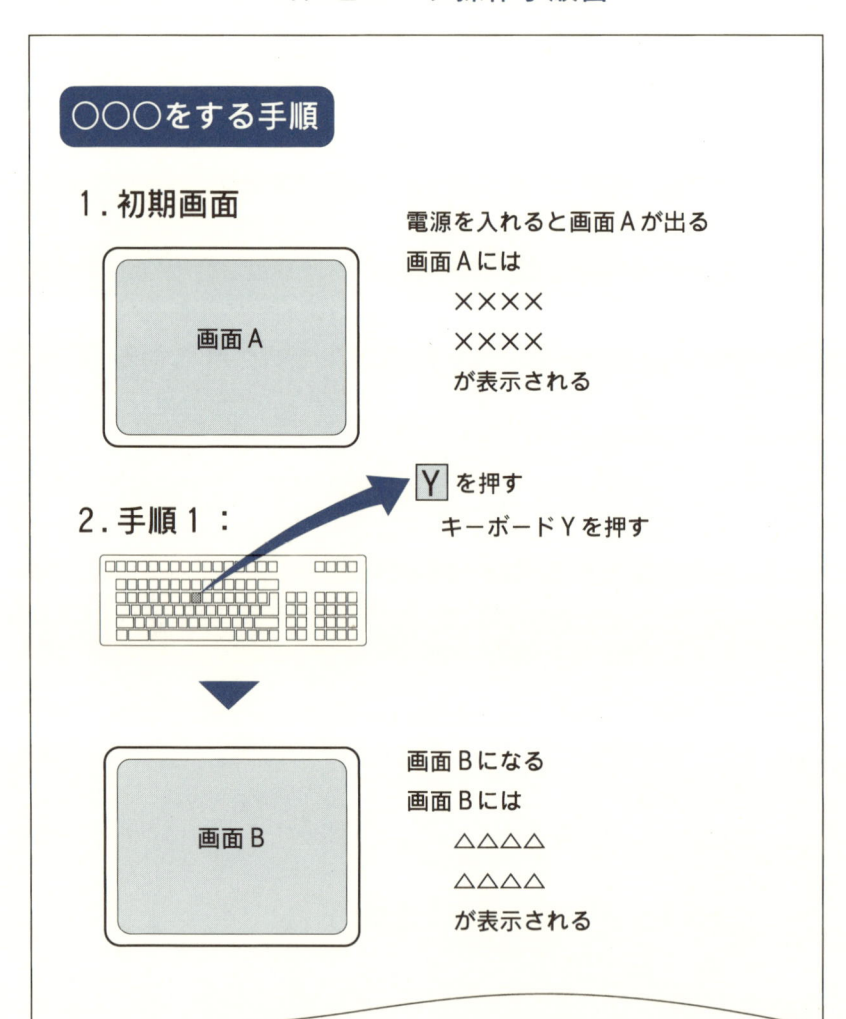

○○○をする手順

1. 初期画面

   画面A

   電源を入れると画面Aが出る
   画面Aには
   　××××
   　××××
   が表示される

2. 手順1：

   [Y] を押す
   　キーボードYを押す

   画面B

   画面Bになる
   画面Bには
   　△△△△
   　△△△△
   が表示される

コンピュータをはじめとするOA機器を事務業務に活用する場面が多くなった。事務業務マニュアルの一貫として、これらにかかわる事項も含めておくことが必要である。コンピュータに関連するドキュメント体系のうち、マニュアルレベルでの位置づけとしては、操作手順書がとりあげられる。操作手順書は、先にあげた事務業務マニュアルの3点セットと互いに関連させて、事務業務の流れの中で位置づけを明確にして使いやすくしておくことが大切である。

　操作手順書の内容としては、**オペレーターに処理をまかせる操作とシステム管理者が担当する処理**を明確に区分して、オペレーターに処理をまかせる部分についてはもれなく記述する必要がある。記述方法については、コンピュータが普及したとはいえ、いまだにコンプレックスをいだいている人も多く、1ステップずつわかりやすく具体的に記述することが重要である。左図にその具体例を示すが、A画面がでたら、キーボードのX位置にあるYキーを押す。するとB画面がでる、というように画面やキーボード等のイメージを示しながら記述する。操作ミスの発生しないようにシステム側に仕組んでおくことと、不要なキーボードには手を触れる可能性のないように、カバーをしてしまうなどの配慮が必要である。操作ミスなどにより、オペレーターの扱える領域をこえたときには、連絡方法を明記することにより対応を記述しておく。

　また、コンピュータを操作しながら、マニュアルを参照するのはやっかいで、一般的にやりたがらないので、操作指示を画面に表示するとか、キーボードに押す手順のシールを貼るなどの工夫をする。また、生産現場でよく見る作業標準書イメージで1枚くらいにまとめて、見える状態にセットしておくとやっかいさも減り、扱う人にとって心理的にコンピュータとの距離感がちぢまる。

　3点セットとの関連としては、手順書にコンピュータ操作手順書の「×××の項を参照」と明記しておく。操作手順書にコンピュータにコンプレックスをもった人にとって耳なれない用語が登場するときには、操作手順書の該当するところに記述するか、用語集にまとめるとよい。

060

ゴルフ場マニュアル化プロジェクト事例

●●●●●●● 現状把握→標準化→統一化による改善 ●●●●●●●

ゴルフ場マニュアル化推進ステップ例

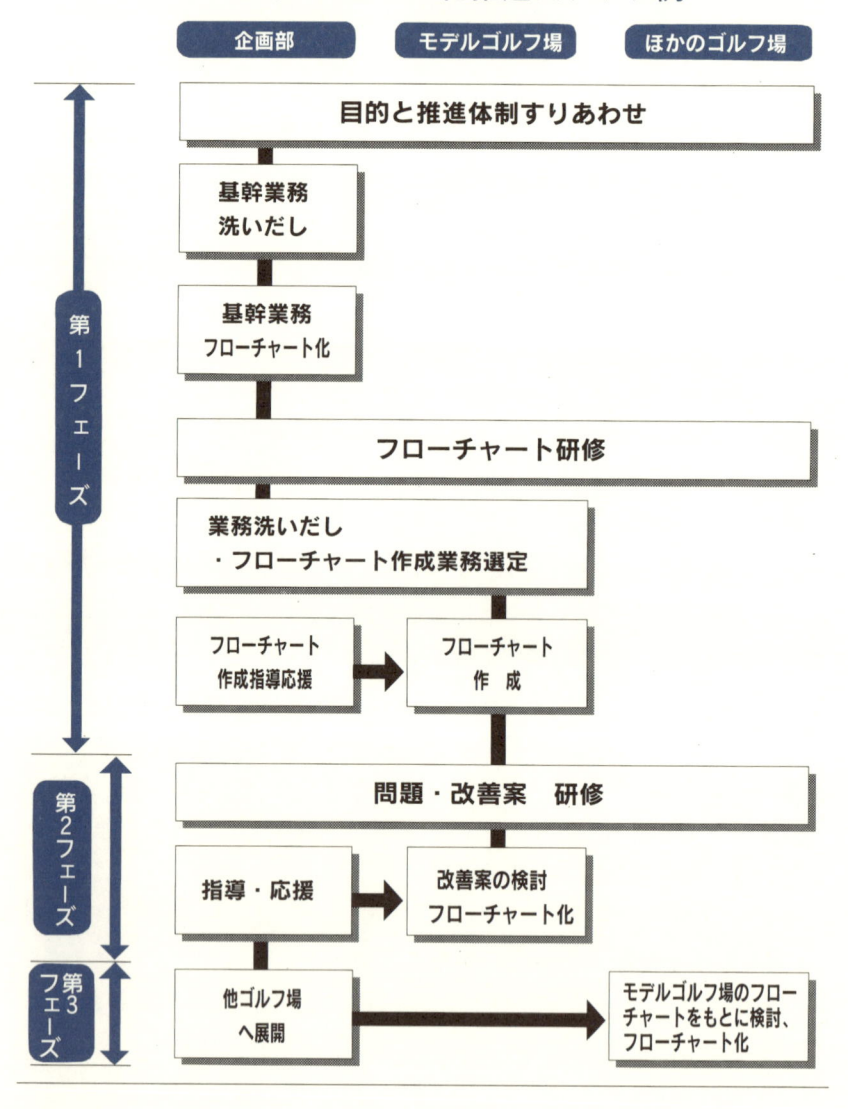

| 企画部 | モデルゴルフ場 | ほかのゴルフ場 |

第1フェーズ
- 目的と推進体制すりあわせ
- 基幹業務洗いだし
- 基幹業務フローチャート化
- フローチャート研修
- 業務洗いだし・フローチャート作成業務選定
- フローチャート作成指導応援 → フローチャート作成

第2フェーズ
- 問題・改善案 研修
- 指導・応援 → 改善案の検討 フローチャート化

第3フェーズ
- 他ゴルフ場へ展開 → モデルゴルフ場のフローチャートをもとに検討、フローチャート化

複数の場所にコースを持つゴルフ場会社のマニュアル化推進事例を紹介する。同社では、基本的に同じシステム・手順でゴルフ場の業務を実施していたが、少し細かく業務の流れを見てみると各コースごとに異なり、また、用語も差が大きくなっていた。したがって、各拠点のメンバーが一堂に会し話しをしてもどうにもかみ合わない。こんなことから、勝手に運用されていた事務業務のやり方自体にもきっと問題があるだろうとの認識が芽生え、業務を見直すとともに各ゴルフ場を統一する事務業務マニュアルの作成プロジェクトを発足させ、マニュアルづくりにとりくむことになった。

　プロジェクトは大きく3つのフェーズに分けられる。第1フェーズは、モデルゴルフ場での現状把握。第2フェーズはモデルゴルフ場での業務の見直しと標準化。第3フェーズとして、他ゴルフ場においての標準化の推進である。

　コンサルタントは主に第1フェーズと第2フェーズにおいて、事務工程分析を活用した現状把握のしかたの指導および推進と、問題点・改善案の見つけ方の指導と推進を図った。また、このプロジェクトを成功させるために、社内で推進力をつけ、モデルゴルフ場から他のゴルフ場にうまく展開できるように配慮をした。具体的には、本社企画のスタッフを最初からコンサルタントと行動をともにさせることにより、社内コンサルタントとしての養成を図った。ついで、第1フェーズで行なった事務工程分析フローチャートの書き方および読み方の研修と、第2フェーズで行なった事務工程分析フローチャートをとおしての問題点・改善案の見つけ方の研修に、モデル以外のゴルフ場の管理職と実務者の主要メンバーを参画させた。これらにより、第3フェーズにおいて、本社企画のスタッフが指導・推進させるスタイルで、スムーズにかつモデルゴルフ場をベースにして、各ゴルフ場の標準事務業務の確立ができた。

　それぞれで標準事務業務を事務工程分析フローチャートを利用して表現することにより、フローチャートという共通言語が所有でき、事務業務の効率化が図れたとともに、さらなる改善の推進力が醸成された。

7 サービスマニュアルの
つくり方

● 多様化・高度化するニーズに対応するために ●

> サービス提供業務(とくに接客)ほど、品質を維持することがむずかしいものはない。なぜなら、サービス品質が業務遂行者に左右されやすいからである。しかも、お客様という千差万別の方々を相手に、柔軟な対応が要求されるからである。サービス業務では、マニュアル作成に加え、十分な訓練(トレーニング)が必須となる。マニュアル作成にあたっては、口にだしていうべき部分と動作という体を動かす部分に2分してとらえておくとよい。

サービス・接客マニュアルの高度化

●●●●●●●●●多様化するニーズにどう応えるか●●●●●●●●●

サービスのマニュアルの書き方例

Ⅱ-1-(1) 入店された場合

具体的な実施事項	ポイント・コツ	レベル
1．通常の場合 (1) 一般のお客様 　レジ内、レジ外にかかわらず、作業中、接客中、電話中でも視線があった場合 　　【軽く会釈する】 「いらっしゃいませ」 (2) 常連のお客様 　時候のあいさつを加える 「おはようございます、いらっしゃいませ」 (「こんばんは、いらっしゃいませ」)	1．入店されたお客様には、気持ち良く、大きな声で、笑顔で、 2．作業中の場合は、いったん手を止めて、あいさつする	＊会釈　15度 ＊2m先まで聞き取れる声 ＊作業中でも6秒に1度　上を向く

Ⅱ-1-(6) 商品をおすすめするとき

具体的な実施事項	ポイント・コツ	レベル
1．準備 　【レジ台を整理する】 　【パンフレットを用意する】 　【見本・実物を用意する】	1．パンフレットには、店名をあらかじめ入れておく 2．店頭の見やすいところにポスターを貼っておく	＊1度は、配付するパンフに目をとおしておく ＜おすすめ商品ファイル＞
2．一般的なおすすめの仕方 「いらっしゃいませ」 「今度、こういう○○が発売されましたが、いかがでしょうか」 　【商品をお見せする】 「どうぞ、ご覧ください」	1．無理にすすめる態度をとらず、できるかぎり商品、パンフにさわらせる 2．他のお客様の迷惑にならないよう、レジから離れた所で 3．もし○△なら 「次回からご連絡させていただきましょうか」	＊2点または3点に説明ポイントを絞る ＊体に触れない程度の50cm程度の距離

【言語と動作に2分して書く】

サービス・接客マニュアルを考える重要な観点は、①**ワーカーの多様化**、②**企業の基本方針の徹底**、③**作業レベルでの複雑化**の３点である。
　サービス業や小売業などの接客業務担当ワーカーは、質的に転換期を迎えつつある。かつての家業としての商店や中小企業から、チェーン店や大規模なサービス産業に変貌した企業に勤務する形態が主力となりつつある。女性を中心に、フルタイマーよりパートタイマーを主とする勤務形態が増加しつつある。かくて、サービス・接客マニュアルが対象とするワーカーの多様化がいっそう促進され、このような変化を背景に、マニュアル自体が高度化せざるをえなくなった。なかでも、経験が浅く、職務遂行能力が高くない初級者的なワーカーの短期的な戦力化に焦点があてられている。
　他方、企業の基本方針や価値観が、ぼやけてきたのが現在の特徴である。かつてのように限定された競合ではなく、利益が見込まれると、多くの企業が短期間に参入する形で事業が展開されるため、差別化が容易ではなくなりつつある。各地のテーマパークやファミリーレストランを見ると、よく理解できる。そこで、自社の価値観・事業展開の基本を日常業務をとおして、末端まで具体化していく必要性がいっそう高まっている。残念なことに、方針にあげられる顧客満足や顧客第一主義が第一線業務にまで浸透している企業は、数少ないといわざるをえない。
　サービス・接客業務は、作業の４大区分（0309項参照）でいうコミュニケーション作業だけで構成されているのではない。お客様と対面して注文を受けながら、ハンディターミナルを操作して発注を行なう。クレームを聞きながら料理をテーブルに置くなどのように、事務作業や直接作業がコミュニケーション作業と組み合わされる場合が多い。同時に提供サービスそのものの品質を高めることも要求されつつある。
　このような背景から、サービス・接客マニュアルへの要望も、いっそう高度化しつつある。**短期間で初級者を戦力化する（熟練化）、他社とのちがいを強調した業務遂行、少人数で多機能業務を効率的に遂行するためのマニュアル**が、強く求められるようになりつつあるのである。

サービス品質の維持向上をシステム化する

●●●●●●●●●マニュアル×トレーニング×評価●●●●●●●●●

サービス品質向上は
マニュアル、トレーニング、評価システムで

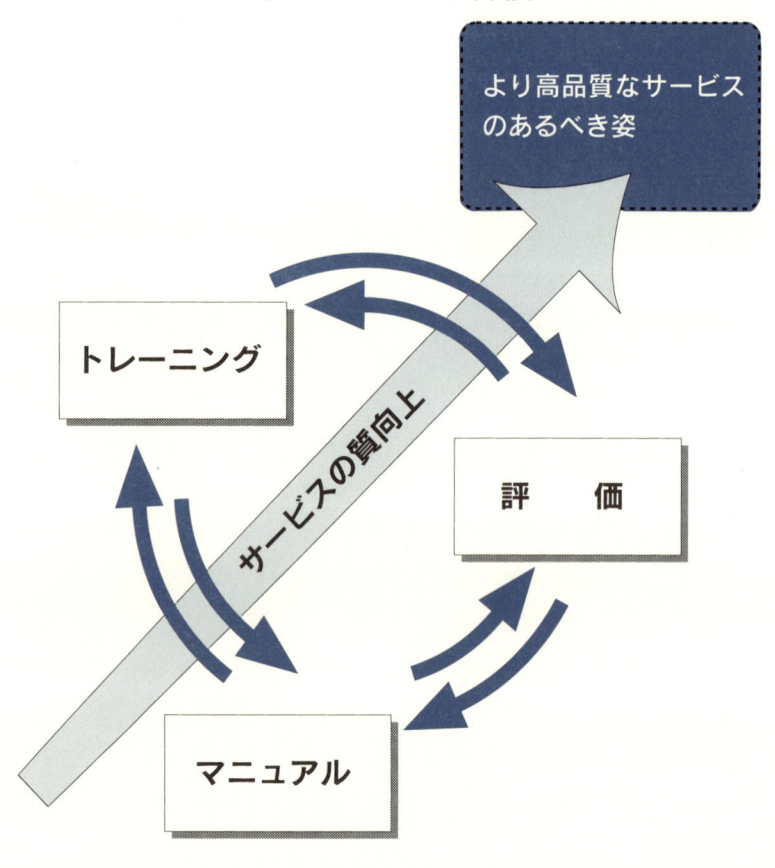

より高品質なサービス
のあるべき姿

サービスの質向上

トレーニング

評価

マニュアル

サービスの品質が、企業の命運にかかわる重要な要素となっている。もの自体に対する満足度はほぼ満たされ、さらに高度な要求が追求されてきている。ものによる差別化ではなく、サービスで差別化を図り、競争力をつけようとする対応が多く見られるようになった。昨今のガソリンスタンドの接客サービスなどを見ると、鮮明にそのことがわかる。確かに、大きな声で「いらっしゃいませ」とお礼を言い、駆け足で応対し、給油後には、「ありがとうございました」とあいさつし、道路にスムーズに合流できるよう案内をしてくれるのは、お客様の気分を良くするものであり、サービスの重要さをあらためて感じさせる。

サービスの品質を維持向上させていくためには、**サービスのありかたや方法を明示するとともに、トレーニングと評価のシステムをつくり、しっかり運用させる必要がある**。なぜなら、サービスは、事務業務と異なり、方法を明示され、実行しようとしたところで、すぐにそのとおりできるものではないからである。たとえば、簡単に「スマイルはサービスの原点。つねにスマイルをたやさず接客を」と言われたところで、さまざまなタイプのお客様や状況に自然な形で対応でき、お客様に満足感を感じてもらえるにはトレーニングと経験のいることである。それどころか、へたなスマイルは逆に悪い印象さえ与えてしまう。また、ある水準まで達したサービスの質も、つねに評価をして、マニュアルどおりに行なわれているか。あるいは、マニュアルは、本当にお客様に満足を与えられる内容になっているか、時代時代に応じて、サービスの内容を変えていくべき点はないか、などを検討しながら、提供するサービスの品質を高めていく必要がある。

そこで、マニュアルをベースとして、連動した形で、**トレーニングと評価を一体化したシステム**が必要になってくる。マニュアルで、サービスに対する考え方とサービスの方法を具体的に示し、これが効率的にできるようにするトレーニングシステムをつくり、さらに、レベルをつねに評価をしてフィードバックを与える評価システムを整えて、サービス品質の維持向上システムができあがるのである。

接客サービスマニュアルの基本構成

●●●●●●●● 何が書かれていなければならないか ●●●●●●●●

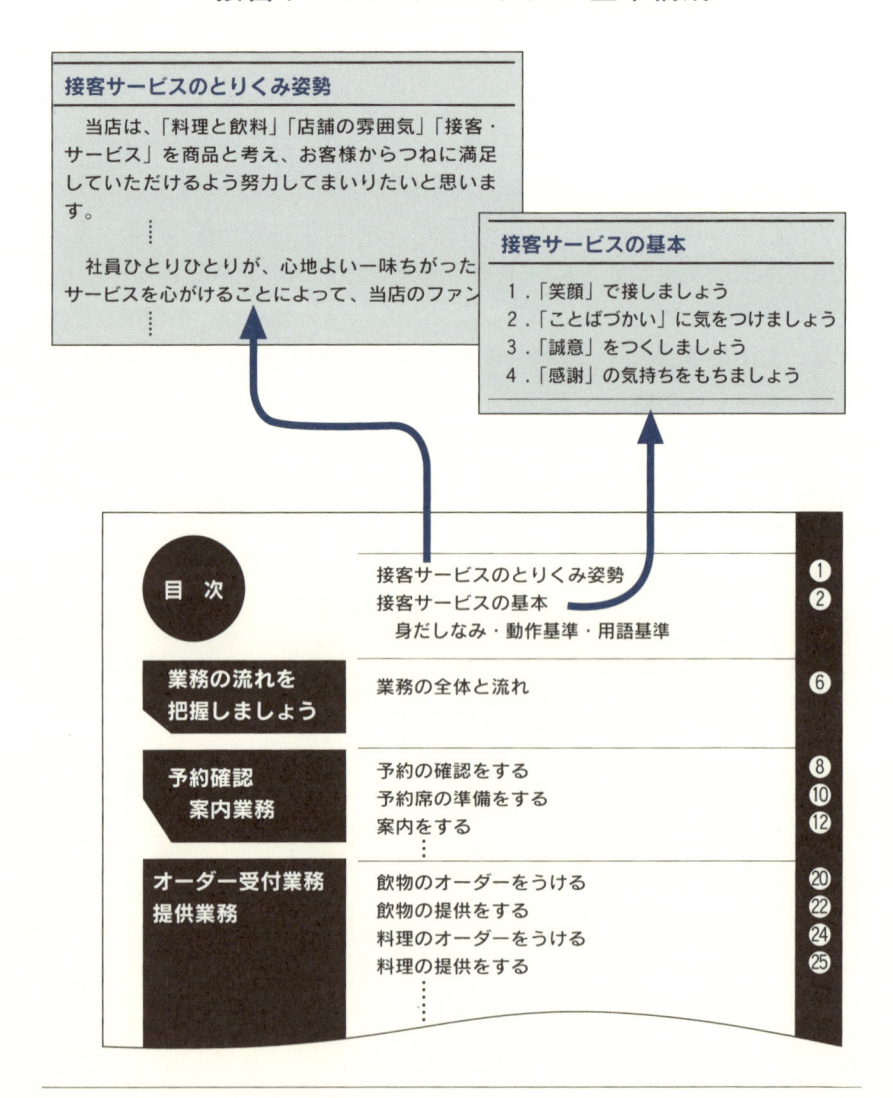

接客サービスマニュアルの基本構成

接客サービスのとりくみ姿勢

　当店は、「料理と飲料」「店舗の雰囲気」「接客・サービス」を商品と考え、お客様からつねに満足していただけるよう努力してまいりたいと思います。
　　……
　社員ひとりひとりが、心地よい一味ちがったサービスを心がけることによって、当店のファン……

接客サービスの基本

1．「笑顔」で接しましょう
2．「ことばづかい」に気をつけましょう
3．「誠意」をつくしましょう
4．「感謝」の気持ちをもちましょう

目　次	接客サービスのとりくみ姿勢	①
	接客サービスの基本	②
	身だしなみ・動作基準・用語基準	
業務の流れを把握しましょう	業務の全体と流れ	⑥
予約確認　案内業務	予約の確認をする	⑧
	予約席の準備をする	⑩
	案内をする	⑫
	⋮	
オーダー受付業務　提供業務	飲物のオーダーをうける	⑳
	飲物の提供をする	㉒
	料理のオーダーをうける	㉔
	料理の提供をする	㉕
	⋮	

接客サービスマニュアルには、「接客サービスのとりくみ姿勢」、「接客サービスの基本」、「業務別接客サービス方法」の3つの内容が盛り込まれるべきである。

　接客サービスのとりくみ姿勢では、企業理念、会社方針、価値観などとの関連のなかで、会社にとっての接客サービスの重要性と各人の行動規範を記載する。量的には、1～2ページ程度でもかまわないが、情熱をもって力強く訴えかける。たとえば、「当店では、サービスを1つの商品と考え、お客様から満足いただけるよう努力してまいりたいと思います」、「ひと味ちがった接客サービスを心がけることによって、当店のファン層が広がっていくことになります」、「サービスマンたるプロとして、お客様にサービスをとおして心地よい気分を感じてもらえるよう努めることが使命である」など。この部分が理解されないと、せっかくの接客サービスが表面的なものとなってしまう。

　接客サービスの基本では、業務全般をとおして、留意あるいは身につけなければいけない事項を記載する部分である。たとえば、「接客サービスの基本として、笑顔で接しましょう。ことばづかいに気をつけましょう。誠意をつくしましょう」などの記載のもとに、具体的な身だしなみ基準、動作基準や用語基準などを明記しておく。清潔感を与える身だしなみで、きびきびした迅速な行動を、そして、基本的接客用語の使い方やその練習方法などを記しておく。

　業務別接客サービス方法では、業務別に、業務を遂行する順序を具体的に示す部分である。たとえば、レストランでのお客様の来客時における応対と案内のしかた、着席後のオーダーのとり方などについて具体的にその場面がイメージできるように示していく。そのためには、視覚に訴える図表・イラストを前面にだして、しかも動的に表現することが望ましい。また、接客である以上、お客様によってさまざまな状況が発生するものである。「お客様が、オーダーを決めるのに時間がかかっている場合には」など、想定できる場面への対応をポイント・コツとして記す必要がある。

07 04

接客サービスの基本を明記する

●●●●●●● 企業理念を土台に方針を明確化して ●●●●●●●

業務全般に求められる基本

[身だしなみ]　　[動　作]　　[用　語]

ニコニコ　　　　　　　接客サービス
　　　　　　　　　　　基本方針

企業理念
めざすべき方向

動作を変える　→　気分が変わる

業務にかかわらず、接客サービスには基本がある。これを、各企業の理念にそって、独自性をもたせてマニュアルに記載する。
　たとえば、「スマイルは接客サービスの原点」ととらえ、これをベースに「身だしなみ基準」「動作基準」「用語基準」などの基本的事項を記しておく。
　スマイルは、英語の辞書をひもとくと、「運が開ける」という訳がのっている。まさしく、顧客に対してのみならず、みずからに対しても満足感をもたらす行為であり、誠意のこもった自然な笑顔は何にもかえがたい最高のサービスである。「わが社では、何にもましてスマイルサービスを尊び、サービスマンのプロとしてお客様の満足にサービスを提供し続ける」などのように明記する。
　身だしなみは清潔感を与える意味で、接客サービスには、とても重要な要素となる。とくに、飲食業においては、なおのことである。髪の毛、爪やアクセサリー等などについて好ましい基準を提示する。同時に、服装についてもユニフォームを着用することはもちろんのこと、シャツの第1ボタンはとめる、ネクタイの結びめをきれいにする、靴は磨いておくなどについて具体的に提示する。この基準は、男女別・職種ごとの記載が必要である。アピアランスチェックリストを作成して、更衣室をでる前には、必ず点検してもらうようにしてもらう。これは、サービス基本の中でも、基準を明記し、チェックリストを活用して点検さえしておけば、各個人の心がけ次第で遵守できる項目である。
　動作基準は、きびきびした動作が好感をもたれることを示す。いかなるときにも妥協せず、気分がのらないときにも、逆に動作を変えていくことにより、気分をコントロールさせていくようなプロとしての自覚を促しておく。軽快に動けば、表情にも声にも張りが生まれる。
　用語基準は、「接客用語集」にまとめ、基本用語の使い方とそのタイミングや動作との連携についてのポイント・コツを記しておく。反復練習の必要性があり、毎朝、必ず大きな声で練習するなどの基準も必要となる。

具体的会話を入れて動作はイラストで示す

●●●●●●●●●●●●●イラスト、VTRの活用●●●●●●●●●●●●●

ケーキショップにて注文を受けてから、お見送りするまでの例

	ステップ	ポイント
お買い上げ金額をお伝えする	「では、先にお会計をさせていただきます。」「2,600円でございます。」	・ご注文いただいた商品を復唱しながら、レジを打つ
代金をいただく	「3,000円お預かりいたします。」	・両手でいただく ・札の多い場合は、お客様に見えるようにして数える ・いただいた代金はすぐにレジに入れない 　磁石で固定する
つり銭をお返しする	「400円のお返しでございます。お確かめください。」	・汚れたお札、コインは使わない ・つり銭とレシートをお渡しする ・お客様に見えるようにして数える ・お客様がご確認されたことを見とどける ・いただいた代金をレジに入れる
お買い上げ品を箱に入れる	「少々お待ちくださいませ。」	・ご注文いただいた商品をお客様によく見えるように入れる
お買い上げ品をお渡す	「ありがとうございました。」	・両手でお渡しする 　受けとりやすく
お見送りをする	「ありがとうございました。またお越しくださいませ。」「ありがとうございました」	・お帰りになるタイミングで言う ・そばにいる他の店員も

業務別に手順を踏みながら接客サービスを行なう方法を示すには、**なるべく具体的なイラストを動的に示しながらマニュアル化していく必要がある**。マンガイメージでマニュアル化することや、VTRでマニュアル化することは効果的である。

ケーキショップで注文を受けてから、精算、商品の渡し方と見送り方までの左図の例のように、手順にしたがってイラストを前面に表現すると、理解しやすいとともに、何よりもとっつきやすい。スマイルサービス、身だしなみ基準、動作基準、用語基準の接客サービスの基本事項を盛り込みながら、該当する状況に対するポイント・コツを明記する。この場面では、お金を扱うこともあって、正確性を1ステップずつ確認していくことがポイント・コツとして記されている。1円の狂いもない精算と同じように、マニュアルどおり正しい動作が求められる。

スマイル、身だしなみ、動作は、絵の内容やタッチで表現される。また、用語は、記述により表現されているが、このとき誰が話していることばかがしっかりわかるように工夫する。また、それぞれのコマのポイントがひと目でわかり、理解できるようにしておく。1コマの中に、あまり字が多くなると、煩雑になり見にくくなるので、1会話・1動作程度を目安とする。このようにして、イラストとことばをうまく結びつける。

VTRを利用するときには、動的になるのでよりイメージを一致させやすい。トレーニングの一貫として最初にVTRを見せて理解させると効果的である。VTRの構成としては、「悪い例」、「良い例」、「学習ポイントのまとめ」、「ロールプレイングの設定」およびそれの「実演」があると好ましい。使い方としては、まず悪い例を見せてから、この時にお客様の立場でどんな感情をいだくのか、また、どんなトラブルが発生しやすいかを感じ・考えさせ、良い例の見本までを考えてもらう。その後に良い例のVTRを見せ、あらかじめ自分たちで考えたものとのちがいや同じ点を確認しながら、悪い例を見たときと同様に、お客様の感情等を推察していくと印象に残りやすく効果がある。

マニュアル徹底のためのトレーニング

●●●●●●●●●●●● トレーニングの3段階 ●●●●●●●●●●●●

トレーニングの構成と主な必要ツール

あるステップ　　　　　　　　　　　　　　　　　　　→ 次のステップへ

各ステップの構成	目標設定	トレーニング ◎知識学習（第1段階） 　ＶＴＲ、講義、現場見学 ◎疑似体験（第2段階） 　やってみせる→やり方を 　説明する→やらせてみる 　→注意を与える ◎現場実習（第3段階） 　具体的状況への対応	評　価
主なツール	習得内容と レベル記述書	トレーニング方法指導書 トレーニングチェックリスト トレーニング進捗管理表 サービスマニュアル	資格認定 基準

サービスマンの育成には、入念な教育とトレーニングが必要である。教育とトレーニングの根底にマニュアルが存在する。トレーニングを効果的に行なうには、**まず、目標を設定する。段階的にステップを踏みながらそれぞれに応じたテーマとレベルを設定していく。**これに対して、担当指導者がトレーニングスケジュールにしたがって、OJT、Off-JTの両形式でトレーニングを実施する。トレーニングの進捗は、目に見えるようにトレーニング管理表で管理する。そして、各ステップの節目として、担当指導者以外の審査官による審査により、**資格認定**を行ない、次のステップへと進行させることも必要となる。

　このようにすすめるため、さまざまなツールを整える必要が生じてくる。基本になるサービスマニュアルのほか、**各ステップの習得内容とレベル記述書、各ステップ資格認定基準、トレーニング方法指導書、トレーニングチェックリスト、トレーニング進捗管理表**などがその主なものである。

　トレーニング方法としては、各レベルごとに大きく3段階のとりくみが考えられる。最初は、考え方、イメージや方法について、目と耳から知識を吸収する段階である。これは、VTRや現場見学と講義により行なわれる。次に、疑似体験をおりまぜて、知識を体で表現していく段階がある。指導者が、模範を示しやり方を具体的に説明したうえで被訓練者にやらせ、それを見て、指導者が注意を与え指導する。これを何度も繰り返して基本動作を体得していく。最後は実際の現場で緊迫感を肌で感じさせながら、さまざまな状況に対応させていく段階である。指導者は、じっくり観察、チェックして、後で基本動作のほかに、現実に合った具体的状況と具体的対応について指摘、指導をする。マニュアルや教育にないさまざまな状況への対応も含めて日誌に学習ポイントを記させておき、独自のノウハウ集を作成していくとなおよい。

　指導者の姿勢・接し方としては、担当被訓練者の育成に熱意をもってとりくみ、うまくいかなくても、根気よく繰り返し挑戦させる。一方、評価は、担当した指導者とは別の人が、きびしい目で審査し、けっして甘くしないことが重要である。

07

サービス水準の維持

●●●●●● 的確な評価と指摘でチェックとフィードバック ●●●●●●

サービス品質のチェックシステム

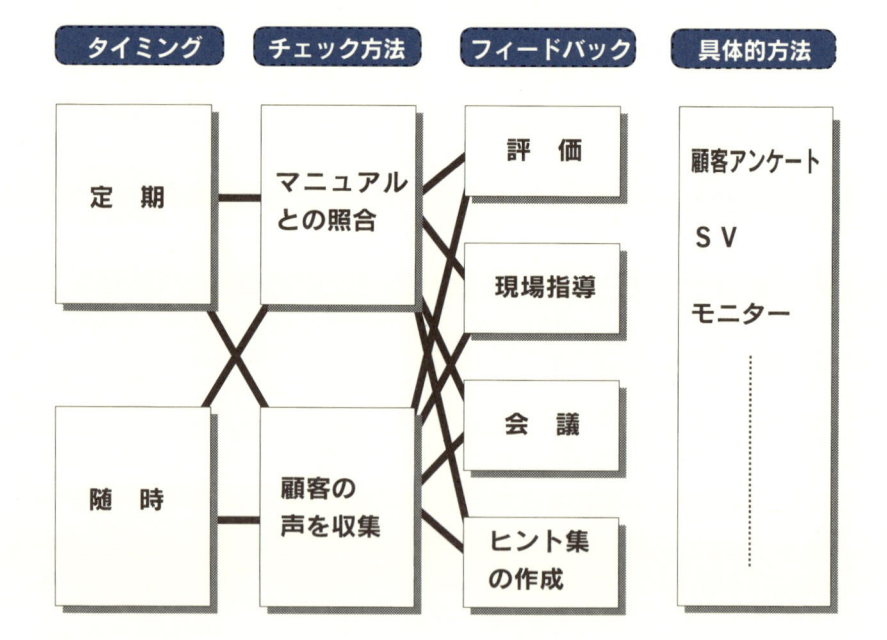

タイミング	チェック方法	フィードバック	具体的方法
定　期	マニュアルとの照合	評　価	顧客アンケート
随　時	顧客の声を収集	現場指導	ＳＶ
		会　議	モニター
		ヒント集の作成	

サービスの質は人に左右され、少しでも気をゆるめるとどんどん低下するおそれがある。サービスに対する顧客の不満は直接そのサービスを提供された当事者に向けられにくく、他者に伝えることにより不満を晴らそうという傾向をもつ。したがって、当事者は、顧客の感じている不満をキャッチしにくく、悪評が口こみで広がり、知らず知らずのうちに信頼を失ってしまっていることさえありうる。

　そこで、つねに、手綱を引き締め、サービス状況に目を光らせていく必要があり、これをチェックし、フィードバックさせるしくみが必要になってくる。

　これには、大きく2つの観点から分類することができる。1つは、**自社で蓄積した手順・ノウハウを形にしたマニュアルとサービスの実態との照合によるチェック**である。もう1つは、**顧客の声を収集して、チェックする方法**である。これに、チェックの頻度やフィードバックの方法を組み合わせることにより、いろいろなチェックシステムを考えることができる。マニュアルとの照合によるチェックの例としては、**SV（スーパーバイザー）制度**が代表的である。自社内でサービスに熟達したメンバーがSVとなり、一定期間ごとに各拠点を巡回指導するスタイルである。あらかじめ用意されたチェックリストにしたがってチェックし、評点を定め、本部で各拠点の状況を把握するとともに、それにふさわしい各拠点への指導をしていく。また、各拠点の従業員には、チェックをしていることが気づかれないようにして、社外の選定した人に依頼して行なう**モニター制度**もこの種の一例である。これには、いつ誰からチェックされているかもしれないとの緊張感も手伝い、手綱を引き締めるには有効である。

　フィードバック・指導の方法としては、その場で指摘して指導する現場指導のほか、評点と指摘事項をまとめ、各拠点の長を集めミーティングの場で公表し、それへの対応を論議して、決意を述べてもらうと徹底が促進される。たんなるチェックに終わらず、アクションに結びつくよう着実にフォローする。

顧客情報の収集でレベルアップを図る

●●●●●●●●●●●●マニュアルは完璧ではない●●●●●●●●●●●●

顧客アンケートによる情報収集とフィードバック

アンケートはがき

本日は、当店をご利用いただきましてありがとうございます。
当店にて、お気づきの点がございましたら、以下アンケートにご協力下さい。

1. 当店をご利用いただいている頻度は？
   - a. はじめて
   - b. 月に1～2回
   - c. 月に3～5回
   - d. 月に6～9回
   - e. 月に10回以上

2. はじめて当店をご利用になったきっかけは？
   - a. 知人・友人に誘われて
   - b. 新聞の折り込みを見て
   - c. 広告看板を見て
   - d. たまたま通りかかって
   - e. その他（　　　　　）

3. 当店をご利用いただいている理由は？
   - a. おいしいから
   - b. メニューが豊富だから
   - c. 価格が適当だから
   - d. 交通の便がよいから
   - e. その他（　　　　　）

4. 本日ご利用いただいた満足度は　　　　　　（○をおつけ下さい）

味　メニュー（　　）	満足	やや満足	やや不満	不満
接客態度	満足	やや満足	やや不満	不満

5. その他お気づきの点

お名前：　　　　　　　年齢：　　歳　　性別：男　女
ご住所
ご来店日時　　月　　日　　時頃
　　　　　ご協力ありがとうございました

即座に適宜対応
・お客様に直接、電話、手紙で対応
・店に指導

月に1度、ヒント集にまとめる

［良い評価］

［悪い評価］

マニュアルとの照合によるチェックの方法に対して、顧客の意見をとりいれる方法がある。これは、**「マニュアルは完璧ではない」**、**「顧客のニーズは多様でかつ流動的である」**との思想にもとづく。つねに顧客の声に耳を傾け、顧客に満足を感じていただけるよう配慮をしていこうとするシステムである。必要であれば、マニュアルもどんどん追加改訂していく。また、マニュアルには表現しつくせない心づかいをしていこうとする姿勢でもある。
　大切なことは、正しい情報をつかみ、すばやくフィードバックしていくことである。
　その1つとして**顧客アンケート**がある。あるフランチャイズの飲食店では、顧客アンケートハガキを店内に置いている。より多くの正確で貴重な情報を収集するために、席についたら必ず手を伸ばせば届く範囲内にアンケートハガキを置く。このハガキは、記入後郵便ポストに投函してもらうことになっている。店に筆記用具と回収ポストを設置して収集する方法も考えられるが、待っている間のいたずら書きがふえ、貴重な声を探しだすのに時間がかかってしまうことをふせぐためである。投函されたアンケートハガキは、本部の社長へダイレクトに運ばれ、社長自身の目によって適宜層別し、対応を指示している。また、月に1回、その内容をまとめ各店舗に配付している。良い評価は励ましの材料として、逆に、悪い評価は天の声と受けとめ、質の向上に役立てるネタとして大切にする。
　このしくみをとったとき、各店舗に働く人がいわゆるサクラとなって、自分たちの利益になるようなハガキの投函をしてくるおそれがあった。企業として、顧客アンケートを行なう目的を熱意をもって徹底させるため、余計な情報が集まってこない手立てや、誤った情報によってアクションや評価につながらないような配慮を施しておく必要がある。
　各企業の目的とそれに投入できる経営資源（ヒト・モノ・カネ・時間など）を勘案して、顧客情報の収集・分析・フィードバック・評価のしくみを考えるべきである。

苦情対処マニュアルとシステムづくり

きめ細かい対処と改善に活かす体制を

苦情対処システム

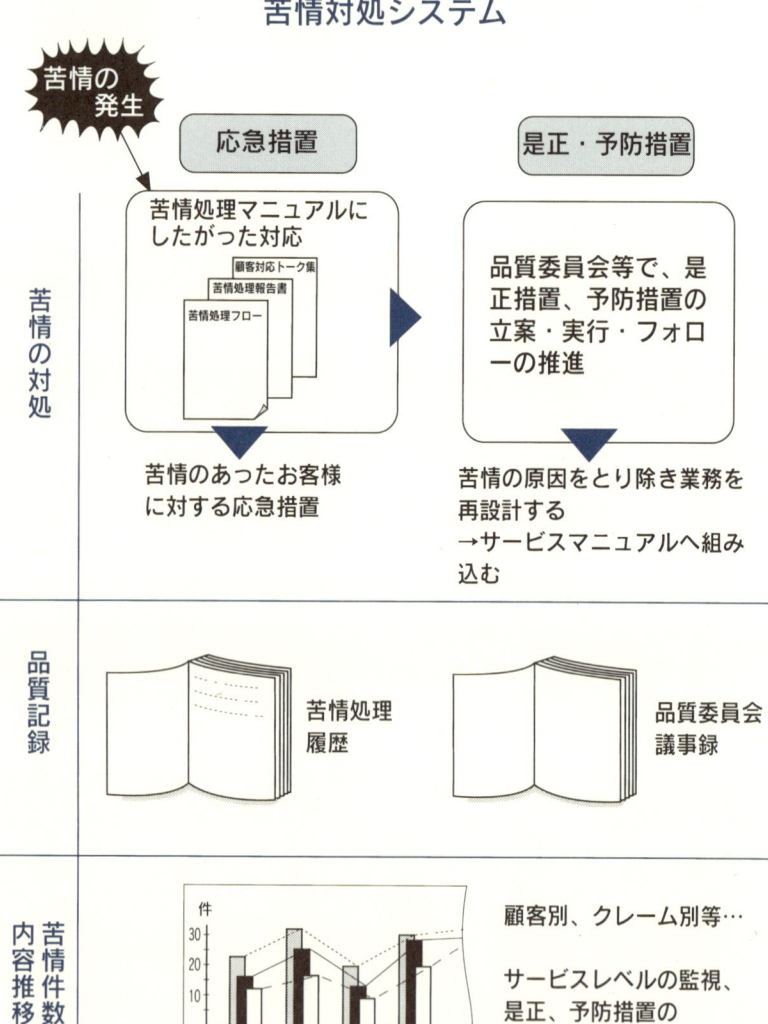

苦情の発生

苦情の対処

応急措置
- 苦情処理マニュアルにしたがった対応
  - 顧客対応トーク集
  - 苦情処理報告書
  - 苦情処理フロー
- 苦情のあったお客様に対する応急措置

是正・予防措置
- 品質委員会等で、是正措置、予防措置の立案・実行・フォローの推進
- 苦情の原因をとり除き業務を再設計する
  →サービスマニュアルへ組み込む

品質記録

- 苦情処理履歴
- 品質委員会議事録

苦情件数内容推移

（1月～4月の件数推移グラフ）

- 顧客別、クレーム別等…
- サービスレベルの監視、是正、予防措置の効果確認

サービスにおいては苦情という「異常」を活かすことが大切であり、苦情対処のシステムとマニュアルを明確にしておく必要がある。

　サービスに関する不平・不満の情報は、当事者には収集しにくい性格をもつことを前述した。しかし、あらためて調査をしてみると一般的にサービスに関する不満は多い。こちらからあえて努力をせずに、情報をいただける苦情については、むしろありがたく承り誠意をもった対応をするべきである。ところが、苦情をいただいたときに、その際の口のききかたが横柄であったり、社内対応ルートもその時々でまちまち、窓口責任者はあってないようでは困る。過去の苦情の記録、対応もさだかでなく、せっかくの情報もその後の糧となっていないといった企業は多いようである。

　苦情対処システムとして、**苦情処理のフロー**、**苦情処理報告書**などと**苦情処理時の模範となる顧客対応トーク集**をマニュアルとして整備する。そのほかに、過去から現状まで苦情の処理内容の推移状況が掌握できるグラフと苦情処理の実績をファイルし蓄積されたノウハウ集として整備する。そして、確実な苦情に対するフォローとその後の糧となるしくみをきっちりさせておく。打たれ強い人間が伸びるように、苦情を活かせばサービス品質は格段に高まる。

　苦情処理フローでは、苦情のあった場合の窓口と責任を明確にし、その部門が主管となって社内対応をとり、お客様に対する対応を確実にするまでの手順と役割を示しておく。苦情処理報告書が組織間を流れ、苦情処理の内容から、検討後の処理の内容までが記載され、お客様への対応をした後、責任部門で管理する。管理方法は、たんに報告書をファイルすることではなく、その際に施された対応がうまくいっているか。その後同一のお客様からの苦情はないか。同一あるいは、関連した苦情の内容のものは発生していないか。これまで、苦情という顕在化された状態にはなっていないが、お客様に不満をいだかせていたものはないか。過去のお客様に対して、アフターフォローをしておいた方がよいことはないか、をきめ細かく対処しておく必要がある。

ゴルフ場キャディマニュアル事例

••••••••••••ハンディであることも大切••••••••••••

キャディ、マニュアル構成例

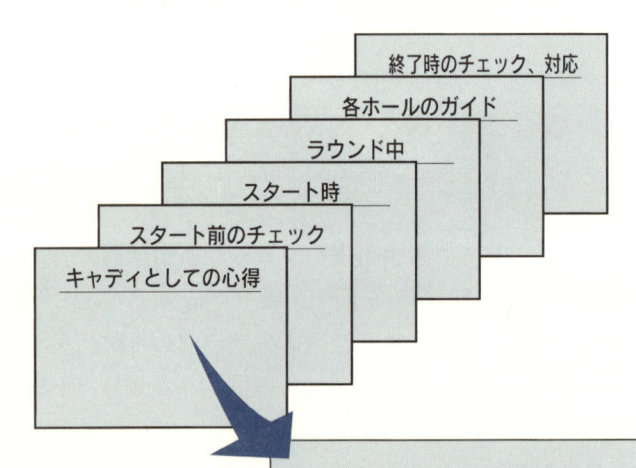

- キャディとしての心得
- スタート前のチェック
- スタート時
- ラウンド中
- 各ホールのガイド
- 終了時のチェック、対応

キャディとしての心得

1. まごごろのこもる親切な心
2. テキパキと迅速な行動
3. 明るい笑顔と楽しい雰囲気
4. 感謝と反省
5. 創意工夫
6. チームワーク
7. たえず初心を忘れない行動

ゴルフ場でプレーして、やはりキャディの対応が良いと気持ちが良いし、逆にキャディーの対応が悪いと、せっかく高いお金を払って楽しみにきているのに、と気分が悪くなってしまうことがある。キャディの接客サービスを中心とした品質で、そのゴルフ場の品質を見定めてほぼ間違いはない。キャディの質向上のためにも、やはりマニュアルは欠かせない。

　キャディ用のマニュアルとしては、スタート前や、ラウンド中の休息時などのちょっとした時間を利用して確認できるように**ポケットサイズのハンディなもの**がよい。構成としては、「キャディとしての心得」、「スタート前のチェック」、「スタート時」、「ラウンド中」、「各ホールのガイド」、「終了時のチェック、対応」が主なところである。

　キャディとしての心得の部分は、笑顔、明るい態度、ことばづかい、感謝の気持ちなど一般的な事項のほかに、スピードのある行動やコースの勉強についての記載が考えられる。スタート前のチェックの部分は、あいさつや身だしなみチェックについてと、カートの設備関係の点検やキャディとしての所持品のチェックをチェックリストにまとめておく。スタート時の、お客様に対するあいさつ、クラブの確認時のことばづかいのポイント・コツが主要な内容となる。今日1日おともするお客様の名前、顔、クラブバッグとパター（クラブ）をおぼえることが大切な事項として明記しておく。ヘッドカバーの有無もチェックしておくべき。

　ラウンド中には、コース、距離、グリーン、OBの場所やバンカーの砂の状態等コースのガイドを示すほか、安全にかつスムーズにラウンドが進行できるようコースの特色を踏まえて記載しておく。また、最初のお客様については、技量や知識に応じた接客を心がけることも重要である。最後に、終了時には、お客様に対して、クラブの確認やあいさつのしかた、使用したカートほかの設備の清掃・点検をすることを記載しておく。　ハンディなマニュアルとしては、大きさだけでなく、厚さも適当なサイズに抑え、したがって、ポイントを要領よく記載する必要がある。

7　サービスマニュアルのつくり方

工場内作業5S
推進マニュアル

●すべての作業の基本5Sの徹底を図るために●

> この章では、工場、オフィスを問わず汎用的な5S教育マニュアルの実例を提示する。5S（整理・整頓・清掃・清潔・躾）とは何かと問われると、1つ、2つ返答できないことが多い。また、5Sは工場内のことであって、オフィスでは関係ないと誤解していたりする。社内で、自社独自の実践マニュアルを作成していただきたい。

すべての作業の基本は5S

・・・・・・・・・・ 全社でも徹底したい5S ・・・・・・・・・・

5Sマニュアルは、全社員にわかるようにつくる

```
              5Sマニュアル
      ┌───────────┼───────────┐
  教育マニュアル      実践マニュアル      チェックリスト
                   （対象物別）
  整理のポイント        棚
  とすすめ方       ロッカー、キャビネット    全職場共通
  5Sの効果        機械設備
  5Sの意味    ＋   5S責任分担   ＋
  なぜ、                         職場別
  5Sが大切か
```

5Sの
すすめ方

すべての仕事の基本として、製造業を中心に5S（整理・整頓・清掃・清潔・躾（しつけ））が行なわれている。5Sは、全員参加が原則なので、全社・全社員ですすめようとすれば当然マニュアルが必要になる。

5Sマニュアルは、5Sの必要性や意味が全社員に理解でき、すすめ方や具体的な5S基準がわかりやすく述べられており、全職場で活用できるものでなくてはならない。そのために、できるだけわかりやすい表現を用い、ことばだけでなく図や絵をふんだんに用いるのがよい。

5Sマニュアルの項目例をあげると「なぜ、5Sが大切か」、「5Sの意味」、「5Sの効果」、「整理・整頓・清掃・清潔・躾のポイントとすすめ方」、「対象物別5S基準」となる。さらに「チェックシート」を加える。

マニュアル全体の流れは、まず5Sの大切さ・意味・効果を理解してもらう。次に、整理・整頓・清掃・清潔・躾のポイントとすすめ方の基本的な要件について学習し、対象物別に計画が立てられるようにする。そして、対象物別5S基準を参照しながら5Sを実施する。その結果は、チェックリストを使って評価し、不具合箇所に対する処置をする。このように、マニュアルは、管理サイクルや業務の流れ、作業手順などに合わせた順序で作成する。

さて、5Sマニュアルが完成したら、まず各職場のリーダーを集めて研修を行なう。そして、そのリーダーが職場に戻ってメンバーに説明し、いっしょになって5S改善を行なうことで全社に展開してゆく。マニュアルは、各職場に1部ずつ配布し、いつでも見られるようにしておかなければならない。もちろん、マニュアルの更新はその都度きちんと行なわなければならない。5Sマニュアル自体の5Sができなくては、職場の5Sなどできるはずがない。

以下この章では、まず、**汎用的な5S教育マニュアルの事例を提示する**。内容や文字の表現を、自社で受けいれられやすい形に直して、活用することができる。最後に、対象物別実践マニュアルのつくり方をまとめる。なお、チェックリストについては、第5章を参考にされたい。

なぜ、5Sが大切か

•••••••• ムダをなくし、付加価値を生むために ••••••••

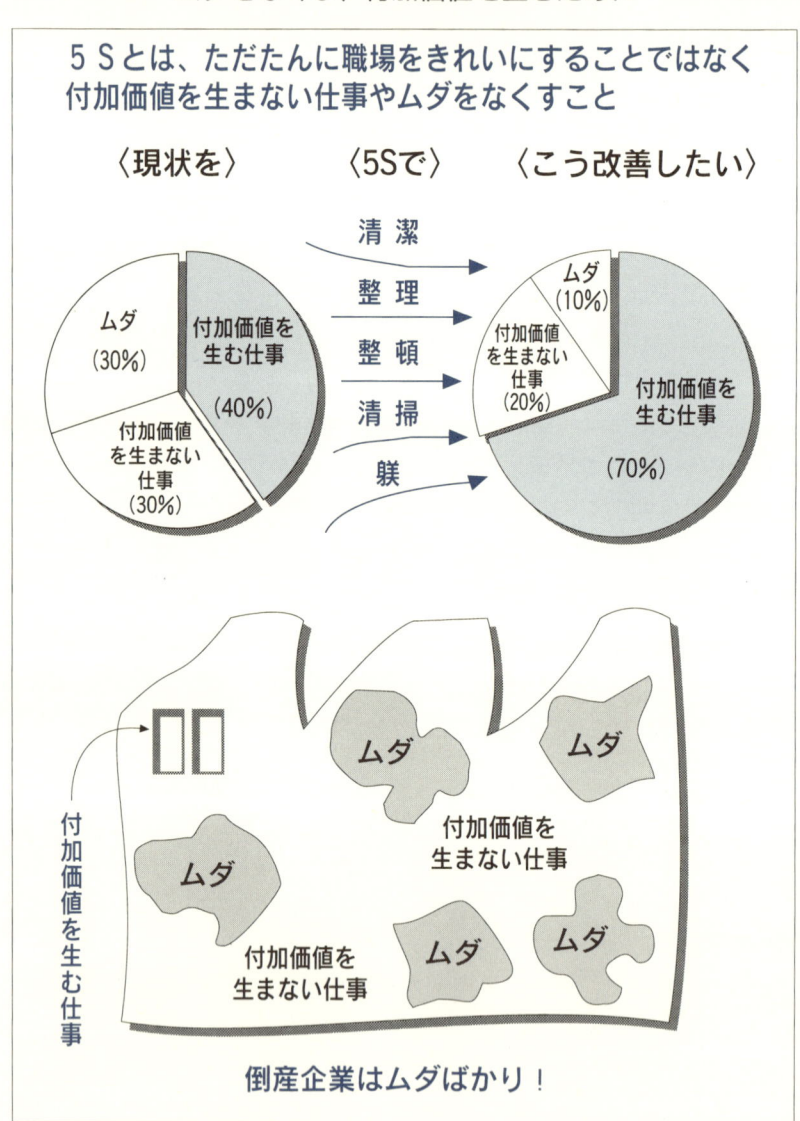

5Sとは、ただたんに職場をきれいにすることではなく
付加価値を生まない仕事やムダをなくすこと

〈現状を〉　　〈5Sで〉　　〈こう改善したい〉

現状:
- ムダ (30%)
- 付加価値を生む仕事 (40%)
- 付加価値を生まない仕事 (30%)

5S:
- 清潔
- 整理
- 整頓
- 清掃
- 躾

改善後:
- ムダ (10%)
- 付加価値を生まない仕事 (20%)
- 付加価値を生む仕事 (70%)

付加価値を生む仕事

ムダ　　ムダ

付加価値を生まない仕事

ムダ

付加価値を生まない仕事　ムダ　ムダ

倒産企業はムダばかり！

５Ｓとは、整理・整頓・清掃・清潔・躾(しつけ)の５項目の頭文字のＳをとったものである。５Ｓは、すべての仕事の基本であり、業務のマニュアル化を行なう以前に、すすめられていなくてはならない。

　工場の中に、一歩足を踏み入れると、薄暗く、迷路のようになっている所がある。機械も油だらけで、窓の前の棚には汚れた治工具や部品が、山のように置かれている。オフィスの机の上には書類がいっぱい広げられており、カタログや色とりどりのファイルが積み上げられている。こういう職場では、必ずものを探すという作業が発生し、必要なものが紛失することもある。

　仕事の中には、付加価値を生む仕事と付加価値を生まない仕事、ムダの３つがある。工場で、付加価値を生む仕事とは、切粉を出してものを加工したり、部品を組み付けたりして、製品の姿へと近づける仕事である。付加価値を生まない仕事とは、機械に加工物をとり付けたり、ものを運搬したりして、付加価値を生む仕事に付帯する仕事である。ムダとは、ものを探したり、機械の清掃が悪く不良品を造ったりすることで、何も付加価値を生まないばかりでなく、損失を与えることもある。

　５Ｓの徹底とは、付加価値を生まない仕事をできるだけ減らし、ムダをゼロにすることであり、たんに職場をきれいにすることではない。よく、５Ｓをやっても品質が良くならないとか、コストダウンにつながらないとかいうことを耳にするが、すすめ方を間違えているわけである。

　また、倒産企業の再建には、まず整理・整頓・清掃からはじめるということが聞かれるが、つぶれるような企業の工場は一様に汚い、といわれている。業務自体が不効率になっているばかりか、そこに働く従業員のモラール（士気）も低く、管理不在の経営が行なわれていた結果であろう。職場の５Ｓレベルは、企業の経営レベルを映しだしたものである。

　この世に生まれて、与えられた貴重な時間を"ムダ"に費やすほどばかばかしいことはない。快適な職場環境のもとで、楽しく、価値のある仕事をする。その結果として、企業は利益を得ることができ発展するのである。

5Sは現場のリエンジニアリング

目的と意味を理解しよう

5Sは現場のリエンジニアリング

☆整理とは ── いるものといらないものを区分して職場にはいるもの以外は一切置かないことである。 → 不要な業務のマニュアル化はしない

☆整頓とは ── いるものが誰にでもすぐとりだせるようにしておくことである。 → 現場で現物を目で見てわかるマニュアル化

☆清掃とは ── 職場をゴミなし、汚れなしの状態にすることである。 → 掃除しながら行なう点検業務

☆清潔とは ── 整理、整頓、清掃を徹底することである。 → 継続は力なり

☆躾とは ── 決められたことが正しく実行できるように習慣づけることである。 → マニュアル成功の必要条件

5Sを推進するには、まず、5Sの正しい意味を理解する必要がある。
　整理とは、いるものといらないものを区分して、職場には、いるもの以外は一切置かないことである。いらないものとは、それがなくても何ら業務に支障をきたさないものである。同じ工具や刃具がキャビネットの中にたくさんつめ込まれていたり、古いカタログや図面がいつまでも棚に積み上げられてはいないか。1年に1〜2度しか使わない機械が、職場のまん中に置かれてはいないか。
　整頓とは、いるものが誰にでもすぐとりだせるようにしておくことである。新人やその職場以外の人にでも、何が、どこに、いくつあるのかがひと目でわかるようにしておくことである。そうすることによって、誰にでもその業務の応援ができたり、不具合点の指摘ができ、効率化に結びつく。現場の中における、目で見てわかるマニュアル化の推進である。
　清掃とは、職場をゴミなし、ヨゴレなしの状態にすることである。しかし、たんに掃除してきれいにしておくだけでは清掃とはいえない。掃除している時に、床に穴が開いていればすぐ補修し、機械から油が漏れていればすぐ原因を追求し対策を打つ。すなわち、いるものをいつでもすぐ使える状態にしておくことが清掃である。本来の目的を理解することが大切で、清掃とは点検業務なのである。
　清潔とは、整理、整頓、清掃を維持、徹底することである。今では、5Sはわが国のどの工場においても、ものづくりの基礎手法として推進されているが、徹底できている企業は少ない。整理、整頓、清掃の3Sを実行し続け、職場を清潔にするという意味である。
　躾とは、決められたことが正しく実行できるように、3Sを徹底して行なうことをとおして、習慣づけることである。そうすることで、会社でのいろんな決めごとも、正しく実行してくれるような人と風土をつくりあげようということである。整理、整頓、清掃、清潔が手段で、躾が目的ともいえる。経営方針も、全社一丸となりとりくまなければ達成できないし、マニュアルも躾ができていなければまったく意味がない。

5Sの効果は明白

・・・・・・・・・ ムダのない安全な職場づくり ・・・・・・・・・

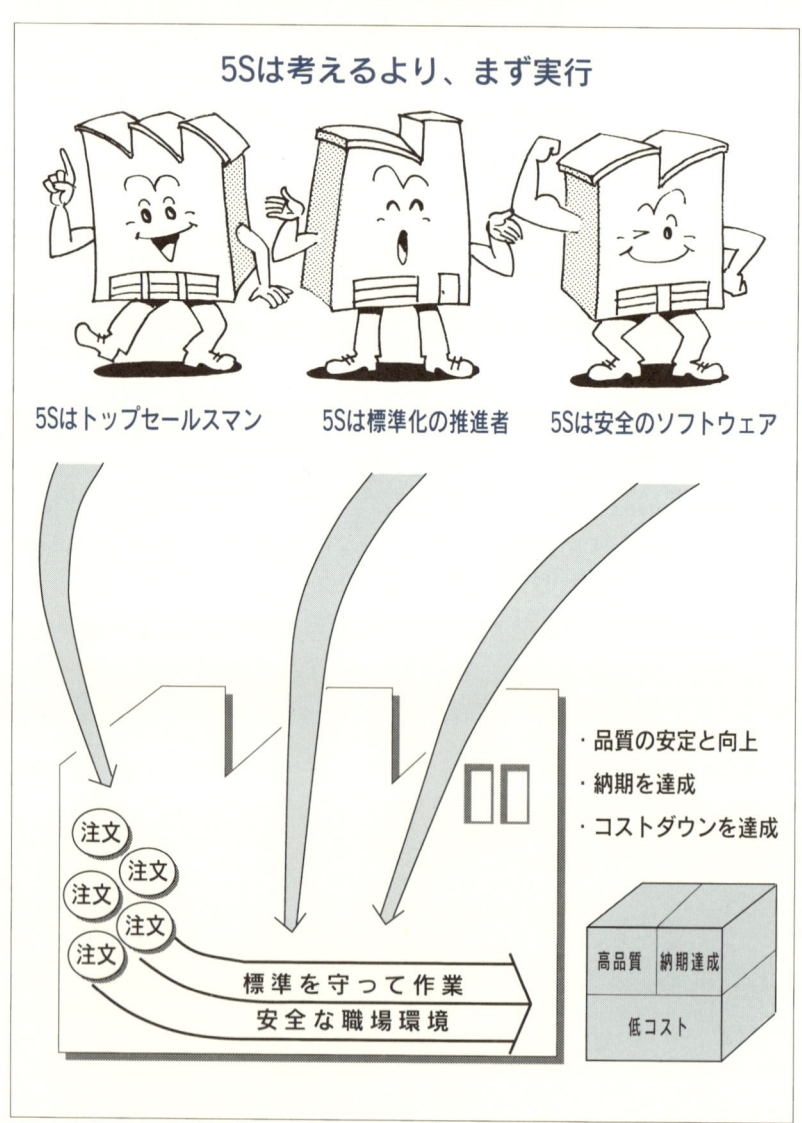

5Sは考えるより、まず実行

5Sはトップセールスマン　　5Sは標準化の推進者　　5Sは安全のソフトウェア

注文
注文
注文
注文
注文

標準を守って作業
安全な職場環境

・品質の安定と向上
・納期を達成
・コストダウンを達成

高品質	納期達成
低コスト	

「5Sをすすめればどのような効果がでるのか？」また「徹底しようとすると費用もそれなりにかかる。5Sへの投資に対する経済的効果をどう算定すればよいのか？」よくそのような質問を受けるが、一番良い回答は、「とにかく、すぐはじめて下さい」ということだろう。頭で考えていないで、実行して確認してもらうのがよいが、以下のようになる。

工場はものをつくる所で、営業部門はものを売る所である。あたりまえのことと思われるが、実はこれは大きな間違いである。部品加工工場を例にあげると、お客様は、その会社と取引きをはじめる時には必ず事前に工場を訪れ、要求するものがきちんと納品できる工場かどうかの診断を行なう。数社の中から1社を選定する場合どこに決まるか、あるいはどこから外されていくかはいうまでもない。製造企業の販売促進活動で一番重要なのは、工場の5Sなのである。

もちろん、生産の3大使命である品質・コスト・納期に対する目標を達成するための、必要条件であることはいうまでもない。ゴミや埃が原因で製品にキズがついたり、部品を間違えて組み付けたために返品になったりする。品質の安定と向上には、むずかしいQC手法を勉強するよりも、まず全員で5Sを行なうことである。

コストダウンと5Sとの関係はどうか？　同じ部材があちこちに分散して置かれていて在庫量がわからず余分に購入したり、探したが見つからず買ってしまうことはよくあることである。ストップウォッチでタイムスタディを行なう前に、誰が考えてもばかばかしいムダをなくすことである。納期についても、品質不良やムダによる生産性の低下により、お客の要求を満たせないということになる。

安全な職場とは、十分なスペースがあり、明るく、見通しのよい職場をいう。また、そんな職場では少しでも不安全な箇所があると、すぐにわかり対策を打つことができる。作業者も規則を守る習慣がつけられており、5Sは、安全のソフトウエアといえる。

以上のことを行なうには、みんなが決められたことを守ってはじめて可能になる。5S（躾）は、標準化の推進者である。

整理のポイントとすすめ方

・・・・・・・・・・・・・ どんどん捨てる ・・・・・・・・・・・・・

もうこれは使わない、もうこの業務はやらない
という決断が成否を決める

☆机の引出しの中身をひっぱりだしてみよう。

不要なものでいっぱいだ ──→ 不要な仕事でいっぱいだ！

□ 整理しないために発生するムダ

- スペースのムダ
- 棚やキャビネットのムダ使い
- 職場環境の悪化
- 仕事のストレスが蓄積
- 不要物まで管理するムダ

整理とは、いるものといらないものを区分して、職場には、いるもの以外は一切置かないことである。

　整理ができていないために、職場にどんなムダが発生しているか考えてみよう。まず、スペースのムダがある。職場が狭いという前に、工場やオフィスの中を見わたしてみるとよい。わけのわからないものがたくさん置かれていて、誰の担当責任か不明の物が多いことに、きっと驚かされるだろう。また、そんな不要物を保管するために、棚やキャビネットがどれだけムダに使われているか。ムダな棚やキャビネットが窓ぎわに置かれているために、どれだけ職場を暗くして、仕事のストレスを蓄積することになっているか。とりあげたらきりがないが、このような不要物を管理するために人の労力を費やすことだけは避けるべきである。

　会社で整理がどれだけできているかの評価方法のひとつに、棚卸しの時間がある。2時間以内で完了する所は良好で、半日がかりの所は普通レベル、1日以上の所は整理不十分と判定できる。なかには、倉庫への入出庫をストップさせて2～3日もかけて実施している会社や最初からあきらめて実施しない所すらある。もちろんこれは品名と数量を調べるだけであるが、単価を調べ金額まで計算するとなると、もっと大きな差がでる。

　すすめ方は、何も特別なことはない。捨てる勇気をもって、どんどんやるだけである。工場だと、トラックを横付けして、その場で不要物を積み込んでいく。通常、どんな悪い所でも2～3回やれば、かなり整理される。

　しかし、そこからが整理のむずかしい所で、後に残ったものは本当に必要なものか、もしくは必要かどうか判断に迷うものである。ある設備の処分を検討したとしよう。いつかは必要になることがあるかもしれないが、ここ1年間は使用しなかったものである。こういう場合は、もうその設備を使用して加工しないようにする、という決定が必要であり、順次その決定ができるかどうかという所に成否の別れ道がある。5Sは、経営者や管理職の決断なしでは、出発点である整理すらできない。

整頓のポイントとすすめ方

何がどこにあるかがすぐわかる

すぐとりだせてあたりまえ、もとに戻せる工夫が大切である

□ 整頓は、

- まず、徹底的に整理を実施する

- 置き場の基本は、使用地点に置く

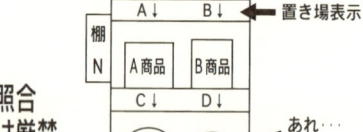

- 置き方は外から、表示とものが照合できるように置く──→ トビラは厳禁

- 表示は、置き場、置かれるもの自体、帳票（台帳、伝票など）の3か所にする

□ 整頓しないために発生するムダ

- 探すムダ──→1分100円のムダ
- ないと思って余分に買ってしまうムダ

整頓とは、いるものが誰にでもすぐとりだせるようにしておくことである。

　整頓ができていないために、職場にどんなムダが発生しているか考えてみよう。倉庫の中のものを探しまわり、どこに置いたかわからなくなり注文したら、後からでてきたという経験はよくあることだ。この例では2つのムダがある。1つは、探す時間のムダであり、その人に1分100円のチャージがかかっているとすると、30分で3,000円の損失である。もう1つは、余分に買ってしまうムダであり、注文の事務コストとそのものがもう使わないものであれば購入金額すべてがムダになる。後で使うものであっても保管料などの管理コストがかかる。

　ではどのように整頓すればよいか。すぐとりだせる工夫が、置き場と置かれるもの自体になされていること。とりだしたものがもとの置き場に戻しやすい工夫がなされていることである。さらに、間違って置かれていたら誰でもがわかり、すぐ直せるようになっていることである。

　すすめ方は、まず整理を徹底的に行なうことである。不要品を整頓することは絶対に避けること。また、商品カタログなどその職場で共用すればよいものは、1か所に集めて置場を決める。

　置き場の決め方の基本は、使用地点に置くことであるが、使用頻度の少ないものは、使用地点から離れた所にまとめて置く。

　置き方は、棚、キャビネット、ロッカーなどに表示して置くが、その表示が離れた所からもよく見え、すぐとりだせるように置くこと。ファイルなどは重ねて置かず、立てて置くのが基本である。また、機密物以外は、扉のない（外からよく見える）ものに収納するのがよい。

　表示のしかたは、棚などへの置き場の表示と置かれるもの自体への表示をして、決められた置き場に置かれているか照合ができるようになっていなければならない。

　よく、ものが紛失するのでキャビネットなどに鍵をかけている職場があるが、これでは置き場が明確になっていない（整頓ができていない）ために戻したくても戻せないことになる。

清掃のポイントとすすめ方

・・・・・・・きれいにすれば不具合がすぐわかる・・・・・・・

**当初は30分、しかし今は5分で同レベル、
これが清掃評価のものさしである**

□掃除と清掃

- 掃除とは、見た目にきれいにすること
- 清掃とは、きれいにすることをとおして、不具合箇所を直すこと

□清掃は、まずモップやぞうきんを持って掃除する

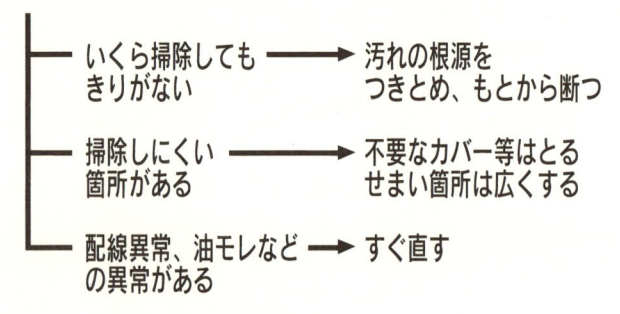

- いくら掃除してもきりがない → 汚れの根源をつきとめ、もとから断つ
- 掃除しにくい箇所がある → 不要なカバー等はとる　せまい箇所は広くする
- 配線異常、油モレなどの異常がある → すぐ直す

□清掃しないために発生するムダ

- 掃除に時間がかかる
- 不良の根本原因である
- 生産性低下をまねく
- 機械の寿命を縮める
- 事故のもと

清掃とは、職場をゴミなし、ヨゴレなしの状態にすることである。そして、いるものがいつでもすぐ使える状態にしておくことが清掃である。
　清掃ができていないために、職場にどんなムダが発生しているか考えてみよう。床の掃除をしていて、凹みがあるのに気づいたが、床をきれいにすることのみに専念した。台車にものを乗せて運搬中に、その凹みにキャスターがひっかかり運搬物を倒してしまった。運搬物が製品なら不良品になったであろうし、書類なら拾い集めなければならない。重量物なら、足の上に落ちケガをしたかもしれない。このような床は、掃除はできていても清掃ができている床とはいわない。
　また、汚れた機械はどこに異常が発生しているかわからず、不良品を造り続ける危険がある。毎日きれいに掃除していると、いつもとちがう所があればすぐに気づき整備できる。これが、清掃である。
　すすめ方は、まず、モップや雑巾を持って掃除をする。管理職から率先して行なうこと。そして、掃除をしていて発見した不具合点を、ただちに改善する。この不具合点には３つある。１つは、いくら掃除してもきりがなくすぐ汚れることで、汚れの根源をつきとめもとから断つことが必要である。２つ目は、掃除しにくい箇所があることで、機械設備ならカバーなどは必要最小限にとどめる工夫がいる。３つ目は、油漏れやトルク不足、ベルトのゆるみや配線異常などで、見つけたらすぐ直す。清掃点検といわれる所以である。
　清掃には、定常清掃、定期清掃、一斉清掃がある。定常清掃とは、毎日、目にふれる所や重要箇所の清掃を行なうことで、通常15分以内に終える。定期清掃とは、週や月に数回行なう清掃で、日常やれない箇所を重点的に行なう。一斉清掃とは、全社いっせいに行なう清掃で、半日から１日かけ徹底的に行なう。
　清掃は、レベルが向上すると、１時間かけてもきれいにならなかった職場が、５分間清掃できれいで正常な状態が維持できるようになる。汚れず、掃除しやすく、異常が発生する頻度を限りなくゼロに近づけるために清掃を行なうのである。

清潔のポイントとすすめ方

整理、整頓、清掃の維持、徹底

5Sができない会社はなにをやってもダメ、
不快指数ゼロをめざして継続すること

5Sの道具箱

PRツール	推進ツール	評価ツール
5Sニュース	5Sアイデアコンテスト	改善きっぷ
5Sポスター	5Sデー（毎月1回 1時間）	トップ巡回
5S標語	5S見学会	チェックシート
5Sバッジ	定点撮影	優良職場表彰

清潔とは、整理、整頓、清掃を維持、徹底することである。清潔を行なうには、全社的な５Ｓ推進組織をつくり、つねに５Ｓの維持、改善が行なわれるように動機づけを行なう必要がある。よく、５Ｓ活動がマンネリになってきたとか、ある程度まですすんだが停滞してしまっているとかいうことを聞くが、これは推進委員や事務局がマンネリになってしまっている結果である。

　５Ｓ活動を維持させるにはどうすればよいか。キックオフは盛大にやったけれど、その後は活動をやっているのかどうなのか社員にまったく情報を流さない会社がある。事務局も何も言わないし、職場が乱雑になっていても管理者は注意もしない。これではすすむはずがない。当社では、全社をあげて５Ｓをすすめているのだという気持ちを全社員にもち続けてもらわなくてはならない。そのためには、５Ｓニュース、５Ｓポスター、５Ｓ標語、トップ巡回診断、５Ｓ全社実施デーなどの５Ｓツールの活用と企画が必要である。

　５Ｓ改善を実施し、レベルアップを図るにはどうすればよいか。改善活動を実行させる引き金を引くきっかけづくりが必要である。優良他社への５Ｓ見学会、チェックリストによる職場評価、アイデアコンテスト、定点撮影による改善進度把握などの５Ｓツールが有効である。

　それでは、５Ｓはどこがゴールか。

　ＱＣ活動には不良率ゼロ％、ＰＭ活動には設備稼動率100％という最終目標がある。５Ｓのゴールは、そこで働く人の不快感をゼロにするということである。ものを探したり、置き場に必要なものがなかったり、表示がよく見えなかったり、仕事がやりづらかったり、ものがとりにくかったりと、これらはすべて人を不快にする。職場が汚れていたり、雑然としているのは不快指数100％である。

　いったん５Ｓをはじめたら、途中で中断したり、うやむやにしてはならない。５Ｓが継続できない会社は、何をやってもダメで、職場の５Ｓ状態は会社の経営状態を映しだす鏡である。最後に、清潔の秘訣を述べると、社長の率先垂範の一言につきる。

躾のポイントとすすめ方

・・・・・・・・・ よい習慣づけのために ・・・・・・・・・

躾の徹底は、むずかしいといわれる。しかし、毎朝道を間違えずに会社に来るよりもやさしいはず

☐ 決めごとが守られれば、仕事も効率的にできる

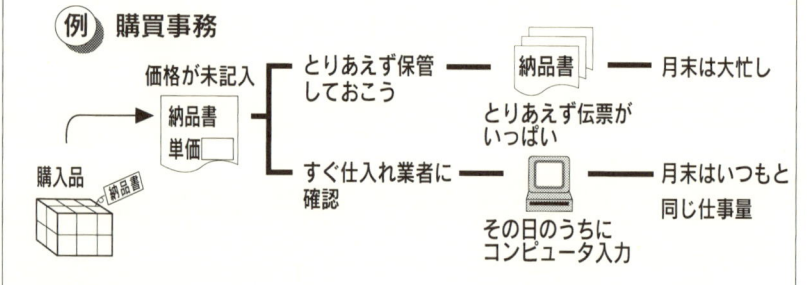

例 購買事務

価格が未記入 → 納品書 単価☐

購入品

- とりあえず保管しておこう → 納品書 → 月末は大忙し
- とりあえず伝票がいっぱい
- すぐ仕入れ業者に確認 → その日のうちにコンピュータ入力 → 月末はいつもと同じ仕事量

☐ 躾を徹底するには、
　まず、目で見て異常がわかるようにしておく
　　　　　　　　　　（整理・整頓・清掃・清潔）

不具合を発見
- 見て見ぬふり　　　　　　×
- 責任者や担当者に注意　　△
- 見つけた人がすぐ直す　　○

☐ 5Sはトップや管理職の率先垂範が大切である

★率先垂範とは何気ない行動こそ重要 …… 社員はよく見ている！

躾とは、決められたことが正しく実行できるように、3S（整理、整頓、清掃）を徹底して行なうことをとおして、習慣づけることである。
　よく、「うちの会社は何をやってもダメだ。5Sでものの置き場を決めてももとに戻さないし、仕事のルールを決めても守れるのは最初のうちだけだ。5Sをやる以前の問題だ」という人がいる。しかし、5Sとは、その基本的なことができるようなクセをつけることである。
　躾ができていると、どう仕事に反映されるか。オフィスでは、たとえば伝票類には必要な事項がすべて記載され、その後の処理が簡単にできる。当然、購入依頼伝票や出庫伝票、返品伝票などの発行忘れや未発行などは皆無である。これで、事務部門の仕事の不効率やトラブルの原因が、ほとんどなくなる。製造現場だと、決められた標準作業が守られ、もし守れない場合には必ず報告がされるようになる。品質不良や納期遅れによるトラブルがなくなり、コストダウンができる。
　では、どうやって習慣づけを行なっていけばよいのか。まず、5Sに関する決めごとをつくる。このファイルは、とりだしたらここに戻しなさいという程度でよい。次に、決めごとが誰にでも目で見てわかるようにしておく。文字で読んでわかるのではなく、見て瞬間的にわかるようでなければいけない。記号や色分け、絵表示などを現物に施す。
　ここまでで準備は整った。これからが本番である。決めたとおり実施されていなければ、誰でも気がついた人がその場で直すこと。この異常を発見したら直すという習慣づけが大切なのである。その職場や担当者に、指摘をし、直させるということではない。みんなが、異常を発見したらその場で直すというクセがついたら、自然と決めごとは守られるようになる。5Sは、トップや管理職の率先垂範が大切だが、率先垂範とは朝の始業1時間前に出社して、トイレ掃除や庭の手入れをしなさいということではない。廊下を歩いていて、ゴミが落ちていたら拾う、ものの置き方が直角・平行になっていなければ直すという、日常の何気ない行動を改めるということである。そういうさり気ない行動を、社員はよく見ているわけで、躾のポイントである。

対象別5S実践マニュアルのつくり方

●●●●●●●●目的・決まり・ポイントの3項目を示す●●●●●●●●

職場ごとに床の色や棚の高さがちがってはたいへん、全社的に統一すべきことは、あらかじめ決めておく

NO.8　ものの置き方、置き場表示のしかた

■ 目的：整理されたものの置き場を決めて、決められた所に整頓よく保管するために行なう。

■ 決まり

ものの区分	規定	対象物	表示の仕方
固定物	1年以上そこに設置予定のもの	機械設備（アンカーのあるもの）部品棚、机、キャビネットなど	表示しない
移動物	上記以外のもの	台車、自動車、パレットなど	四角表示（白ペンキ）線巾50m/m

■ ポイント
○ 白色枠の線上内にあればよい
○ 直角、平行、垂直に置く

対象別5S実践マニュアル

① 5S責任エリアとり決め
② ロッカー、キャビネット
③ 書棚
④ 床（通路と作業場）
⑤ 窓
⑥ 壁
⑦ 事務機械
⑧ ものの置き方、置き場表示のしかた

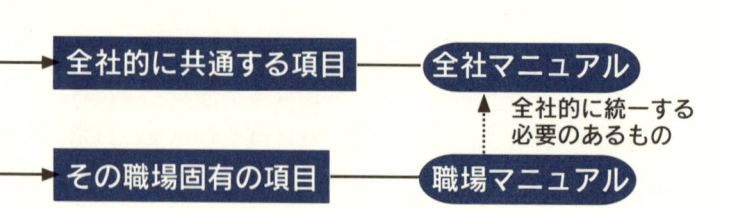

- 全社的に共通する項目 → 全社マニュアル
- その職場固有の項目 → 職場マニュアル

全社的に統一する必要のあるもの

各職場で5Sを実施する場合、たとえば棚を使って整頓をしようとする。その時、棚のサイズ・色などは何を選ぶか、表示はどうするかなど、各職場でその都度検討していたのでは効率が悪いし、不統一であるばかりか、間違った整頓をすることもある。そこで、5Sの対象別にマニュアルを作成し、活用することが必要になってくる。

　対象別5S実践マニュアルのつくり方は、まず5S対象をピックアップすることからはじめる。5S対象は、事務所では、机、キャビネット、ファイルなどに関する項目やもの以外の電話の受け方なども含める。工場では、機械設備や通路、工場内カラーコーディネートなども含める。このマニュアルは、1対象（項目）1枚にまとめるのがコツで、オーバーする時は項目を分割する。会社の規模や業種により異なるが、通常30～50項目抽出する。

　次に、内容であるが、あまり詳細に規定するより、基本的に守らなくてはならない重要な要件や、全社統一しなくてはならないことのみを、簡潔に記載する。詳細部分は、各職場の工夫を生かして実施してもらう。

　実践マニュアルの内容は、①目的、②決まり、③ポイントの3項目について記述する。目的は、なぜそうしなければならないかということを2～3行で述べる。これは、各職場でおのおの工夫をする場合の指針となる。決まりは、全スペースの3分の2くらいをあてて、図表や絵を用いて記述する。もし、そこで各職場で棚やラベルを購入する必要があることが事前にわかっている場合は、社内の問い合わせ先も記入しておく。ポイントについては、実施する時にとくに注意を要する点や、運用上の留意点を、箇条書きで記述する。

　以上は、全社的に共通する項目のマニュアル化について述べたが、会社には、総務、経理、営業、設計、製造、物流、その他管理部門などがある。これら、個別の部署における5S実践マニュアルは、各職場で作成し、5S推進事務局へ提出、登録する。そして、全社的に標準化する必要がある項目については、その都度全社マニュアルに登用する。もちろん、すべてのマニュアルは必要に応じて更新する。

人事考課マニュアルの作成

● オリジナルのマニュアルをどうつくるか ●

9

> 人事考課マニュアルのしくみを事例で紹介する。人事考課マニュアルともなると、実際の実施手順より、その背景となる思想、自社の期待する人材像を明確にするところから出発しなければならない。しかし残念なことだが、世間では、他社の事例をそのままマニュアルで導入すれば、ことたれりと安直に考えている企業が多い。そこで、この章では、求められる人材像の明確化から、評価項目の内容、評価ウエイトなどの設定方法、年間スケジュールまでを紹介する。

人事考課マニュアルは借りものではダメ

●●●●●●●自社独自のマニュアルづくりのステップ●●●●●●●

人事考課マニュアルの体系

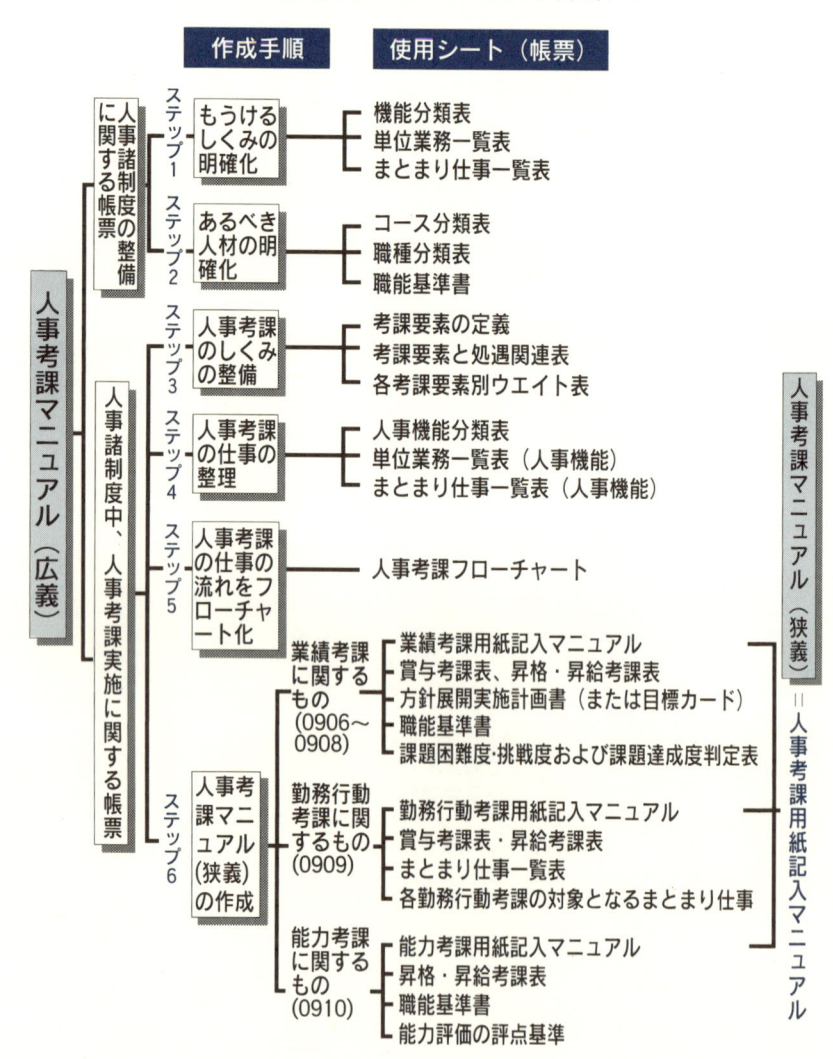

	作成手順		使用シート（帳票）
人事考課マニュアル（広義） { 人事諸制度の整備に関する帳票	ステップ1	もうけるしくみの明確化	機能分類表 単位業務一覧表 まとまり仕事一覧表
	ステップ2	あるべき人材の明確化	コース分類表 職種分類表 職能基準書
人事諸制度中、人事考課実施に関する帳票	ステップ3	人事考課のしくみの整備	考課要素の定義 考課要素と処遇関連表 各考課要素別ウエイト表
	ステップ4	人事考課の仕事の整理	人事機能分類表 単位業務一覧表（人事機能） まとまり仕事一覧表（人事機能）
	ステップ5	人事考課の仕事の流れをフローチャート化	人事考課フローチャート
	ステップ6	人事考課マニュアル(狭義)の作成 — 業績考課に関するもの(0906〜0908)	業績考課用紙記入マニュアル 賞与考課表、昇格・昇給考課表 方針展開実施計画書（または目標カード） 職能基準書 課題困難度・挑戦度および課題達成度判定表
		勤務行動考課に関するもの(0909)	勤務行動考課用紙記入マニュアル 賞与考課表・昇給考課表 まとまり仕事一覧表 各勤務行動考課の対象となるまとまり仕事
		能力考課に関するもの(0910)	能力考課用紙記入マニュアル 昇格・昇給考課表 職能基準書 能力評価の評点基準

人事考課マニュアル（狭義）＝人事考課用紙記入マニュアル

人事考課が脚光を浴びている。右肩上がりの経済成長が望めず、限られたパイを奪い合う時代を迎えて久しい。このきびしい環境の中で、経営者にすれば、「もうけの多い社員には相応に報いたい」だろうし、社員にすれば、「会社の利益に貢献した分、適正に処遇してもらいたい」だろう。「もうけの多い」とか、「会社の利益に貢献した」ということを数字で定量的に表現し、昇給・昇進・昇格・賞与などの処遇に結びつける、人事考課が両者共通の関心時となっているわけである。

　ところが、困った現象がおきている。街の本屋さんで2,000円ほどで「人事考課マニュアル」を購入し、マニュアルに書いてあるとおりにすれば、人事考課などお茶のこさいさい、と思っている企業が多いということである。パソコンソフトのマニュアルを買うのと同じ気分なのである。パソコンのアプリケーションマニュアルなら、A社でもB社でもまったく同じものを使っても支障はない。

　しかし人事考課制度は、親企業と子会社という関係であったとしても、A社とB社がまったく同じであることはありえない。「どのような貢献をした社員を厚く処遇したいか」について、企業ごとに考えが異なっているからである。「礼儀知らずで、ライバルを陥れてでも、自分の売上を達成しようとする」人材か、「売上目標達成にはそれほど関心はないが、マナーを身につけ、チームワークを大事にする」人材か、どちらを厚遇したいか。つまり、**企業のあるべき「人材像」の明確化が出発点**となる。

　その「人材像」は、企業固有の「もうけるしくみ」で決まる。「もうけるしくみ」とは、企業がきびしい競争に打ち勝っていくための仕事のノウハウである。ディスカウントストアなら、「大量に安く仕入れ、高回転で売りきる」というしくみをつくらねばならない。そのしくみがなりたつように、仕事をしくみ、その仕事をなし遂げる能力・資質を明らかにし、あるべき人材像を明確にするのである。

　人材像の明確化を軸に、具体的には左の図のように、6つのステップにしたがって、人事考課マニュアルを作成する。

人事諸制度全体の整備

•••• ステップ1、2——もうけるしくみと人材観の明確化 ••••

人事考課マニュアルのつくり方

ステップ1

| もうけるしくみの明確化 | 企業固有の収益の しくみを明らかにする | → | 具体例
機能分類表・単位業務一覧表
まとまり仕事一覧表の作成 |

単位業務一覧表（例）

中機能	小機能	単位業務	0	1	2	3	4	5	6	7	8	9
8 人事	80 人員計画		800 総記	801 中長期計画	802 年次計画							
	81 採用		810 総記	811 採用計画	812 求人活動	813 採用業務						
	82 教育訓練		820 総記	821 教育訓練計画	822 新入社員教育	823 社内研修	824 社外研修	825 通信教育	826 改善提案			
	83 給与		830 総記	831 制度維持	832 給与計算	833 昇給手続	834 年末調整	835 退職金	836 企業年金	837 財形貯蓄		
	84 福利厚生		840 総記	841 寮・社宅管理	842 社会保険 生命保険 その他保険	843 自動車保険	844 慶弔関係	845 社内販売	846 クラブ・レクレーション			
	85 安全衛生		850 総記	851 安全衛生活動	852 健康診断	853 交通事故処理	854 労働災害処理					
	86 労務		860 総記	861 労働組合	862 年間カレンダー	863 勤怠管理	864 通勤管理					
	87 人事管理		870 総記	871 人事制度	872 人事考課	873 昇格	874 人事異動	875 人事カード管理	876 休退職	877 賞罰	878 賞与	

ステップ2

| あるべき人材の明確化
（社員へポジション付与） |

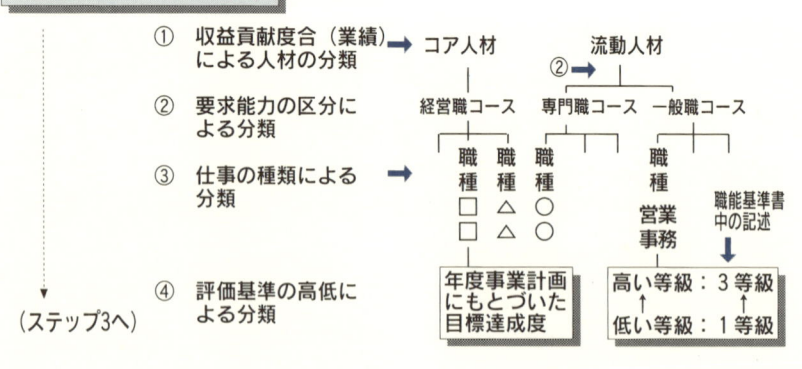

① 収益貢献度合（業績）による人材の分類 → コア人材　　　流動人材　②

　　経営職コース　専門職コース　一般職コース

② 要求能力の区分による分類

③ 仕事の種類による分類 → 職種 □　職種 △　職種 ○　　職種 営業 事務
　　　　　　　　　　　　　　□　　△　　○

　　年度事業計画にもとづいた目標達成度

　　職能基準書中の記述 ↓
　　高い等級：3等級 ↑
　　低い等級：1等級

④ 評価基準の高低による分類

（ステップ3へ）

ステップ１とステップ２は、人事諸制度全体を整備することを目的としており、人事考課マニュアル作成の前提となる。

　ステップ１のねらいは、**徹底的に自社の仕事のあり方を問い直し、仕事のすすめ方を再構築して、他社との差別化を図る**ことにある。具体的には、中機能（販売・生産・購買……人事など）別に単位業務一覧表などを作成しモレ小機能やモレ単位業務（必要なのに欠けている仕事）または不必要な機能を発見し、あるべき仕事の体系をつくりあげる。その際、同業種・他業種を問わず、基準とすべき企業を定めて、自社の現状と比較することが有効である。

　ステップ２は、**仕事のあるべき姿を実現し、企業の収益向上に直接貢献する度合いにより、人材の社内的価値を明確にする**ことがねらいとなる。コース・職種ごとに、①収益貢献度、②要求能力の区分などにより価値を決め、そのちがいを賃金に反映させる。仕事の価値を賃金にダイレクトに反映させる点は職務評価および職務給の考え方と似ているが、職能資格制度の利点も導入する。つまり、同一コース・同一職種内で等級（たとえば10等級）を設定し、能力保有度合いや目標達成度などにより、昇給だけでなく、昇格（等級が上がること）するしくみを設ける。職務給のように、高賃金を得るためだけに、転職により、職種をわざわざ変えなくてもすむようにする。同時に、コース間・職種間の異動も可能とし、より社内的価値の高い人材のポジションに挑戦することも奨励する。

　このステップは、個性豊かで多様な人材が存在することを認めている。そのうえで、人材をコア（中核）人材と流動人材に分ける。前者は「企業のもうけに直接貢献する人材で、コア業務を担当する」。後者は、「もうけに直接は貢献しないが、コアを補助する人材で、決まった範囲の仕事が与えられる」としている。コア人材は、もうける能力を保有しているのは当然であり、能力の発揮具合つまり、業績（売上高・利益など）で考課・処遇される。企業のもうけを直接左右できる立場にあるからである。他方、流動人材はコア人材がつくりだすもうけるしくみをサポートする仕事を遂行する能力の保有度合いで考課・処遇される。

人事考課のしくみの整備

- ステップ2、3——ポジションごとの考課内容、処遇を決める

ステップ3

人事考課のしくみの整備

① 誰(どのようなポジションの社員)を(例)一般職コース・営業事務・3等級

② どのような内容について考課し、

③ どのように処遇するか、を決める

```
          個人別に        個人別に
          考課するもの    考課しないもの

     ┌─勤務行動  能力    部門    経験
     │                    業績    年数
     ↓        ↓          ↓      ↓
     昇給      昇格        業績
                          賞与
```

コース・職種別処遇別考課要素

コース 処遇	職種	経営職コース 営業	専門職コース 営業	一般職コース 営業事務
昇給		・業績 (年度事業計画にもとづいた目標の達成度) ・能力	・業績 (プロジェクト計画にもとづいた目標の達成度) ・能力	・能力 (職務遂行能力の保有度) ・勤務行動
昇格		・業績 (年度事業計画にもとづいた目標達成度の継続的評価) ・ヒューマンアセスメント	・業績 (プロジェクト計画にもとづいた目標の達成度の継続的評価)	・能力 (職務遂行能力の保有度の継続的評価) ・経験年数
賞与	業績賞与	・業績 (年度事業計画にもとづいた目標の達成度(個人別変動)) ・勤務行動	・業績 (プロジェクト計画にもとづいた目標の達成度) ・勤務行動	・勤務行動 ・部門業績 部門目標利益達成度に応じて支払われる(部門内一定額)
	基本賞与	基本給にリンク	基本給にリンク	基本給にリンク

考課要素の定義

下記項目はいずれも個々人の等級レベルに応じて考課する。

考課要素		考課項目	定義	
			課題設定時	課題評価時
業績	上位等級者	年度事業計画から特定の課題を設定	・面接を通じて部下と上司の合意 ・難易度の設定 ・評価判定方法・判定表の設定	・難易度と達成度から、判定表を使い評価する
	下位等級者	日常業務から特定の業務を設定		
勤務行動		規律性	・就業規則などに定められた項目の遵守度。また、欠勤・遅刻など職場の規律の遵守度	
		責任性	・担当業務遂行の努力責任を転嫁せず、仕事を最後までやり遂げようとする行動	
		協調性	・担当業務以外の業務への協力度(組織の一員としてのチームワークを発揮して仕事をすすめる行動)	
		積極性	・担当業務でなくても、意欲的な改善度合い、仕事の質・量への積極的な挑戦行動	
能力		1. 専門知識・技能 2. 他人への影響力 　・指導・育成能力 　・コミュニケーション能力 3. 問題処理能力 　・問題解決能力 　・問題発生防止能力 　・戦略的課題設定能力	これらは職能基準書に等級別・職種別に能力評価項目として表現してある	

(ステップ4へ)

ステップ2では、2分された人材はさらに細分化される。①経営職コース、②専門職コース、③一般職コースである。①はコア人材、②と③は流動人材にあたる。②の方が高度な専門能力が要求されるのに対し、③は定型的な業務を確実にこなす能力が求められる。コースは、さらに担当している具体的な仕事により職種に分類される。

　収益貢献の度合いに応じて人材を分類するのが、ヨコの分類とするなら、各コース内で、等級を設定し人材に序列をつけるのがタテの分類である。等級は各コース内で用いられている評価基準の高低で設定される。高い評価基準をクリアすれば、より高い等級が与えられ、それに応じた処遇も与えられる。一般職コースでは、「日常業務を遂行する能力」の保有程度によって等級が決まる。この能力を記述したのが、職能基準書である。これに対して、経営職コースでは、「年度事業計画にもとづいた目標達成度」によって評価され格付けされる。以上のタテとヨコの分類により、各社員は社内でポジションが与えられる。Aさんは一般職コース・営業事務・3等級というように。このポジションは前述した社内の明確な人材像にもとづいて与えられていることが重要である。

　こうして、ステップ2で自社のあるべき人材像を明らかにしてから、ステップ3で、**誰を、どのような内容（要素）について考課し、どのように処遇するか、を明確化する**。コース・職種別の処遇ごとに、考課の要素を決定する。つまり、考課される者（被考課者＝部下）の人材像により、何を考課し、その考課をどのような処遇に結びつけるか、が異なることになる。先述のAさんを考課する場合を考えてみよう。Aさんは一般職であるから、昇給については、①職務遂行能力の保有度、②勤務行動という内容について、考課する。また、昇格（等級が上がること、Aさんの場合は、3等級から4等級へ上がること）時は職務遂行能力保有度の継続的評価という要素以外に、経験年数が昇格要素となる。さらに、賞与に関しては、基本賞与以外の業績賞与部分のみが考課の対象となるが、一般職であるので、Aさん個人ではなく、Aさんの所属する部門の目標達成度に応じて支払われる。

人事考課の仕事の整理

●●●●●● ステップ４——マニュアル化への基礎 ●●●●●●

ステップ４
人事考課の仕事の整理

① 機能分類表の作成

② 単位業務一覧表の作成

③ まとまり仕事一覧表の作成

中機能 ➡ 8人事

小機能 ➡ 86 労務　87 人事管理

単位業務 ➡ 872 人事考課　873 昇格

まとまり仕事 ➡ 01 人事考課関連帳票に記入する　02 人事考課関連帳票を収集する

まとまり仕事一覧表
中機能：8人事　小機能：87人事管理　2/8

単位業務コード	単位業務名称	まとまり仕事コード	まとまり仕事名称	担当部署	難易度コード	日	週	月	年	都度	アウトプット
872	人事考課	01	人事考課関連帳票に記入する	共通	3				○		自己申告書・考課用課題設定書・チャレンジシート・適性カード
		02	人事考課関連帳票を収集する	総務	1				○		同　上
		03	人事考課関連帳票を確認する	共通	2				○		同　上
		04	１次考課を実施する	共通	3				○		昇格・昇給・賞与用各考課表
		05	２次考課を実施する	共通	4				○		同　上
		06	評点を集計する	総務	2				○		評点一覧表
		07	評点を調整する	共通	3				○		昇格・昇給・賞与用各考課表
		08	考課面接を実施する	共通	4				○		評点一覧表

まとまり仕事一覧表
中機能：8人事　小機能：87人事管理　3/8

単位業務コード	単位業務名称	まとまり仕事コード	まとまり仕事名称	担当部署	難易度コード	日	週	月	年	都度	アウトプット
873	昇格	01	昇格推薦者をリストアップする	総務	1				○		昇格推薦者リスト
		02	リストから推薦者を決定する	共通	4				○		
		03	昇格論文執筆の依頼をする	総務	2				○		昇格論文
		04	昇格試験を実施する	総務	1				○		昇格試験
		05	昇格論文を審査する	社長	4				○		
		06	昇格試験を採点する	総務	3				○		
		07	昇格考課を検討する	委員会	4				○		
		08	昇格を認定する	委員会	4				○		
		09	昇格を承認する	社長	3				○		

ステップ4ではステップ1で述べた一連の仕事の流れを「人事考課の仕事の整理」としてまとめる。つまり、ステップ1と同じ要領で人事考課(単位業務872)をまとまり仕事まで分解するのである。具体的には**機能分類表・単位業務一覧表・まとまり仕事一覧表**を作成する作業となる。人事考課(広義)は、8 人事（中機能）・87人事管理（小機能）中の、872人事考課・873昇格・878賞与などという単位業務からなる。

　各単位業務は、複数のまとまり仕事に分けられる。通常、単位業務は何人かの人が分担して行なっており、単位業務を細分化したまとまり仕事のいくつかを個人が担当している。このレベルまで仕事を分解すると具体的な作業が明らかとなり、**人事考課マニュアル作成の基礎**となる。この仕事の整理のためには、単位業務別にまとまり仕事一覧表を作成するとよい。この表は、単位業務（コード・名称）について、まとまり仕事の各内容（コード・名称・担当部署・難易度・仕事頻度・アウトプット）を記述するものである。このうち、難易度というのは、まとまり仕事を、必要とされる技術・技能・知識レベルや判断を要する程度などを基準にして、1が定型的なやさしい仕事、5が高度な判断・技術・技能・知識を要するむずかしい仕事というような段階を設け、序列化するものである。アウトプットというのは、まとまり仕事を遂行した結果、作成・発行される帳票類のことである。具体的に見てみよう。

　たとえば872人事考課は、01人事考課関連帳票に記入する、02人事考課関連帳票を収集する、03人事考課関連帳票を確認する……08考課面接を実施する、に細分類される。それぞれのまとまり仕事は、各部署の考課者（共通）・総務が担当する。このうち、まとまり仕事01を見てみると、「みずから応用判断を一部必要とする、比較的高度な専門的知識を要する非定型業務」なので、難易度は3と判定されている。この仕事を遂行すると、自己申告書・考課用課題設定書・チャレンジシート・適性カードというアウトプットがだされる。

　「現状の人事考課業務」を改善しながら、このような業務の整理を行なうことがマニュアル作成にあたって必要となる。

人事考課の仕事をスケジュール化する

●●●● ステップ5——作業の流れをフローチャートにする ●●●●

人事考課のスケジュール化

＊5桁の数字：まとまり仕事コード（ただし、872　人事考課・873　昇格のみ）

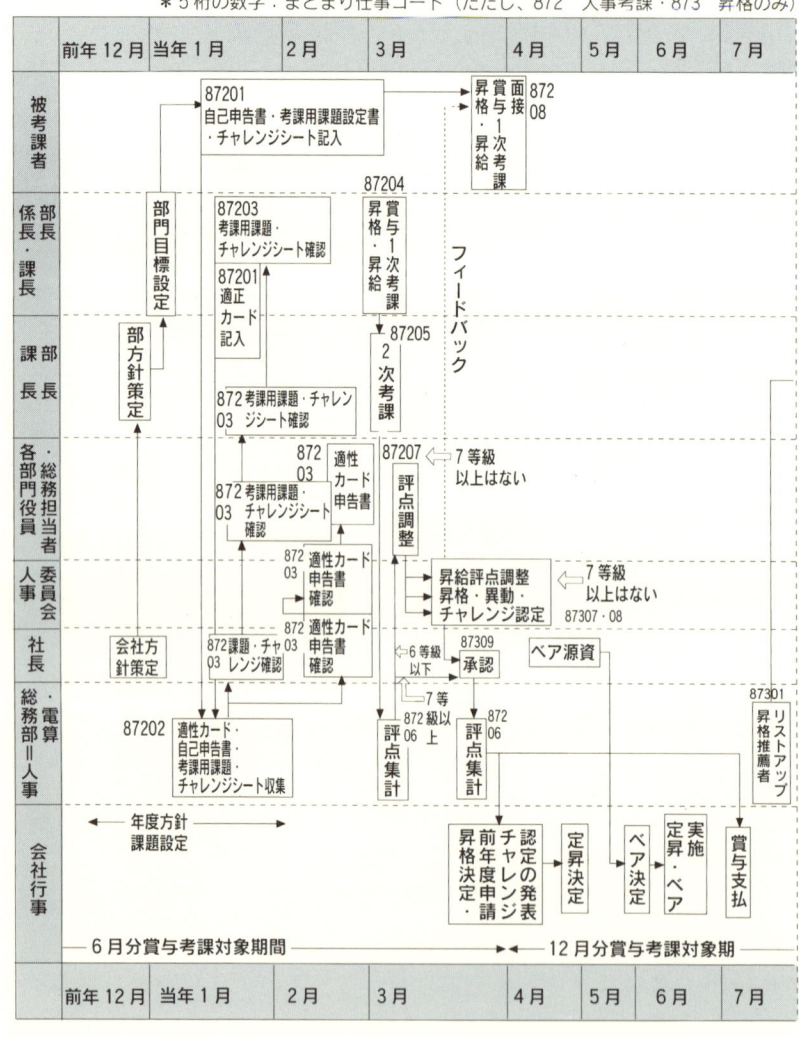

	前年12月	当年1月	2月	3月	4月	5月	6月	7月
被考課者		87201 自己申告書・考課用課題設定書・チャレンジシート記入			面接 昇格・賞与・1次考課 昇格・昇給	872 08		
部長・課長		部門目標設定	87203 考課用課題・チャレンジシート確認 87201 適正カード記入	87204 昇格・昇給 賞与・1次考課	フィードバック			
部長・課長		部方針策定		87205 2次考課				
各部門役員・総務担当者			872 03 考課用課題・チャレンジシート確認 872 03 考課用課題・チャレンジシート確認	872 03 適性カード申告書	87207 評点調整	⇐ 7等級以上はない		
人事委員会				872 03 適性カード申告書確認	昇給評点調整 昇格・異動・チャレンジ認定 87307・08	⇐ 7等級以上はない		
社長		会社方針策定	872 03 課題・チャレンジ確認	872 03 適性カード申告書確認	⇐ 6等級以下 承認	ベア源資		
総務部＝人事・電算	87202	適性カード・自己申告書・考課用課題・チャレンジシート収集			⇐ 7等 872 級以 06 上 評点集計	872 06 評点集計		87301 昇格推薦者リストアップ
会社行事		←―年度方針課題設定―→			昇格決定 前年度申請・チャレンジ 認定の発表	定昇決定	ベア決定 実施 定昇・ベア	賞与支払

←―6月分賞与考課対象期間―→　　←―12月分賞与・考課対象期―→

| | 前年12月 | 当年1月 | 2月 | 3月 | 4月 | 5月 | 6月 | 7月 |

業務の流れを整理することにより、大・中・小というように業務の大きさのレベルを合わせて、人事考課に必要な作業を展開することができる。ここまでで、①誰を、②どういう考課要素で、③どのような処遇に結びつけ、そのために、④どんな作業が必要で　⑤誰が担当するか、わかった。今度は、⑥**どういう順序で作業するのか**、をあらわさねばならない。そのためには、フローチャート（FC）を作成すると便利である。「誰が」については、会社の規模や方針によってさまざまであるが、ここでは従業員500名ほどのメーカーの事例をとりあげた。

　考課される者（被考課者＝部下）に加えて、人事考課にかかわる当事者には、考課する者（考課者＝上司）・人事担当者がいる。さらに、考課者は第１次考課者・第２次考課者に分かれる。また、人事担当者には、本社総務部（人事担当）・各支店（工場）総務課・人事委員会・本社電算部・社長がある。企業規模が大きいほど、当事者はふえる。

① 　FCを作成するには、Ａ３など大判の用紙の左端の所に、上端から下端へという方向へ当事者を並べてゆく。たとえば、上端から順番にいくと、被考課者、１次考課者（係長・課長・部長）、２次考課者（課長・部長）……というように。

② 　上端の左端から右端にかけては、12月・１月……というように月の名前を記す。つまり、時間は左から右へ流れるようにあらわす。

③ 　①と②にはさまれた所へまとまり仕事名を記す。図の□で囲まれたものである。こうして、当事者が、どんな順序で、いつ、何をするかが一目瞭然となる。たとえば、総務部は、３月の下旬に、87206「評点集計」を行なうことがわかる。もちろん、スペースが限られており、まとまり仕事レベルの業務すべてを記入することは不可能であるので、主要なものに限る。

　FCをつくると以下のメリットがある。

　①人事考課制度が人事諸制度全体のうち、どのような仕事に位置づけられているか、がわかる。②前工程と後工程がはっきりするので、各当事者の中に、担当している業務の納期遵守意識がめばえる。

人事考課用紙記入マニュアルの作成(1)

●●●●●● ステップ6──当事者別、要素別に作成する ●●●●●●

ステップ5

人事考課の仕事の流れ
をフローチャート化　＊前頁参照

考課者		人事担当者	
第1次考課者	第2次考課者	本社人事部	人事委員会

① 誰（人事考課当事者）が、

② どういう順序で、作業するか、を明らかにする

ステップ6

人事考課当事者別・考課
要素別にマニュアルの作成
（考課者用人事考課用紙
　記入用マニュアルを例示）

① まとまり仕事を
　　細分化してステ
　　ップ別に業務を
　　記述する
　　（まとまり仕事
　　は大ステップに
　　相当する）

大ステップ → まとまり仕事87204：
　　　　　　1.1次（業績）考課を実施する

中ステップ → (1) 考課内容を確認する　　(2) 業績を評価する

小ステップ → ① ②　　　　　　　　　　① ②

a.賞与考課表で被考課者のコース・職務を‥‥

ア.b.方針展開実施計画書（または目標カード）にある重点実施‥‥

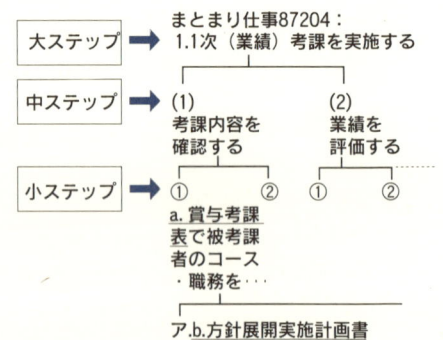

② 各ステップについて、ポイント・コツを書く

業績賞与考課ウエイト表

要素	職群 等級	一般職コース 1〜3	専門職コース 1〜9	経営職コース 1〜9
業績		0	70	90
勤務行動		100	30	10
合計		100	100	100

いよいよ、ステップ6である。ここでは、狭義の人事考課マニュアル、つまり、人事考課用紙記入マニュアル（次項参照）を作成する。ステップ3で述べたように、考課要素は、一般的に①業績、②勤務行動、③能力に分けられる。考課者は、昇格・昇給・賞与という各処遇について、考課要素別に被考課者を考課する。業績賞与（賞与のうち個人の業積で変動する分）を例にとってみよう。被考課者は、マネジメントコース（経営職コース）・7等級に格付けされ、○×製品の営業を担当しているとする。各考課要素にはウエイトが付けられている。ウエイトとは重みであり、大きければ大きいほど、業績賞与に与える影響が大きいことを示す。このウエイトの大小は、企業の人材像により決定される。表のように、経営職コースでは、業績の比重が大きい。業績は90％、勤務行動は10％である。人事考課用紙記入マニュアル作成の注意事項は以下のようになる。

①　誰が使うマニュアルかを明確にする
　単位業務872人事考課は、01「人事考課関連帳票に記入する」……08「考課面接を実施する」に細分化される。次頁のものは、04「1次考課を実施する」、05「2次考課を実施する」ことを担当する者、つまり、考課者が使用するためのマニュアルである。07「評点を調整する」ことを担当するものには、別のマニュアルが必要になる。

②　マニュアルであらわそうとする業務の特性を理解したうえで、文字だけでなく図表を効果的に使いビジュアルなマニュアルにする。現物の使用帳票を使い、帳票上にどのように情報を記入してゆくか、ステップを追って記述すると効果的である。考課という作業は、直接的には、帳票に情報を書き込む事務作業であるからである。

③　考課者が何をしたらよいか、段階的に理解することができるように考課のステップを大から小へと分解して記述する。
　大ステップは、まとまり仕事04「1次（業績）考課を実施する」と05「2次（業績）考課を実施する」に分かれる。さらに、04は、(1)1次考課者は被考課者の考課内容を確認する、(2)1次考課者は被考課者の業績を評価する、という中ステップに分かれる。

人事考課用紙記入マニュアルの作成(2)

● ステップ6──小ステップまで分解し、ポイント・コツを示す ●

業績考課の実際（業績考課マニュアルのうち、右半分の部分）

帳票	大ステップ	中ステップ	小ステップ	ポイント・コツ
a. 賞与考課表 b. 方針展開実施計画書（または目標カード） c. 課題困難度・挑戦度および課題達成度判定表（判定表と略する） d. 職能基準書	1. 1次業績考課を実施する	(1) 1次考課者は被考課者の考課内容を確認する	① a. 賞与考課表で被考課者のコース・職務・等級を確認する ② a. 賞与考課表で考課項目について, c. 課題困難度・挑戦度および課題達成度判定表で困難度・挑戦度（＝難易度）を各々確認する	ア. b.方針展開実施計画書（または目標カード）にある重点実施項目・アウトプット目標のすべてを考課項目にする必要はなく重点的に選ぶ イ. 難易度は d.職能基準書に記述してある職能レベルを判断して決定する ウ. 難易度が職能等級以下（C）の課題は考課項目に選ばない
		(2) 1次考課者は被考課者の業績を評価する	① b. 方針展開実施計画書（または目標カード）を読んで実績を確認する ② c. 課題困難度・挑戦度および課題達成度判定表で課題達成度を判定する ③ 課題ごとに c. 判定表を見て課題の評価（5段階）を決定し、a. 賞与考課表の1次考課の欄に記入する （▨：合計部分は記入しない） ④ 1次考課者はサインした後、2次考課者に手渡す	ア. 総合考課の欄は電算によりウエイト分を処理し、記入される イ. c. 判定表は目安である。課題設定の都度、実情にあわせて設定する ウ. 達成度の考え方の例（課題2） |	目標：A	実績：B	達成度 B／A
---	---	---	---
①	56	53	53／56＝95%
②	56−51＝5	53−51＝2	2／5＝40%
③	51	53	53／51＝104%	
	2. 2次業績考課を実施する	(1) 2次考課者は1次考課結果に異議があれば1次考課者と相談する	① 2次考課者も1次考課者と同じステップ〔1の(2)の①．②．③〕で評価する ② 2次考課者は自分の考課結果が1次考課結果と違っていれば、1次考課者と相談する	ア. 1次考課結果＝2次考課結果の場合は何も記入しない
		(2) 2次考課者は被考課者の評価を決定する	① 相談の結果、考課結果を変更した場合だけ、評点を2次考課の欄に記入する ② 2次考課者はサインした後、本社総務部に送る	ア. 相談の結果、1次考課＝2次考課の場合は何も記入しない

中ステップはさらに細かい小ステップの単位に分解される。たとえば、中ステップ1の(2)、「1次考課者は被考課者の業績を評価する」は以下のように分解される。①b.方針展開実施計画書（または目標カード）を読んで実績を確認する、②c.課題困難度・挑戦度および課題達成度判定表で課題達成度を判定する、③課題ごとにc.判定表を見て課題の評価（5段階）を決定し、a.賞与考課表の1次考課の欄に記入する。

　小ステップでは、実際考課するときに使用する帳票（次頁の図）を示しながら、具体的作業を説明する。小ステップ①では、b.方針展開実施計画書（または目標カード）を示す。具体的作業は、「帳票b.を読んで実績を確認する」であるからである。さらに帳票上に、具体的作業上必要となる情報の所在位置を示す。小ステップ①を行なうには帳票上の「1(2)①→」の記号を探せばよい。

　また、**各ステップについて、ポイント・コツの欄を設けて、注意事項などを記す**。この欄には、ステップ欄で示した仕事の流れでは、説明しきれないことを書く。たとえば、「1(2)」のポイント・コツ欄の「ア」は「総合考課の欄は電算によりウエイト分を処理し、記入される」と記してある。もし、この補足説明がないと、考課者は「総合点を記入すべきか、すべきでないか」迷ってしまう。

　このような事務的な注意だけでなく、ポイント・コツ欄は、考課制度の考え方そのものを考課者に伝えるためにも活用される。

　「1(1)」の同欄中の「ア」には「b.方針展開実施計画書（または目標カード）にある重点実施項目・アウトプット目標のすべてを考課項目にする必要はなく、重点的に選ぶ」とある。「重点的」ということを、この考課制度では強調していることを、考課者に伝えるためである。つまり、総花的に業績を評価するのではない、重点主義でいこう、という考えを理解させようとしているのである。

　以上のようにポイントとコツ欄を活用することにより、たんにステップを機械的に追ってゆくのではなく、人事考課制度の根本的考え方を理解させながら、考課させることができる。

人事考課用紙記入マニュアルの作成(3)

●●●●●●ステップ6──ポイント・コツを正確に伝える●●●●●●

業績考課の実際（業績考課マニュアルのうち左半分の部分）

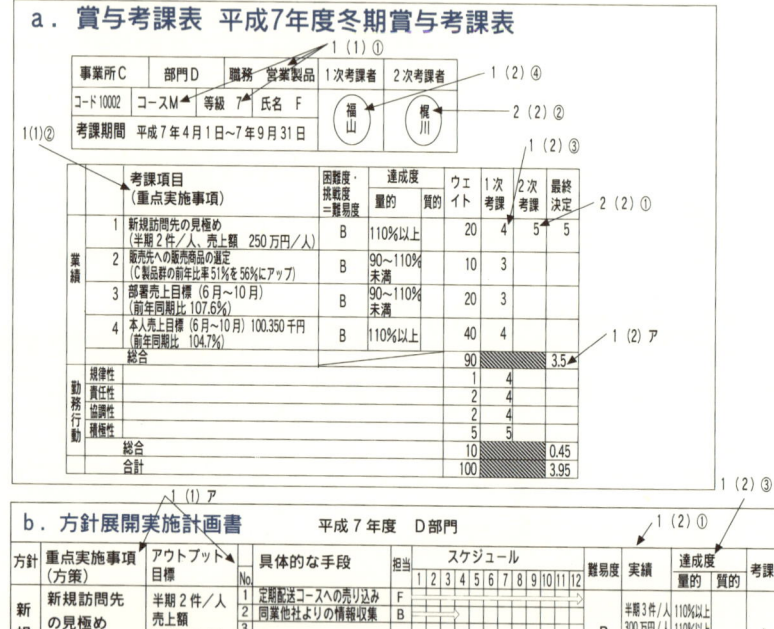

a. 賞与考課表　平成7年度冬期賞与考課表

事業所C	部門D	職務 営業製品	1次考課者	2次考課者
コード10002	コースM	等級 7	氏名 F	福山	梶川
考課期間	平成7年4月1日～7年9月31日			

	考課項目（重点実施事項）	困難度・挑戦度＝難易度	達成度 量的	達成度 質的	ウェイト	1次考課	2次考課	最終決定
業績	1 新規訪問先の見極め（半期2件／人、売上額 250万円／人）	B	110%以上		20	4	5	5
	2 販売先への販売商品の選定（C製品群の前年比率51%を56%にアップ）	B	90～110%未満		10	3		
	3 部署売上目標（6月～10月）（前年同期比 107.6%）	B	90～110%未満		20	3		
	4 本人売上目標（6月～10月）100.350千円（前年同期比 104.7%）	B	110%以上		40	4		
	総合				90			3.5
勤務行動	規律性				1	4		
	責任性				2	4		
	協調性				2	4		
	積極性				5	5		
	総合				10			0.45
	合計				100			3.95

b. 方針展開実施計画書　平成7年度　D部門

方針（方策）	重点実施事項	アウトプット目標	No.	具体的な手段	担当	スケジュール 1 2 3 4 5 6 7 8 9 10 11 12	難易度	実績	達成度 量的	達成度 質的	考課
新規開拓	新規訪問先の見極め	半期2件／人 売上額 250万円／人	1	定期配送コースへの売り込み			B	半期3件／人 300万円／人	110%以上	110%以上	4
			2	同業他社よりの情報収集	B						
			3								
			4								
	販売先への販売商品の選定	C製品群の売上比率 前年51%を56%まで伸ばす	1	新規客先の売上商品構成の把握	F		B	53%	90～110%以上		3
			2	新規客先の取引メーカーF店の情報収集							
			3								

c. 課題困難度・挑戦度および課題達成度判定表

評価	困難度・挑戦度＝難易度		達成度 量的	達成度 質的
5	本人の職能等級レベル以上の課題	A	110%以上	非常に高い
4	本人の職能等級レベル以上の課題	A	90～110%未満	目標どおり
	本人の職能等級レベルの課題	B	110%以上	非常に高い
3	本人の職能等級レベル以上の課題	A	70～90%未満	やや問題あるが、合格点
	本人の職能等級レベルの課題	B	90～110%未満	目標どおり
2	本人の職能等級レベルの課題	B	80～90%未満	やや問題あるが、合格点
1	本人の職能等級レベルの課題	B	80%未満	目標と相当に差がある

ポイント・コツ欄は、簡潔に記すことが肝要である。まさにポイントだからである。また、なるべく冗長にならないよう、マニュアルの枚数を抑えたいためでもある。前述のように、「重点的」など、伝えたいことをキーワードを使って表現することが大切である。

　しかし、0907の図の1(2)ウのように、ポイント・コツ欄に記述するだけでは、具体的に意味を正確に伝えることができないこともある。そういう場合は、やはり、人事考課研修などの形で、考課者に対して口頭で説明し、理解させることも必要である。

　0907の図の1(2)イは、「c.判定表は目安であり、課題設定の都度、実情に合わせて設定する」とある。続いて、左図の課題2（考課項目2）「販売先への販売商品の選定」のアウトプットを「C製品群の売上比率を51％から56％まで伸ばす」とした事例を説明している（1(2)ウ）。

① 56％をあくまでも目標値と考えた場合
　実績53％と考えると、達成度95％（53％÷56％）となり、90～110％の範囲に入っている。また、難易度はBだから、評価は3となる。

② 5％を目標値と考える場合
　伸び率を目標と考えると、目標値は5％（56％－51％）となる。また実績は2％（53％－51％）となるので、達成度は40％（2％÷5％）となる。難易度はBだから、評価は1となる。

③ 51％を基準と考える場合
　前年の値51％を基準と考えると、達成度は104％（53％÷51％）となる。この場合、評価は3となる。

　はたして、どの考え方が正しいのか。②の考え方をとると、被考課者にとってはかなりきびしい点がついてしまう。③の考え方だと、逆に甘い点がつく。どれをとっても絶対的に正しいものはない。重要なのは、あらかじめ達成度を算出する公式と難易度を決め、難易度と達成度から評点を割りだす判定表（c.参照）をつくっておくことである。②はきびしいようにみえるが、判定表そのものを適正なものにすれば、評価が1とはかぎらない。

納得のいく勤務行動考課の基準づくり

● ステップ6——対象となる仕事の範囲をマニュアルに明示しておく ●

勤務行動考課の実際（マニュアルから一部抜粋）

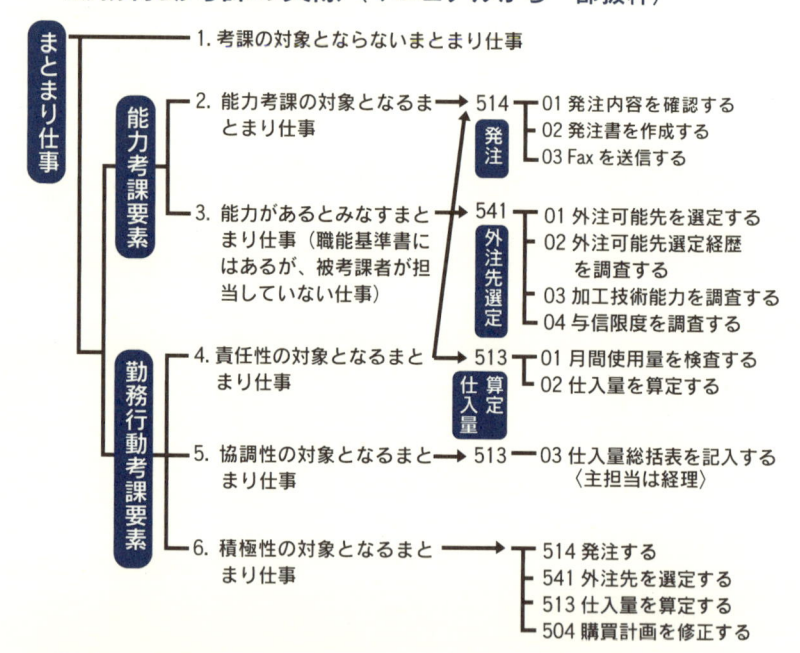

まとまり仕事
- 能力考課要素
  - 1. 考課の対象とならないまとまり仕事
  - 2. 能力考課の対象となるまとまり仕事 → 514 発注
    - 01 発注内容を確認する
    - 02 発注書を作成する
    - 03 Faxを送信する
  - 3. 能力があるとみなすまとまり仕事（職能基準書にはあるが、被考課者が担当していない仕事）→ 541 外注先選定
    - 01 外注可能先を選定する
    - 02 外注可能先選定経歴を調査する
    - 03 加工技術能力を調査する
    - 04 与信限度を調査する
- 勤務行動考課要素
  - 4. 責任性の対象となるまとまり仕事 → 513 仕入量算定
    - 01 月間使用量を検査する
    - 02 仕入量を算定する
  - 5. 協調性の対象となるまとまり仕事 → 513 ─ 03 仕入量総括表を記入する〈主担当は経理〉
  - 6. 積極性の対象となるまとまり仕事
    - 514 発注する
    - 541 外注先を選定する
    - 513 仕入量を算定する
    - 504 購買計画を修正する

各勤務行動（責任性、積極性、協調性）考課の対象となるまとまり仕事

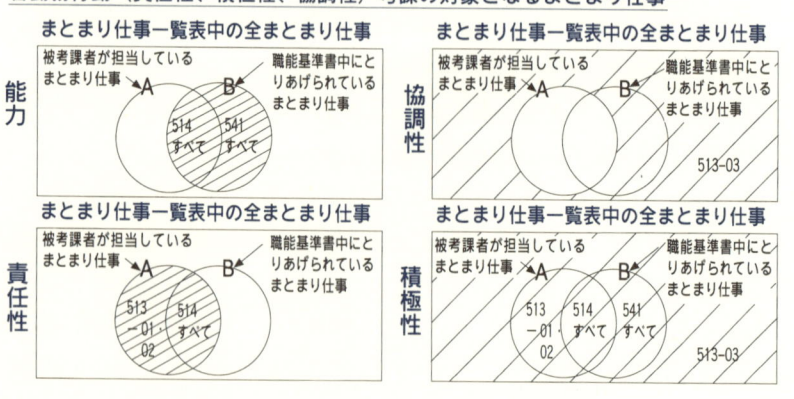

能力 — まとまり仕事一覧表中の全まとまり仕事
A: 被考課者が担当しているまとまり仕事 / B: 職能基準書中にとりあげられているまとまり仕事
（A∩B: 514すべて、541すべて）

協調性 — まとまり仕事一覧表中の全まとまり仕事
A: 被考課者が担当しているまとまり仕事 / B: 職能基準書中にとりあげられているまとまり仕事
513-03

責任性 — まとまり仕事一覧表中の全まとまり仕事
A: 被考課者が担当しているまとまり仕事 / B: 職能基準書中にとりあげられているまとまり仕事
513-01-02、514すべて

積極性 — まとまり仕事一覧表中の全まとまり仕事
A: 被考課者が担当しているまとまり仕事 / B: 職能基準書中にとりあげられているまとまり仕事
513-01-02、514すべて、541すべて、513-03

前項では、業績考課は、考課の対象となる課題について、①難易度の設定、②達成度を求める公式の決定、③難易度と達成度の両要素と考課段階の対照表の作成が事前に必要となる、ことを述べた。逆にいうとこれらをきちんと決めていさえすれば、業績は白黒がはっきりしやすくなるので、被考課者から納得性が得られやすい。
　納得性に問題がありがちなのは、勤務行動考課である。俗に「情意」といわれている。名称のとおり、この考課要素については考課者が「情け」をかけやすい。また「恣意的に」評価する傾向が強い。業績・能力で評価の芳しくない部下に「情け」をかけ評点を高くする「寛大化傾向」。1つ評価の高い考課項目（例、協調性）があると、別の考課項目（例、責任性）までいっしょに高い評価を与えてしまう「ハロー効果」などの評定誤差が現れやすい。とくに、後者のハロー効果は始末が悪い。いわく「チームプレーに徹することは、組織の一員として責任ある態度だ」というもっともらしい論理で、協調性を「4」とすれば、当然であるかのように責任性を「4」としてしまう考課者は多い。
　こういう現象が多いのは、チームプレーを重視する風土が根づいているからといえば聞こえはよい。しかし、それも程度問題である。そういう風潮が蔓延すると、責任の所在がはっきりしない、無責任な組織をつくりあげる可能性もある。ある特定の個人の責任であっても、「組織全体の問題である」とすりかえて、結局はどの個人も責任をとらないことになりかねない。
　そういった観点から、**勤務行動マニュアルの中で、責任性、協調性それぞれ、対象となる仕事の範囲をあらかじめ明示しておく**ことが必要である。まとまり仕事51303「仕入量総括表を記入する」は、被考課者「一般職・3等級・購買」にとって、担当業務ではないから、責任性の対象とはならない。この仕事を担当している経理が忙しくて、被考課者に応援を頼んだところ拒否されても責任性は問われない。問われるのは協調性である。逆に、51303へ協力して協調性が高くても、担当業務が中途半端であるなら責任性についてはきびしく評価する。

具体的で考課しやすい能力考課のためには

●●●● ステップ6——対象となる能力を職能基準書に示す ●●●●

能力考課の実際（能力考課マニュアルのうち、図表の部分のみを示してある）

a.昇格・昇給考課表

7年昇格・昇給考課表

事業所	本社・支店	部門	営業	職務	営業製品
コード	10030	コース	エキスパート	等級	3	氏名	A
考課期間	平成6年4月1日　～　7年3月31日

（1～3等級者）

1次考課者	2次考課者
三木㊞	本多㊞

単位業務	ウエイト	1次考課	2次考課	最終決定
(202) 得意先動向需要予測調査	5	3	4	4
(212) 半期販売受注計画	5	2		
(221) 拡販計画	5	4		
(231) 販売・受注価格計画策定	5	3		
(242) 販売地域流通チャネル計画実施	5	2		
(252) 得意先訪問折衝実施	20	4		
(254) 受注業務	10	5		
(265) 返品処理	15	2		
(275) 残高確認業務	15	3		
(283) 取引条件管理	15	3		
合　計	100			65

b.職能基準書

例：Aさん（3等級）の場合
　　職能基準書を見て評価する

小機能・単位業務	1等級	3等級	4等級	10等級
ア		1・・	1・・ 2・・	1・・
イ				

252 得意先訪問折衝実施

担当先を訪問し、指示事項を伝達、先方意向を聴取し、正確に報告することができる

c.能力評価の評点基準

評価	内容
5	上位等級の能力についても「4」の評価がつく
4	当該等級の能力基準を満たしており、業務が円滑遂行できる
3	当該等級にふさわしい。能力基準をほぼ満たしており業務遂行には支障がない
2	当該等級にやや物足りない。ミスや問題点はあるが、業務はかろうじて支障がない
1	当該等級に物足りない。ミスや問題点が目立ち、業務に支障がある

能力考課の成否は、考課の対象となる能力を選びだし、**職能基準書**として記述する作業がカギを握っている。つまり、被考課者について、①どの能力を、どのような表現を使って記述したら、考課者が評価しやすいのか、また、②企業の仕事のすすめ方が改善され、ひいては、その収益性向上に貢献するのか、ということである。

　まず、評価のしやすさのためには被考課者の持つすべての能力のうち、**評価する価値のあるものだけを厳選する**。価値のあるものとは、被考課者の多くが担当している業務を遂行するのに必要な能力であり、考課者が複数の被考課者の能力保有度の差を判定しやすいものということである。次に、評価の対象となる仕事がコア業務、すなわち、この仕事のすすめ方いかんで、企業の収益性に大きな影響を与えうる仕事であるかどうか、という点である。収益に影響を与えない業務をとりだして評価していても、会社がもうからなくなってしまっては元も子もない。

　たとえば、単位業務252「得意先訪問折衝実施」は、営業部門在籍の営業という職務に従事している被考課者の大部分が担当しているので、考課者は考課しやすい。また、この企業は産業資材の製造・販売をしており、いわゆる外回り営業の正否が会社の業績向上に圧倒的な影響をもっているのはいうまでもない。この点から「得意先訪問折衝実施」をとりあげて評価する価値はあるといえる。具体的には、エキスパート3等級に対して「担当先を訪問し、指示事項を伝達、先方意向等を聴取し、正確に報告することができる」という能力が求められることになる。これに関連して、能力の記述（表現）方法も考課のしやすさを左右する。よくあるのは「折衝力を有する」などと、具体性に欠けた表現である。そうではなく、「指示事項の伝達」と「先方の意向を聴取する」という具体的な業務を遂行する力が折衝力であると記述する必要がある。つまり、**職能基準書作成に考課者が参加し、具体的に能力を表現することが、能力考課実施の前提条件**といえる。

　以上のように、6つのステップを確実に踏めば、あるべき人材像を反映した人事考課マニュアルを作成することができる。

10 マニュアルの教育と維持管理
●徹底と業務のレベルアップのために●

> マニュアルを作成したら、教育である。実際に読んでみる、使ってみることが重要である。知識教育ではなく、マニュアルどおり日常で、実施できるまで訓練する。業務が改善され、業務内容に変更が生じたら、すぐにマニュアルを改訂する。そして配付して、差し替え、新たな実施方法を周知徹底させ、定着するようにする。これがマニュアルの維持である。ISOの文書管理も参考になる点が多いので、簡単にその管理体系を説明しておく。こうして、ようやくマニュアルを活かすことができる。

マニュアルを使って教育する

●●●●●●●●● 読む→実践する→チェックする ●●●●●●●●●

教えるのではなく、体得させる！

```
┌─────────────┐
│ マニュアル作成 │
└─────────────┘
```
　(1)　経営方針を反映
　　　・基本方針
　　　・キャッチフレーズづくり
　　　　例：「いつも素早い対応、お客様の期待するサービス」

　(2)　わかりやすく表現→初級者
　　　・中・上級者……新しい気分で業務遂行できるように
　　　・イラスト他
　　　・うっかりすると、間違いやすいものまで

　(3)　自己啓発したくなるものを追加する

```
┌──────────────────┐
│ ワーカーの読み(込み) │
└──────────────────┘
```
　(1)　初級者……………具体的な実施事項・手順中心

　(2)　中・上級者………自分の担当業務と比較しながら

```
┌───────┐
│ Ｏ Ｊ Ｔ │ ………上長・No.2 による反復訓練
└───────┘
```
　(1)　やってみせる

　(2)　やらせてみる

　(3)　評価して繰り返させる

```
┌─────────┐
│ チェック │ ………上長・スーパーバイザーなど
└─────────┘
```
　(1)　正しく実施していれば、ほめる

　(2)　間違いは、すぐ正す

マニュアルを使う教育は、教育といっても、知識を教えることではない。実際に業務を遂行しながら（実践しながら）、訓練（トレーニング）して、実務を身につけさせるものが主体である。

　教育の前段階として、マニュアルの作成段階で望まれることがある。まず教育の基盤として、企業の基本方針、価値観・思想、考え方がマニュアルに含まれていることである。ついでマニュアルがわかりやすい表現になっているか、またうっかりすると陥りやすいミスなどまでを対象として的確に記述されているかである。教育を行なう以前にマニュアルがうまく作成されていることが大前提となる。

　実際の教育段階の第１歩は、**ワーカー自身によるマニュアルの読み込み**である。業務を担当する前に、マニュアルを読んでおくのが原則である。指導者はマニュアルの内容を理解している、というのは早合点であり、指導者から徹底的にマニュアルを読むことが求められる。初級者にとっては、具体的な実施事項や使用帳票の理解を中心に、中・上級者はポイント・コツ、レベルが実際に自分の担当している業務どおりか、から読み込みを行なう。マニュアルの量が多いため、読みはじめるのは関連ある業務からとならざるをえないが、まとまり仕事一覧表から流れをつかむ。読み込みは自習・独習が主力ではあるが、上長から積極的な指示があることもある。

　実際の教育は、OJT（計画的な職場内教育・訓練）をとおして実施される。これは直属の上長やその次の職位にある者（No.2という）が原則として担当する。場合によっては、先輩からということもある。第１段階は、**上長自らが「やってみせる」**。第２段階は、**部下に「やらせてみる」**、第３段階は、**「評価して繰り返させる」**である。OJTとは、反復訓練を行ない、マニュアルどおり正しく実施できるまで体得させることにつきる。

　その後、**チェックする**。この場合のチェックは、検討より「監査」・「審査」・「監視」という色彩が強くなるが、継続して正しく実施されていればほめる、間違いは正しい姿に直すことを繰り返す。

能力を把握しながら教える

●●●●●●●●●●●●● 基本からはじめる ●●●●●●●●●●●●●

基本からはじめる

基本とは、ある意味で簡単ではあるが、本質的なこと。

ファミリーレストランの例

① 水だし
② テーブルの清掃
③ 客席への案内
④ コーヒーの提供
⑤ コーヒーの追加
⑥ 食器類のかたづけ
⑦ 料理の提供
⑧

コンビニエンスストアの例

① 清掃
② 陳列整理
③ 補充陳列
④ 検品
⑤ 値づけ
⑥ 陳列
⑦ 接客
⑧ レジ打ち
⑨

＊初級者には、まず「水だし」で接客に慣れさせる。ついで「清掃」でレストランの基本である清潔を体得させる。そして、「案内」で明るい応対を実践させていく。

基本から教育する。簡単なことから教育する。けっして難易度の高い仕事から訓練しない。短期間に即戦力化をめざすがゆえに、あやまちをおかすことがある。人間のおろかさのゆえではあるが……。

　付随的なことにこだわらないことが、基本の教育を容易にする。ファミリーレストランの接客業務なら、まごころのこもるサービスの提供が第1である。企業の経営方針からしても、そうであろう。温かいもてなしの心が伝わる「明るい」あいさつを可能にすることが第1歩である。けっして、コーヒーのおかわりへの対応からではない。来店者に、明るくハキハキあいさつできることから教育をはじめる。

　緊急性を要する業務、重要度の高い業務、難易度の高い業務、量が多い業務からなどが、陥りやすい間違いである。レジ担当が退職したので代役をすぐに、が今さしせまっている緊急な業務である。クレームが多いのでクレーム処理から、が重要かつ難易度の高い業務である。しかし、クレームが多いのは基本が守られないからなのに！　量が多い業務は、半ばは基本的な業務と共通で、半ばは付随的な業務である。もっとも、事務業務では、比較的「量が多い＝基本業務」である場合が多い。

　クレームが多い場合も、とくに初級者には基本から教える。クレームが発生したら、すぐにわびて、店長にとりつぐのが基本である。けっして、細かなクレーム処理の方法ではない。コーヒーの追加は、確かに業務量が多い。しかし、最初は、基本のコーヒーのだし方（提供）から教える。コーヒーのだし方は、コーヒーカップのセット方法などを含むので、コーヒー追加のしかたの半分を包含するといえるからである。

　基本から入らないと、後で変化に対応できない。そして能力の成長という、自立化を促進する機能を弱体化することにつながるので、基本から教育という原則を強調したい。レジ係が退職したので、フロア接客担当として採用した新人をフロア体験なしにレジ係にまわすと、自分はレジさえできればよいと勘ちがいする。フロアの「単純」業務はできなくてよいと誤解するのである。ワーカーの保有能力と成長度をよく把握して、教育は基本から着実にすすめてゆきたい。

BMPの5原則をマニュアルに活かす

●●●●●●●●●● 問題解決面談マニュアルの活用 ●●●●●●●●●●

BMP（生産性向上のための行動変容モデル）*の5原則

1. 自尊心を高め自信をつけさせる
2. 人格にふれず具体的事実に焦点を合わせる
3. 能動的に傾聴する
4. よりよい行動をおこさせるように強化する
5. 気軽に話し合えるようにしておき、必ずフォローアップする

＊BMP：
Behavior
Modeling for
Productivity

問題解決面談マニュアル～不平不満をもつ部下の動機づけのしかた

		具体的実施事項	話し合いの事例 部下	話し合いの事例 上司	BMPの5原則との関係
1 問題を定義する	①	部下の気持ちを聴き心を開かせる	「売掛債権回収の評価が2なんてあんまりじゃないですか！　何かの間違いじゃないですか？」	「一生懸命回収に走り回ったのに、私の評価が低いので、びっくりしているのだろう？」	3.能動的に傾聴する
	②	自分の本当の気持ち（この場合は落胆）を部下に伝える	「・・・」	「売上実績のある本田君のことだから、回収の方も大丈夫だと思っていたのに、あの結果では私の方こそがっかりきたよ」	1.自尊心を高め自信をつけさせる
	③	どうしてそういう気持ちになったか、部下の望ましくない行動について具体的事実を挙げる	「確かに言われるとおりで…。実は、あの取引先は競合の攻撃が激しいのでどうしても取引条件を甘くしがちなのです。私もきついことは言えなかったのです」	「確かに前年より回収額はふえている。でも、1月に3件、2月に2件回収忘れがあったね。これは回収忘れは0件とした課題を達成していないことになるね」	2.人格にふれず具体的事実に焦点を合わせる
	④	部下がそういう行動をとったことでどんな悪い影響を上司や会社が被ったか、また部下自身の行動について悪い評価がついたか、説明する	「おっしゃるとおりです」	「わが社の資金繰りがきびしいうえ課題自体は本田君自らの提案で決めたものだから、達成してくれないと、困るんだよ」	
2 解決策を探す	⑤	今後、部下の行動が悪い結果を及ぼさないようにするには、どうしたらよいか、部下から提案を求める	「そうですね。今度、ウチのアフターサービスを強化し、メリットがあることを説明してみます。そのかわり、代金支払はしっかりしていただくようお願いしてみます」	「では、こんなことが起こらないようにするには、どうしたらよいのか、何かいいアイデアはないかな」	
3 問題解決策を決定する	⑥	部下の提案の良い点を評価し、援助を与えることを約束する	「課長にそうおっしゃっていただけると助かります。がんばります。よろしくご支援ください」	「それはいい考えだ！確かにあのお客は大得意で支払いについて今まで会社としても甘すぎたきらいがある。本田君だけのせいではないな。アフターサービス面のメリットが大きいことを理解してもらえれば、支払についてもキチンとしてくれるだろう。私も当社のサービスについて先方によく説明しておくよ。がんばってくれ。もし、何か困ったことがあったらすぐ相談してくれ」	4.よりよい行動をおこさせるように強化する 5.気軽に話し合えるようにしておき必ずフォローアップする

教育にあたって上司は、これまでの叱りを中心とする指導から脱却しなければならないにもかかわらず、「叱責して部下の根性をたたき直す」という伝統的手法が復活している。叱る上司からすれば、相手にいわば心理的ショックを与えた方が、話し合いによる問題解決法より、即効性はある。「それに耐えきれない部下は辞めてもらえばよい、この不況下、代替要員はいっぱいいるさ」というわけである。

　問題は「人間は叱責されて本当に成長するだろうか」ということである。叱責には即効性はあるが、副作用も比例して大きい。叱責に耐えきれない部下がでてくるだけでない。根性をたたき直されたように見える部下も実はたんに「世渡りがうまい」だけで、上司の目が届かないところではやりたい放題で、「上司にはハイハイ言ってればいいのさ。単純なやつ」と心の中ではナメきっていることもある。とはいうものの、部下を叱責するのは「相手のことを心から心配している」からであると心底信じている上司も多いのは事実である。

　ここに紹介する**問題解決面談マニュアルは、上司が部下のことを思って叱責することと、部下を自主的に行動するように育成することを両立させる**第3の方法である。具体的な手順を示そう。

　①上司が本音を言う前に、必ず部下の気持ちを聴いて心を開かせ、上司の本音を聴く耳をもたせる。②上司は叱責ではなく自分の本当の気持ち（心配・イライラ・歯がゆさなど）を部下に伝えることで、自分の本音を言う。③どうして、そういう気持ちになったか、部下の望ましくない行動に関して具体的事実をあげる。④部下がそういう行動をとったことで、どんな悪い影響を上司や会社が被ったか、また部下自身の行動について悪い評価がついたか説明する。⑤今後自分の行動が悪い結果をおよぼさないようにするにはどうしたらよいか、部下から提案を求める。⑥部下の提案の良い点を評価し、援助を与えることを約束する。

　この方法の成否は上司が「俺が怒りの感情を持ったのはどうしてか」と冷静になり、怒鳴ることをやめ①のステップからはじめることにある。BMPの第3原則「能動的傾聴」を活かしているのである。

能力開発のしくみにマニュアルを組み込む

●●●●●●● 職能基準書に対応したマニュアルを ●●●●●●●

能力開発を主眼とした人事諸制度づくりと業務マニュアルの位置づけ

<職能資格制度> <能力開発> <賃金制度>

オリエンテーション
- 目的の確認（トップ層）
- ヒアリング（部課長）
- 事前研修（フレームワーク・手順、協力の説明）
- 委員オリエンテーション
- 委員人選
- 賃金体系の整備

業務調査
- 機能検出 →「機能分類表」
- 業務検出 →「単位業務一覧表」
- 業務調査 →「まとまり仕事一覧表（第1次）」
- 能力開発ニーズの明確化
- 実態調査
- 制度の方向づけ

職能・職務の明確化
- 基幹業務・付随業務の抽出（難易度区分）
- 基礎知識・遂行力基準策定
- 等級別職能基準書作成
- 職務の明確化 →「まとまり仕事一覧表（第2次）」「責任区分一覧表」
- 各種業務マニュアル作成
- 賃金表案
- シミュレーション

フォローアップ
- 第1次仮格付け
- 不具合点の修正（等級別職能基準書の修正）
- 仮格付け
- 賃金表の完成

等級別職能基準書とまとまり仕事一覧表（責任区分一覧表）と各種業務マニュアルが仕事を期待レベルまで高める

能力開発と成果・業績主義を標榜する人事諸制度づくりが花ざかりであるが、マニュアルもその一翼を担っている。公正な評価を徹底し、処遇に差をつけようとするのだから、**企業は、評価の基準や成果をだすための能力開発の方法を明示しておかなければならない**。職能資格制度の根幹は、等級ごとに能力開発レベルを定めた等級別「職能基準書」である。**職能基準書は、職種・等級ごとに、遂行することができなければならない業務能力を明示している**。また、まとまり仕事一覧表（第1次）から、**担当する業務内容や権限を明示したまとまり仕事一覧表**（第2次、簡易マニュアルとして0414項で既述）を作成しておく。

　等級基準書にうたわれていても、能力不足で実際に遂行することができない業務が多い。先輩たちは、何も教えてくれないことも多い。しかし、職能基準に書かれた基準となる業務ごとに、マニュアルがあれば、遂行が可能になるものが増加する。この点から、能力開発を主眼とする人事諸制度には、マニュアルが必須となる。職能資格制度、能力開発から賃金制度までの諸システムの枠組みに、職能基準書、まとまり仕事一覧表、マニュアルの関係を位置づけたものが、左の図である。

　職能基準書で、この等級では「〇〇業務をすることができる」と、能力を明確にしても、実際にできるようになるには、〇〇業務の具体的な実施事項、手順、ポイント・コツ、レベルなどが明確になっていることが必要である。マニュアルが存在してはじめて、基準書が要求する能力を確実に習得させることができるのである。

　まとまり仕事一覧表にある「難易度」の区分は、一般的に5区分にしている。これ以上区分しても、高い業務・低い業務に該当するものが、あまりないためである。区分は、定型・非定型、習得までの経験年数、管理業務か否か、などを総合的に判断して決定する。難易度の高い業務は、当然資格が高くなってから遂行できるようになればよい。現実には、等級があがっても難易度の低い業務しか習得できていないことが多い。これでは、能力開発をめざした人事諸制度づくりとは、とてもいえない。マニュアルを能力開発の有力な手段にする理由はここにある。

職能基準書とマニュアル

●●●●●●●●● 業務遂行に必要な能力と手順の明示 ●●●●●●●●●

職能基準書の例

1/2

部門 [総務]

業務	等級	1等級	2等級	3等級	4等級	5等級	6等級	7等級	8等級	9等級	10等級
人事労務	賃金	①上位等級者の指示にしたがい、総務部門の賃金関係事務処理を行なうことができる ②毎月の賃金計算のオペレーションを正確に行なうことができる	①賞与・年末調整を含めた賃金関係全般の事務を正確に行なうことができる ②諸業務時間・休暇の取得・勤怠管理を行ない、資料を作成することができる	①勤怠集計・給与計算・源泉徴収等の業務を行なうことができる	①上位等級者の指示にもとづき、賃金・賞与の支給業務を遂行することができる	①賃金制度について概況を把握して、上位方針に基づき運用上の改善案を出すことができる ②賃金支給総額全般に関して増減業務を行なうことができる	①賃金制度上の問題点に関して改善方向を明確にすることができる	①（同左）	①賃金全般についてよく認識しており、育成業務にあたることができる ②求人・採用に関する業務全般にすすめることができる	①人的能力の開発・運用計画をはかり、人員配置全般について価値的な意見をまとめることができる	①中・長期的な観点から人材育成方向に力点をおいた人事業務に関して、機能全般にすすめることができる
	人事	①上位等級者の指示にしたがい、人事関係事務を正確に行なうことができる ②庶務関係の書類を作成することができる	①（同左） ②上位等級者の指示のもとに求人事務を行なうことができる	①運営の人事関係事務等を正確に行なうことができる	①学生の会社訪問に関して、上位者の指示に対応することができる	①教育に関する計画を立案し、主体的に実施することができる ②次期幹部候補者の全般的な育成業務にあたることができる	①公正な運営のため人事考課制度をはじめ諸制度を整備し、指導することができる	①人事考課制度をはじめとして、運用全般の評価を行ない改善することができる			
	社会保険関係			①（同左）	①労働保険の確定及び次年度の労働保険料の計算と社会保険料の計算をすることができる	①国民保険の加入と退職に関する諸事務を、全般にわたって主体的に立案・実施することができる	①社会保険関係の諸業務について、下位等級者に指示することができる	①（同左）	①（同左）		
	株式一般	①上位等級者の指示にしたがい、証券取引所などの事務をすることができる	①（官公庁はじめ関係先との諸事務を行なうことができる ②（同左）	①上位等級者の指示にしたがい、株式事務や株主総会の諸事務を行なうことができる	①持株会会員からの諸制度の理解をもとに、株主会員問答事務を行なうことができる ②上位等級者の指示にもとづき、証券取引所への諸手続きや持株会の一般事務を行なうことができる	①株主総会に関する業務全般を立案・実施することができる ②下位等級者に指示し、株主総会の手続き事務に関することができる	①下位等級者に指示し、株式事務全般の業務を遂行することができる	①株券配当業務を行なうことができる ②利益配当業務について下位等級者に指示し、業務を遂行することができる	①持株会の運営を適切に行なうことができる ②総会スケジュールに応じた立案をすることができる	①株主総会・取締役会全般の立案・計画を適切にすすめることができる ②株主総会運営業務について下位に指示することができる	①株主総会に臨む職務的位置を明確にして指導することができる ②株主総会の立案業務をすすめることができる

220

職能基準書は、ある業務に関して、その遂行能力の成長過程を明らかにしながら、等級ごとに要求される遂行能力を明示するものである（通常、「○○を行なうことができる」と表現）。要求能力は、主として業務内容と対人影響力に関するものに2分される。前者は、「○○（業務）を完全に独力で実施することができる」ことをいい、後者は「部下や後輩に指示や支援をして」実施させることができる、ことをいう。

　能力の成長過程を明らかにするという以上、職能基準書の内容が、たとえば6等級で、突然「人事管理（全般）を行なうことができる」ではマズい。「人事管理」ということばが幅広すぎて、どこまでをさすのか不十分であるし、5等級までは「人事管理」に関して、何もできなくてもよいわけではないからである。**ある業務に関し、能力の成長していく過程が、職能基準書の中で表現されなければならない**。職能基準書は、実施する業務すべてを記述するものではない。ある等級に属するのを端的に判断できる、「重要単位業務」という業務をとりあげて、能力が成長するさまを重点的に記述していくのである。

　このように理解すると、マニュアルと職能基準書のちがいを明確にすることができる。職能基準書は、等級判定に特色となる業務に絞って、等級ごとに重点的に記述されているが、マニュアルは、業務の実施に関する手順が網羅的に記述されている。前者には手順が必要なく、後者には必要である。前者は、等級ごとに、瞬間でも実施できる能力内容が記述され、後者に記述される内容は、いつでも、誰によっても、順序どおりに実施されなければならない。職能基準書は、「もし異動したら、半年から1年以内に実施できる能力を保有しているか」という面までも含む、「できる＝能力」を問うものである。一方、マニュアルは、実際に、記述どおり業務がそのまま実施されることを要求する。

　職能基準書は、等級ごとに保有すべき能力の目安であり、マニュアルは、実際にその業務を実施するための手順書である。両者は相補う関係のものであり。双方を整備することで、自己啓発と現実の業務遂行の両面で教育を促進し、企業が期待する水準での業務遂行が可能となる。

承認、登録、更新のステップ

••••••••••• 作成から試用・改訂までのサイクル •••••••••••

維持管理のすすめ方

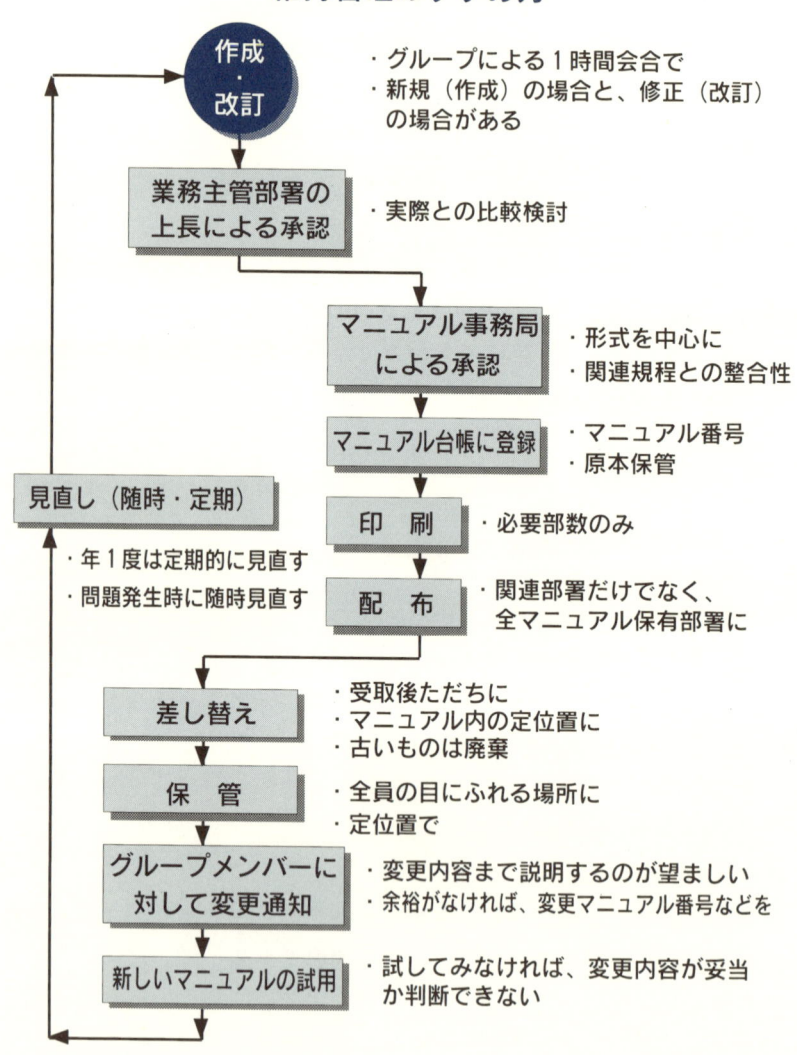

- **作成・改訂**
  - ・グループによる1時間会合で
  - ・新規（作成）の場合と、修正（改訂）の場合がある

- **業務主管部署の上長による承認**
  - ・実際との比較検討

- **マニュアル事務局による承認**
  - ・形式を中心に
  - ・関連規程との整合性

- **マニュアル台帳に登録**
  - ・マニュアル番号
  - ・原本保管

- **印　刷**
  - ・必要部数のみ

- **配　布**
  - ・関連部署だけでなく、全マニュアル保有部署に

- **差し替え**
  - ・受取後ただちに
  - ・マニュアル内の定位置に
  - ・古いものは廃棄

- **保　管**
  - ・全員の目にふれる場所に
  - ・定位置で

- **グループメンバーに対して変更通知**
  - ・変更内容まで説明するのが望ましい
  - ・余裕がなければ、変更マニュアル番号などを

- **新しいマニュアルの試用**
  - ・試してみなければ、変更内容が妥当か判断できない

- **見直し（随時・定期）**
  - ・年1度は定期的に見直す
  - ・問題発生時に随時見直す

作成、改訂されたマニュアルは、まず、**その業務主管部署の上長の承認**をうける。上長は、実際の業務内容とマニュアルに記述されたものを比較・検討して、承認を与える。事務処理のように、上長も実際の処理手続きを詳しく知らない場合は、複数の業務遂行者に基本を確認して、承認することになる。この場合、業務遂行者が実際はこのように実施しています、とひと通りの説明をして、理解を促す形にならざるをえない。

　次に、**事務局に提出して承認をうける**。この場合は、「審査」により近い意味合いでの承認となるが、手続きとしては、形式や関連する規程類との整合性が主な審査項目となる。事務局が、実際の業務をすべて知っているはずもなく、おのずと、そのような形とならざるをえない。つまり、上長と事務局による2度の承認は、前者が主として内容を、後者が主として形式と諸規程との関連性を審査した結果である。

　承認をうけたマニュアルは、事務局で登録されて、マニュアル番号を得て、マニュアル台帳に記載される。マニュアル台帳への記載によって、はじめて正式なマニュアルと位置づけられるのである。その後、必要部数の「マニュアル」が印刷され、関連部署に配布される。マニュアル原本は、事務局が保管する。業務主管部署が持つのは、例外的である。なお、マニュアル作成推進委員会が解散して、事務局も存在しなくなると、登録は、文書管理主管部署である総務部などが引き継いで行なう。

　配布されたマニュアルは、マニュアルのつづりにとじられ保管される。新規のものは追加してとじる。更新された場合は、古いものを廃棄し、差し替えることになる。**マニュアルは、グループ全員の目にふれるように置かれている必要がある**。社外の目にふれるのはマズい面もあるが、自分たちの目にふれやすく、グループメンバーが知っている定位置に置かれなければならない。追加や差し替えがあった場合は、その変更内容をかいつまんで説明することが望ましい。時間がなければ、変更があったことを口頭で伝達する必要がある。このような形でマニュアルの変更を周知徹底させる。その後、新たなマニュアルを試用してみる。そして見直しを実施する。これら全体を、マニュアルの維持管理という。

マニュアルの維持と管理

業務改善のためには改訂は必須

マニュアルの維持と管理

	維 持	管 理
必要とされる背景	・業務のあり方は永遠に変化し続ける	情報は無分別に伝達されたり、必要な対象に伝達されなかったりしがち
意 味	・業務の変化に応じて修正 ・価値ある存在であり続ける	・正しく使いやすい状態で情報を伝達 ・情報がもれないように、伝達のしかたを制限する
明確にする項目	マニュアル改訂手続き	マニュアル番号、マニュアル名称、発行日、発行者、保管部門、使用部門、改訂履歴、配布方法、機密保護対策、ファイリング方法等
上位管理システムの見直しと維持	業務改善システムにより 維持システムの見直し	運用チェックシステムにより 管理システムの見直し

224

マニュアルの維持管理がされているか否かを調べると、そのマニュアルが組織内において有効に機能しているかどうかの見当がつく。ひいてはそれに関連する業務のレベルや会社のレベルまでおよその見当がついてしまう。マニュアルが存在しても実際の業務のやり方とは差があったり、新しい版が発行されているにもかかわらず、その存在すら知らされていない状況であったり、**維持管理システムが整備されていないとさまざまな混乱やムダな状態が発生する**。

　維持管理をもう少し細かく見るために維持と管理の2つに分けて考えてみたい。

　維持とは、"業務のあり方は永遠に変化し続ける"という前提に立ち、**マニュアルをつねに、現在よしとされている業務のあり方に修正を加え、組織活動に価値ある存在としてあり続けるようにすること**である。これは、業務課題を顕在化させ、検討・改善案作成・実施・標準化の一連の業務改善システムのサブシステムとして位置づけられる。

　一方、管理とは、"情報は無分別に伝達されたり、逆に必要な対象に対して伝達されなかったりしがち"な事実に対して、**正しく使いやすい状態で情報を伝えたり、情報がもれないように伝達のしかたに制限を与えたりすること**をいう。また、**情報が破損することのないように保護対策をすること**も管理の範疇に入る。管理項目としては、マニュアル番号・マニュアル名称・発行日・発行者・保管部門・使用部門・改訂履歴・配付方法・機密保護対策・ファイリング方法等が主なものである。

　これらを、マニュアル台帳の記載のもとに管理することが基本となる。さらには、一定期間ごとに、ルール化された管理システムが確実に運用されているかのチェックとフィードバックのシステムまで整えておく必要がある。また、マニュアル自体のハードについても、扱いやすさや破損防止等を配慮して、マニュアルのサイズ・紙質・紙厚・パンチ穴の数等を決定したい。最近の情報処理・通信機器の発展と浸透にともなってその形態は今後も変貌をし続けるものと考えられる。時代に応じた方法を構築していくことも今後の課題となろう。

ボトムアップ型のマニュアル改訂

•••••••••• 提案を吸い上げる体制づくりを ••••••••••

業務改善提案→マニュアル改訂→実施

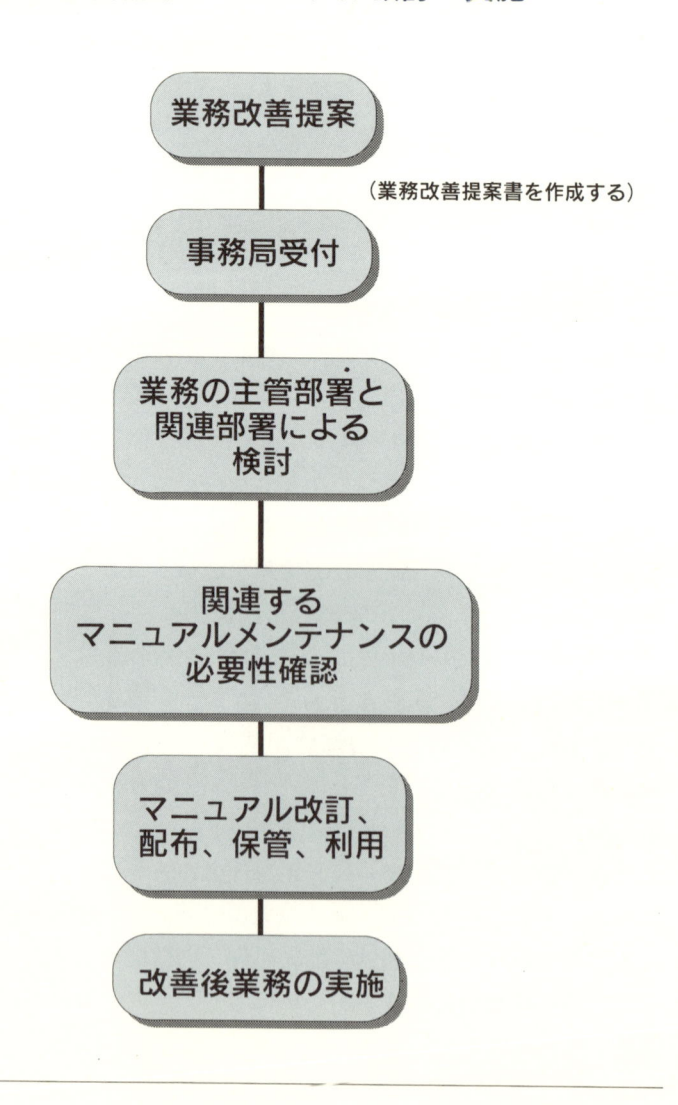

- 業務改善提案
  - （業務改善提案書を作成する）
- 事務局受付
- 業務の主管部署と関連部署による検討
- 関連するマニュアルメンテナンスの必要性確認
- マニュアル改訂、配布、保管、利用
- 改善後業務の実施

マニュアルの改訂は業務改善システムのサブシステムとして位置づけることを前項でふれた。ここでは、業務遂行部署から改善提案がなされ、標準化のツールとしてマニュアルを作成する過程について述べる。

　マニュアルと業務遂行者の関係を考えたときに、2通りのタイプが存在する。1つは、"マニュアルどおりにやってください"といった考えになじみやすいタイプ。しばしば"マニュアル人間"という表現で否定的な意味合いで使われることが多いが、組織的に即効性をもって立ちあげる段階においては、このタイプのとりくみや人間も必要である。とくに、アルバイトやパートを即戦力として活用するケースはこのタイプとならざるをえない。もう1つは、"マニュアルを基本としてとりくみながらも、つねに業務のあり方を見直し、改善を促進してください"といった姿勢でどんどん業務改善にとりくむタイプ。今後も、企業間の競争激化の一途を考えると、このタイプの姿勢や人間のウエイトを大きくしていくことが重要であろう。後者の活躍に大いに期待し、また、活躍できるようなシステムにしておく必要がある。マニュアルどおりに仕事を遂行するだけでなく、仕事内容の向上が問われている。

　人間が業務を遂行する中で、いろいろな疑問や発想が生じるはずである。これがうまく吸い上げられ、検討され業務に反映されるしくみが必要である。方法としては、業務改善提案書を常設する。組織体制としては、業務改善推進事務局・業務主管部署・マニュアル管理部署・マニュアル作成部署・マニュアル使用部署の明確化が必要である。業務改善システムの流れとしては、業務改善提案書が業務改善推進事務局で受け付けられ、業務主管部署に検討を依頼する。業務主管部署では、関連部署を集め検討・合意をする。これに関連するマニュアルの洗いだしをして、改訂の指示等をマニュアル管理部署とマニュアル作成部署（者）に対して行なう。業務改善提案書に対する検討と反映のタイミングについては、一般的には1年か半年程度の間隔で行ない、例外として緊急度を要するものに対しては、その都度行なうものとする。その判断は業務主管でもって実施する。

トップダウン型の業務管理システム改善

●●●●●●●●●●●● 5W2Hの視点 ●●●●●●●●●●●●

業務と管理システムのチェック例

Why （目的）	業務改善と業務の指導			マニュアルの管理
Who （チェックをする人）	関連業務から独立した組織・人	業務の主管となる組織・人	主管組織の管理職	マニュアル管理部署
What （チェックをする対象）	標準業務と実際の業務の差			マニュアル管理システムの運用状況
When （チェックをする時）	1年に1回 （抜きうち）	1年に1回 （予告）	随時	1年に1回 （抜きうち）
Where	職場で、業務の流れにそった順番で	職場で、業務の流れとは逆の順番で	その場で	マニュアル保管部署 マニュアル利用部署
How	業務の大系、マニュアルの内容を基準に実態調査、ヒアリング。調査項目とサンプリングの目安をチェックシートにまとめておく		3現主義で （現場 　現実 　現物）	マニュアル管理ルールを基準に実態調査、ヒアリング。調査項目とサンプリングの目安をチェックシートにまとめておく
How Much	チェックに要する工数と効果の関連		―	チェックに要する工数と効果の関連

改善は永遠でありそれに連動したマニュアルの改訂もまた、永遠である。同時に、1度確立されたマニュアル管理システムも、気をゆるめるとなにかと崩れやすい懸念がある。これを防ぐために、マニュアル管理部署や管理職がチェックをすることによりルールと運用状況の維持改善を行なっていく必要が生じる。

　チェックをする目的として大きく2つが考えられる。1つは、**マニュアルなど標準類にもとづく業務の指導徹底と業務改善**である。もう1つは、**マニュアル管理システムにもとづく活動の指導徹底とそれの改善**である。それぞれについてPDCAを明確にし、とくに、計画（P）段階においては5W2Hで考えることにより整理しておくことが重要である。左頁には、その一例を示しておく。

　マニュアルなど標準類にもとづく業務の指導徹底と業務改善を目的としてチェックを行なう場合、誰がそれを行なうかにより大きく意味合いが変わってくる。チェックの対象となる関連業務から独立した組織が行なう場合には、監査的色彩が強く、関連業務に関係する組織が行なう場合には、改善的色彩が強くなる。**外と内との双方からチェックを実施することにより、正しくバランスのとれた運用が可能となってくる**。また、それぞれにチェックを実施する頻度や対象とするサンプリングの方法、場所の巡回順序などを戦略的にとらえ、計画を行なう。

　一方、マニュアル管理システムにもとづく活動の指導徹底とそれの改善を目的としたチェックは、マニュアル管理部署がマニュアル管理ルールを基準として、マニュアル保管部署とマニュアル利用部署に対して行なっていく。

　いずれも、チェックリストにまとめ計画を実行し、チェックの結果を目的にそった形で組織的にフィードバックできるシステムにしておく。

　チェックも、どこまでやれば完璧になるかというと際限がなく、綿密にやることばかりが効果的ではない。目的と効果をつねに念頭に置き、また、そのときどきのレベルにより強化したり、ゆるめたりするべきである。

文書化はISO9001における要(かなめ)

●●●●●●●●● 品質マニュアルから文書まで ●●●●●●●●●

文書化がしっかりしていれば、
品質マネジメントシステムもうまくいっている

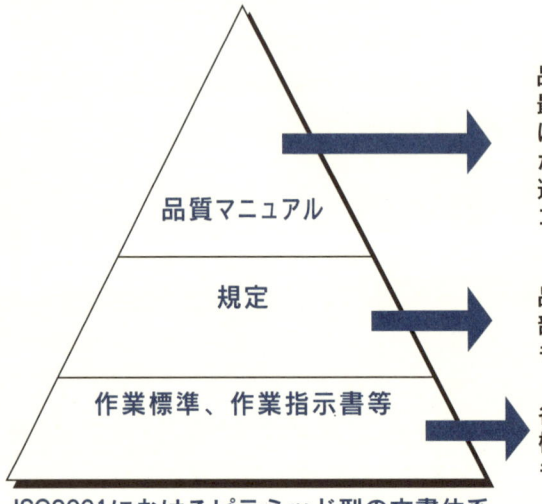

```
         △
        /品質\
       /マニュアル\        →  品質マネジメントシステムの
      /―――――\           最上位の文書で、これを見れ
     /   規定    \          ばその組織のシステムの全貌
    /―――――――\        がわかるもの。
   /作業標準、作業指示書等\     通常、規定等を本文に引用し
  /――――――――――\   コンパクトにまとめる
```

品質マニュアル → 品質マネジメントシステムの最上位の文書で、これを見ればその組織のシステムの全貌がわかるもの。通常、規定等を本文に引用しコンパクトにまとめる

規定 → 品質マニュアルを補うもので、部門間にまたがって活用するもの。

作業標準、作業指示書等 → 各部門における個々の作業の標準類。その部門で活用するもの。

ISO9001におけるピラミッド型の文書体系

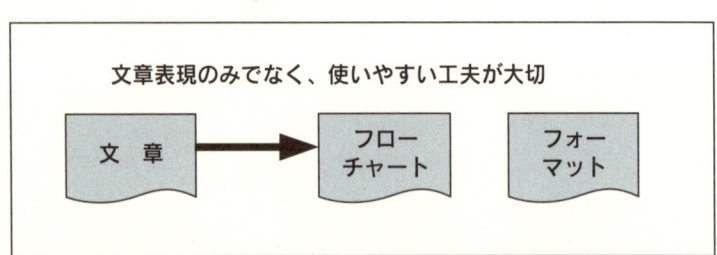

⬇

```
┌─────────────────────────────────┐
│  文章表現のみでなく、使いやすい工夫が大切      │
│                                 │
│  [文 章] → [フロー      [フォー           │
│            チャート]    マット]          │
└─────────────────────────────────┘
```

維持管理をきわめて明確に規定しているものに「ISO9001」がある。認証取得にとりくむ企業も多い。

1970年代後半に欧米諸国において、品質管理および品質保証の重要性についての認識が高まり、多くの国で関連する規格が制定された。

その後、国際的な通商活動の円滑化のため、これらの規格を統合して国際規格を制定する動きがおこり、1987年3月に品質管理および品質保証のための国際規格である「ISO9000シリーズ」が、ISO（International Organization for Standardization：国際標準化機構）によって制定された。

ISO9001において文書は、ピラミッド型の階層により体系化される。品質システムの全貌をまとめた最上位の文書を「品質マニュアル」という。この品質マニュアルはその会社の品質システムのトビラを開けるカギと考える。全体の枠組みを規定する最上位の文書であり、通常20～30ページ程度のもので、関係者全員に理解できるように、平易な文書であらわす。

上から2階層目の文書は、通常規定と呼び、部門間にまたがるようなものである。

3階層目の文書は、作業標準・指示書等、それぞれの部門において活用するものである。なお、これらの文書は、文章で書かなければならないというものではなく、図・絵・マンガ・フローチャート・コンピュータ画面・VTRなど、できるだけ活用しやすいように工夫する。

文書管理は、これらすべての文書を対象とする。ただし、**文書管理は、ムダな文書をなくし、必要な文書のみを管理し、業務の効率化を図ることが重要**であり、このへんを踏みちがえないこと。

ISO9001では、4.1項～8.5項までの要求事項が明示されているが、4.2項には、「文書化に関する要求事項」として、システムを構築し文書化するうえでの方向づけがなされている。

多くの場合、これらの文書化がしっかりしていれば、その会社の品質マネジメントシステムもうまくいっている場合が多い。

ISO9001における文書の承認および発行

●●●●●●●●● 重要度に応じたルールづくり ●●●●●●●●●

ISO9001：2000年版　品質システム要求事項

4.2.3　文書管理

品質マネジメントシステムで必要とされる文書は管理すること．ただし，記録は文書の一種ではあるが，4.2.4に規定する要求事項に従って管理すること．

次の活動に必要な管理を規定する"文書化された手順"を確立すること．

a) 発行前に，適切かどうかの観点から文書を承認する．
b) 文書をレビューする．また，必要に応じて更新し，再承認する．
c) 文書の変更の識別及び現在の改訂版の識別を確実にする．
d) 該当する文書の適切な版が，必要なときに，必要なところで使用可能な状態にあることを確実にする．
e) 文書が読みやすく，容易に識別可能な状態であることを確実にする．
f) どれが外部で作成された文書であるかを明確にし，その配付が管理されていることを確実にする．
g) 廃止文書が誤って使用されないようにする．また，これらを何らかの目的で保持する場合には，適切な識別をする．

※JISQ9001（ISO9001）品質マネジメントシステム
　…要求事項より引用

やさしく解説すると、

起案（新規および変更）→ 審査 → 承認 → 発行 → 配付 → 保管 → 旧版廃棄 →（起案へ戻る）

それぞれの文書において文書管理サイクルとその内容をとり決め、徹底する

文書管理サイクル

ISO9001では、品質システム要求事項において、「4.1　一般要求事項」として、文書化した品質システムを確立し、維持することが要求されている。文書化は、品質システムの根本である。そして、この文書の管理を厳密に行なうことを、「4.2.3　文書管理」の条項で要求している。

　まず、文書の発行にあたっては、これに先立ってその適切さについて承認し、発行し、廃止された文書の誤使用がないようにすることが規定されている。これには、それぞれの文書の起案・審査・承認・発行・配付（写しの保管場所）・改訂および廃棄のルールを明確にすればよい。どこの部署で起案し、どういうメンバー（会議）が審査・承認し、発行はどの部署が行なうのか、また、コピーをとり、どの部署に配付し、改訂の場合は、旧の文書の撤去等と最新版の配付をどう行なうかを決める。

　文書の管理にあたっては、「文書管理規定」をつくり、文書の管理方法・管理の責任者・管理の内容・保管の場所・見直しの時期などを盛り込む。文書はその識別が明確にできるように、文書番号・文書の名称・発行日・発行者・承認者・版数・改訂日等をつけ、最新版管理ができるように台帳等で管理する。

　これらの目的は、**必要な部署に適切な文書が利用できるようにすること**である。ところが、このあたりまえのことがおろそかになっている会社がけっこう多い。文書管理機能の欠如である。このような会社では、どこにどんな文書があるのか把握されていないし、配付された方も現在の実状に合っていないので、活用していないことが多い。あやふやな中で、何とか日々の仕事をこなしているといったところだろう。

　反面、やたら官僚的になっている会社もある。ありとあらゆる文書を作成し、細かな手続きなしでは仕事がすすめられないようになっている。文書管理の目的は、正確で効率的な仕事をすることにあるのだから、ムダな文書をなくし、必要な文書のみを管理すべきである。また、それぞれの文書の重要度づけを行ない、重要度に応じた審査・承認などのルール決めを行なうとよい。

ISO9001における文書の変更

●●●●●●●●●●● 改訂に即応できる体制づくり ●●●●●●●●●●●

ISO9001：2000年版　品質システム要求事項

┌─ 4.2.3文書管理　（変更に関する部分を抜粋）─────────┐
a)
b) 文書をレビューする．また，必要に応じて更新し，再承認する．
c) 文書の変更の識別及び現在の改訂版の識別を確実にする．
d) 該当する文書の適切な版が，必要なときに，必要なところで使用可能な状態にあることを確実にする．
e)
f)
g) 廃止文書が誤って使用されないようにする．また，これらを何らかの目的で保持する場合には，適切な識別をする．
└─────────────────────────────┘

　　　　　　ポイントは、
　　　　　　　↓

❶ 文書は見直す　➡　定期的に、何かの機会
❷ 変更したら承認する　➡　再承認
❸ 変更箇所と内容は明確にする　➡　改訂履歴
❹ 現在の最新版を明確にする　➡　台帳
❺ 関連する部門に配付する　➡　新・旧の差し換え
❻ 旧文書や廃止文書は保持しない　➡　保持する場合は識別

文書管理の目的は、

　必要な部署の、必要な人に、つねに最新版がタイムリーに行き渡るようにすること、である。

ISO9001では、条項4.2.3に「文書の変更に関する要求」が規定されている。文書の変更は、原則として発行時に承認した同一の組織の責任者が行なうことが要求されている。

　たとえば、ある文書があったとすると、発行の承認はあるか、その承認者は変更の場合も同一の組織の責任者か、その文書が最新版であることがどのようにして確認できるか、などが即座に答えられなくてはならない。

　ある印刷会社でこのようなことがあった。版下を作成するのに最近ではワープロ入力をもとに行なうが、原稿を入力した後校正があるので、一時、データをフロッピー2枚にバックアップして保管する。校正ができしだい更新するが、2度、3度と校正が入ると、最新のフロッピーがどれだかわからず、いちいちプリントアウトして探したり、間違って古いものを使ったりして、ムダやミスが発生していた。文書をとり扱うプロでさえこのような状態である。台帳などを作成して、管理がきちんと行なわれていれば、このようなことはおこらない。

　文書は、変更があるものだという認識で、改訂の手順をとり決めなければならない。改訂は、改訂の理由の明確化、改訂版の発行、承認、配付、保管、旧版の撤去の手順で行なわれる。この手順は、できるだけ簡単な手続きで、頻繁な改訂に対しても即座に対応できるようになっていなければならない。一般のマニュアルにも同じことがいえる。

　業務の改善は企業活動にとって重要であり、改善が多く行なわれるほどその評価が高い。そのたびに、文書の改訂を行なっていたのでは、効率が悪くなるという意見がある。しかし、これは文書の種類により改訂の手続きをとり決めればよい。たとえば、作業標準などのその部署にのみ適用するものに関しては、その部署で原本を保管し、管理すればよい。写真を撮り表現してもよい。**文書管理の目的は、必要な部署の、必要な人に、つねに最新版がタイムリーに行き渡るようにすること**である。

　このようにISO9001における文書管理のしくみは、一般のマニュアルづくりにも大いに参考になる。

明日からのマニュアルづくりのために

••••• 人がイキイキ仕事をするためのマニュアルを •••••

こんな人がふえている！

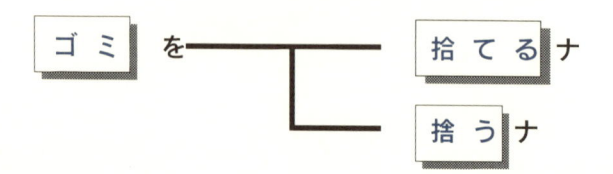

ゴミ を ┬ 拾てるナ
         └ 捨うナ

漢字が読めないというより、外部環境に適応する能力が弱くなっているのか？

```
上長  「マニュアルを作成せよ！」
部下  「はい、わかりました」　でも、いつものことだが、行動しない。
```

なぜ、上長は、対応を変えられない？　直球から、変化球に！
マニュアルが作成できても、こんな上長は教育ができないハズである。
だから、マニュアルの作成はムダになる？

われわれの提唱するマニュアル

	使用者	目的	使用対象	備考
（社内）業務マニュアル	社内	人を活かす	業務	われわれの考えるマニュアル
使用者用マニュアル	社外（製造会社外）	ハードを活かす（電気製品など）	機器（ハード）	「取扱説明書」など

マニュアルについて、われわれが誤解している部分が多くある。何冊もファイルが並び、膨大な量の文書があれば良いマニュアルといえるのか？　厚いマニュアル集には、明確な体系が必要となる。体系が不明確なマニュアルは、活用できない。異動が定期的な、主として大企業は、マニュアルが整備されている。異動がない企業こそマニュアルが必要なのに、信頼できる担当者がいるから、マニュアルは不要だと考えている。マニュアルを作成すれば、それで終わりで、実際の業務の遂行に利用された形跡のない企業がある、などなど。

　このような状況を知りつつ、われわれはマニュアルづくりをすすめてきた。もちろん、こんな状況にならないような配慮をしながら、**業務の体系化から業務の適正化をへて、マニュアルの記述・作成そして教育・維持管理という流れが、われわれのすすめ方の概要**である。グループ方式の作成で、活用しやすい状況を生みだす点も特徴的である。ただ作成するのでなく、教育・周知徹底を前提とするマニュアルづくりには、1時間会合の繰り返しによるマニュアル作成が有効と思われる。

　人と仕事のアンバランスが業務遂行を非効率的にしている。しかし、このアンバランスこそ、業務の遂行に効率化・活性化・創造化をもたらす福の神と思いたい。反面教師が必要となる場合がある。各種の規程類とマニュアルとの非整合性、作成しても読まれない、大切な部分が欠落したマニュアルこそ、自分たちの職場を映す鏡ではないだろうか？　そのくせ、人間は欲張りである。やれ、株式上場をめざした規程の整備だ、それISO認証取得のための品質マニュアルづくりだと。日常を、もっと地道に見つめ直すことこそ基本ではないのか。いったん作成したら、後は省みられない「マニュアル」や「規程」など作成に時間を要するばかりで、本来の目的から考えると作成する必要はないのだ。

　多くの職場に共通する業務だけでなく、ある職場に1名の担当しかいない場合でも、マニュアルづくりが現状を見つめ直すよい機会になる。われわれの考えるマニュアルは、人を活かすためのものである。人がイキイキ仕事するためのマニュアルこそ求められてしかるべきである。

索引

ア

ISO9000シリーズ
　33, 119, 121, **231**, 233
EDP出力帳票　125
1時間会合　85
演繹的アプローチ　41, 43, 53
OJT　9, 17, 19, **213**

カ

活性化　5
企業方針　3, 9, 13, 147, 151
基準・規格　13, 231
規程・規則　13, 231
機能　41, 43, 51, 55, 59
帰納的アプローチ　41, 43, 53
業績考課　201
業務調査　41
業務の体系(化)　41, 43, 47, 51, 52, 53
業務フローチャート　129, 131
勤務行動　207
具体的な実施事項　27, 31, **88**
KKD　111
構成要素法　37
効率化　5
5S　115, 169, 171
5S実践マニュアル　169, 187
5Sチェックリスト　115, 117
5Sツール　183
5Sマニュアル　169
コード体系　97

顧客アンケート　161
5W2H　35, 229

サ

資格認定基準　157
躾　185
事務工程分析フローチャート
　129, 133, 143
職能基準書　195, 209, 219, **221**
序列・時系列法　37
人材像　191
人事考課マニュアル　197, 201
スーパーバイザー　159, 212
スキルマップ　139
図表　93
清潔　183
生産の3大使命　175
清掃　181
整頓　179
整理・整頓・清掃・清潔　169, 171
整理　177
創造化　5
層別　37, 73

タ

単位業務　**51**, 53, 57, 131, 197
単位業務一覧表　41, **56**, 193, 197
単位作業　61, 63
チェックリスト
　25, 39, 99, 119, 149
帳票　137

帳票記入マニュアル　137
帳票フォームブック　129,135
適正化　9,29,31,83
手順　5,9,25,89
手順書　129
動作基準　153
トレーニング　149,157,213,215

ナ

2分法　37

ハ

BMP　217
PDCA　**33**,35,109,139,229
標準(化)　13,29,33,35,175,225
フォーマット　81,119
付加価値　171
不要業務　65
ブレーンストーミング(法)　47,105
フローチャート　93,**129**,143,199
文書管理　231,**233**,235
文書主義　3
ポイント・コツ　9,21,**89**,131,203,205

マ

まとまり仕事　**51**,59,95,131,197
まとまり仕事一覧表　41,59,95,197,219
マトリックス図法　92,105
マニュアル化一覧　70,79
マニュアル作成推進委員会　71,223
マニュアル集　69,77
マニュアル体系　77
マニュアル台帳　96,223,225
マニュアル人間　7
身だしなみ基準　153

ムダ　171,175,179,181
ムダ・ムラ・ムリ　65
モニター制度　159

ヤ

用語基準　153
用語集　25,91,129
用字・用語　91,129

ラ

レベル　25,29,**89**
レベル記述書　157

ワ

ワンベスト　11

参考・参照文献リスト

本書をまとめるにあたり、参考にさせていただいた書籍をあげる。読者の参考になれば幸いである。

1 オフィスワーク全般に関するもの

No.	書名／著者名	出版社	発行年	特色
1	システム設計と管理 　　　　高仲　顕編	朝倉書店	1965年	中産連がまとめたオフィスワーク全般に対する出発点。昭和30年代にオフィスワークをシステムとして考える先駆的な書。
2	新訂 事務能率ハンドブック 　　産業能率大学編	産業能率大学出版部	1986年	日本における最も古典的な事務関連事典の最新版。
3	もっと²オフィスワークを改善する事典 （社）中部産業連盟編	日刊工業新聞社	1991年	中産連が総力をあげて今日のオフィスワークのあり方を問いかけた書。ファイリングシステムから会議まで網羅的に記述。
4	層別・特性要因図の徹底的活用法 　　　　佐野　晶著	日本規格協会	1986年	層別に関しての名著。層別をさらに学習したい場合に。
5	品質保証の国際規格 第2版	日本規格協会	1994年	ISO9000シリーズの対訳と解説書。とくに規格の改訂に関する解説が詳しく述べられている。

2 マニュアルに関するもの

No.	書名／著者名	出版社	発行年	特色
6	店内作業 渥美俊一著	実務教育出版	1984年	チェーン店業務の実際を知るシリーズのなかの1冊。マニュアルそのものが対象ではないが、業務の流れを把握しやすい。
7	実例　日本型マニュアル経営で人も利益もグングン伸びた 勝畑良/碓井慎一著	ダイヤモンド社	1992年	マニュアルの活用という点から、企業活性化の効果をドキュメント風に描写。マニュアル作成後の利用のしかたを実例で知りたい場合に。
8	マニュアルづくりのすべてがわかる本 安田賀計著	PHP研究所	1993年	文書作成からマニュアル作成までの大家による著。
9	社内マニュアルのつくり方 田中直子著	明日香出版社	1993年	事務業務を中心とするマニュアルづくりの事例が多い。『マイタスク』系の事務職対象のもの。様式がすでに決まっているものを利用する長短はいかに？
10	レイバー・スケジューリング原理 村上忍著	商業界	1989年	チェーン店のサービスマニュアルの事例および使い方が豊富。
11	わかりやすいマニュアルをつくる 海保博之編	日本規格協会	1991年	使用者用マニュアルを主眼にしているが、文章の表現方法など業務マニュアルにも有効活用できる。
12	トータル・ファイリングシステムの方法 柿本清彦著	日本実業出版社	1992年	業務遂行組織と文書、マニュアルの流れがうまくまとめられている。狭義のファイリングの本と勘違いしてはいけない。

［注］実際にマニュアルがどのように使われているかは、ファーストフード店やテーマパークをとりあげた書籍の中に多く見られる。

■執筆担当

福山　穣　　[1 章。 2 章―01、02、03、04、06、07、08、09、10。 3 章―02、09。4 章―01、02、03、04、05、06、07、08、09、10、11、12、13、14。 5 章―02。 6 章―01、07。 7 章―01。10章―01、02、04、05、06、13]

三木素直　　[2 章―05。 3 章―01、03、04、05、06、07、08、10。 4 章―15。 5 章―01、03、04、05、06、07、08、09、10、11。 8 章。10章―10、11、12]

本多貴治　　[6 章―02、03、04、05、06、08、09、10。 7 章―02、03、04、05、06、07、08、09、10。10章―07、08、09]

梶川達也　　[9 章。10章―03]

■著者紹介

福山　穣　　（ふくやま　ゆたか）

　1955年生まれ。横浜国立大学経済学部卒業。現在、社団法人中部産業連盟主席コンサルタント。社団法人全日本能率連盟認定マスター・マメジメント・コンサルタント（J-MCMC）。
　専門分野：経営計画策定および方針展開、財務管理、人材活用システム、販売・マーケティング、全社的業務・システム改善、地域振興など。
　主な著書、論文：『図表＆グラフのつくり方・使い方』（共著、実務教育出版　01年）。『実績・業績対応型人事システムのつくり方』（実務教育出版　01年）。『図解　ミドルマネジメントの仕事100』（実務教育出版　99年）。『シングルファイリングのすすめ』（共著、実務教育出版　95年）。『会議の開き方・すすめ方・まとめ方』（共著、実務教育出版　97年）。『図解　マネジメント文書のつくり方・使い方』（共著、実務教育出版　00年）。『検証　日本の賃金』（共著、日刊工業新聞社　93年）。『オフィスワークをもっと²改善する事典』（共著、日刊工業新聞社　91年）。「仕事の適正化、標準化、マニュアル化をはかる」（89年　全能連大会　通産省産業政策局長賞受賞）。「生産財マーケティング体制づくりをすすめる」（88年　全能連大会　通産省産業政策局長賞受賞）。「職能給・職能資格制度の定着をとおし課題解決をすすめる」（87年　全能連大会　全能連賞受賞）

三木素直　　（みき　すなお）

　1956年生まれ。日本大学理工学部卒業。早稲田大学ビジネススクール修了。現在、社団法人中部産業連盟　主任コンサルタント。社団法人全日本能率連盟認定マスター・マメジメント・コンサルタント。経済産業省登録中小企業診断士（工鉱業部門）。JRCA登録主任審査員（ISO9000）。
　専門分野：生産・物流システムの構築と改善、原価管理システムの構築、IEによる工場改善、５Ｓの推進。
　主な著書、論文：「New-JIT生産システム」（中産連プログレス　92年）。「５Ｓマニュアル・チェックシート集」（『工場管理』92年）。

本多貴治　　（ほんだ　たかはる）

　1959年生まれ。名古屋工業大学経営工学科卒業。現在、社団法人中部産業連盟　主任コンサルタント。社団法人全日本能率連盟認定マスター・マメジメント・コンサルタント。経済産業省登録中小企

業診断士。JRCA主任登録審査員（ISO9000）。ITコーディネーター。

専門分野：生産・物流システム構築と改善、ISO9000・14000認証取得支援、情報技術ツールを活用した業務改善。

主な著書、論文：『図解　マネジメント文書のつくり方・使い方』（共著、実務教育出版　2000年）。「ISOマネジメントシステムの改善と電子化」（中産連マネジメント大会論文　99年）。「JIT平準化ゲームによる生産・物流システムの構築と改善」（中産連50周年論文集　98年）。「中小企業が進める時短と生産性向上」（愛知県織物染色工業協同組合　97年）。「物流センターシステム設計のポイント」（中産連プログレス　93年）。「即納型配送システム設計の考え方」（91年　全能連大会　通産省産業政策局長賞受賞）。

梶川達也　（かじかわ　たつや）

1961年生まれ。東京外国語大学モンゴル語学科卒業。英国シティ大学芸術経営管理学修士コース・サウスバンク工科大学企業経営管理学ディプロマコース修了。現在、社団法人中部産業連盟　主任コンサルタント。社団法人全日本能率連盟認定マスター・マネジメント・コンサルタント（J-MCMC）。経済産業省登録中小企業診断士（商業部門）。CEAR登録審査員（ISO14001）。SYMLOG認定コンサルタント。

専門分野：環境マネジメントシステム、人事管理、チームワーク生産性向上、博物館・美術館等、芸術施設に関する経営管理。

主な著書・訳書：『図表&グラフのつくり方・使い方』（共著、実務教育出版　01年）。『シングルファイリングのすすめ』（共著、実務教育出版　95年）。『検証　日本の賃金』（共著、日刊工業新聞社　93年）。『続・オフィスワークをもっと^{2}改善する事典』（共著、日刊工業新聞社　92年）。『シンガポール航空TQM戦略のすべて』（共訳、実務教育出版　99年）。『マネジャーのための経営指標ハンドブック』（共訳、ピアソン・エディケーション　01年）。

［連絡先］
社団法人　中部産業連盟（中産連）
〒461-8580　名古屋市東区白壁三丁目12-13
☎052-931-3181

《オフィスワークの効・活・創Books》

[新版] マニュアルのつくり方・使い方

1995年12月20日	初版第1刷発行（2001年10月20日　第10刷発行）	
2003年8月30日	新版初版第3刷発行	

著　者────福山穣、三木素直、本多貴治、梶川達也
発行者────小田島保彦
発行所────株式会社 実務教育出版
　　　　　　　東京都新宿区大京町25　〒163-8671
　　　　　　　☎(03)3355-1951(販売)　　振替00160-0-78270
　　　　　　　　(03)3227-2215(編集)

印　刷────図書印刷株式会社
製　本────石毛製本所

©Y. Fukuyama, S. Miki, T. Honda, T. Kajikawa, 1995　Printed in Japan
乱丁・落丁は本社にておとりかえいたします。
ISBN 4-7889-1798-X　C2034

オフィスワークの効・活・創 Books

シングルファイリングのすすめ
簡単にとりくめて、成果のあがるファイリングシステム構築のノウハウ

定価：本体1800円（税別） [ISBN4-7889-1782-3]

[新版]マニュアルのつくり方・使い方
業務の改善と遂行能力アップのための作成と活用のノウハウ

定価：本体1800円（税別） [ISBN4-7889-1798-X]

会議の開き方・すすめ方・まとめ方
短時間でよりレベルの高い成果を生みだす、「活創」のためのノウハウ

定価：本体1800円（税別） [ISBN4-7889-1727-0]

図解 ミドルマネジメントの仕事100
現状を打破し、新たな価値を創出する「活創型ミドル」への新・行動原則

定価：本体1800円（税別） [ISBN4-7889-1765-3]

図解 マネジメント文書のつくり方・使い方
組織活性化と業務効率化のための文書活用のノウハウ

定価：本体2000円（税別） [ISBN4-7889-1776-9]

実績・業績対応型人事システムのつくり方
人を活かし、利益を生む評価・処遇・人材育成のしくみ

定価：本体2200円（税別） [ISBN4-7889-1785-8]

図表＆グラフのつくり方・使い方
データを活用して仕事の価値を高める図解の技術

定価：本体1800円（税別） [ISBN4-7889-1791-2]